영화와 이론

영화의 미학 · 비평 · 정책

영화와 이론

영화의 미학 · 비평 · 정책

2022년 1월 25일 초판 인쇄
2022년 1월 31일 초판 발행

지은이 | 이상면
펴낸이 | 이찬규
펴낸곳 | 북코리아
등록번호 | 제03-01240호
전화 | 02-704-7840
팩스 | 02-704-7848
이메일 | ibookorea@naver.com
홈페이지 | www.북코리아.kr
주소 | 13209 경기도 성남시 중원구 사기막골로 45번길 14
　　　　우림2차 A동 1007호
ISBN | 978-89-6324-834-9 (93680)

값 18,000원

영화와 이론

영 화 의 미 학 · 비 평 · 정 책

이상면 지음

북코리아

저자 서문

이 책은 2010년에 출간된 저서 《영화와 영상문화》를 대폭 수정-보완한 내용이다. 그 해에 이 저서는 문화관광부 간행물윤리위원회에서 수상하는 문화예술 분야의 '우수도서 및 출판지원' 당선작으로 선정되었다. 그후 시간이 지나고 돌아보니 영화이론에서 누락된 부분, 부족한 내용이 많이 있었기에 이번 기회에 보충하여 출간한다. 새로운 내용은 영화학도 뿐만 아니라, 영화예술에 관심있는 인문학 전공자들과 일반인들에게도 유익할 것으로 기대한다.

저자는 서문의 자리를 빌어 책 내용을 간략히 소개한다. 이 책은 영화에 관한 미학이론과 비평, 정책을 다룬다. 우선 현대사회에서 영화의 문화적 의미를 살펴보고(제I장), 영화의 미학이론(제II장)에는 주로 20세기 전반기 이론, 영화학에서 흔히 '고전 영화이론'(classic film theory)으로 불리는 부분이 포함된다. 여기서 에이젠슈타인과 푸도프킨 같은 러시아 몽타쥬 이론가들과 벨라 발라즈 · 루돌프 아른하임 · 발터 벤야민 · 지그프리트 크라카우어 같은 독일 문예이론가들의 이론을 설명하고, 또 베르그송의 철학적 영상인지론과 뮌스터베르크의 심리학적 영상이론도 있다. 이들의 이론은 영화예술의 미학을 이해하는 기본적 토대로서, 이런 이론을 알아야 영화를 심도 있게 이해할 수 있으며, 20세기 후반의 복잡한 이론들도 제대로 이해할 수 있다. 영화비평(제III장)에서는 영화비평의 간략한 역사를 검토하고, 사회비평적 영화비평을 제시한 크라카우어의 비평을 분석-소개한다. 영화정책(제IV장)에서는 자국 영화산업을 보호하기 위해 미국 할리우드 영화에 대항해왔던 유럽 나라들의 정책을 다룬다.

이들의 이론은 영화예술의 미학을 이해하는 기본적 토대이나, 이상하게도 국내 문헌에서는 소개·설명된 곳이 별로 없다. 저자는 이런 기본적인 이론을 알아야 영화를 잘 이해할 수 있으며, 20세기 후반의 복잡한 이론들도 여기서 나왔기에 제대로 이해할 수 있다고 생각한다. 1970년대 이후에 나온 거대 담론인 기호학과 구조주의(후기구조주의)·심리분석·페미니즘·문화연구 이론이나 철학자들의 난해한 영화영상이론들을 파악하기 위해서 기초이론은 필수적이다. 그러나 국내에서 영화를 거론하는 비평가·학자들 가운데에는 기초 이론을 명확히 알지 못한 채 거대 담론이나 저명 철학자들의 개념들을 자주 사용하는 경우를 보았는데, 영화이해에 대한 토대가 없어 보이고, 영화에 대한 이론만 나열하여 단지 난해할 뿐이다.

끝으로, '영화이론'에 대한 오해와 선입견에 대해서 말하고자 한다. 저자가 그동안 25년간 여러 대학에서 강의·학술발표를 하면서 가끔 받은 질문 중의 하나는 "영화이론이 있는가?"하는 것이었다. 사실, 전공자 입장에서는 어처구니 없고 답답했다. 미술이론·연극이론은 있는 줄 알지만, 왜 영화이론은 없다고 생각하는지 모르겠다. 아마도 '영화는 대중적 오락물이니 상업적으로 성공하면 되지, 무슨 이론이 있겠는가'라고 여기는 듯 하다. 세계 영화는 미국식(할리우드) 대중영화가 지배하고 있지만, 유럽에는 작가영화·예술영화도 있음을 고려하지 않는 것 같다.

영화의 역사 120년 동안에는 우수한 예술영화들도 나왔고, 영상의 철학자 같은 감독들의 영화도 있었다. 영화는 대중을 위한 상업적 오락

매체이면서, 사회비평적 메시지도 전할 수 있는 사회적 매체이며, 또 예술적 성격도 포함될 수 있는, 그래서 미학적 이론도 있는 예술 매체라는 것이 이젠 이해될 필요가 있다. 영화는 문학작가와 다름없는 감독들의 창작물로서 그 시대와 사회의 반영이자 비판일 수 있고, 정치사회 상황에 관한 메시지를 다수 관객에게 전달하는 소통매체(communication media)이기도 하다.

그동안 한국에도 이런 영화들이 있음은 주지의 사실이다. 한국영화들도 대중적 상업성만 추구한 것은 아니고, 다른 예술매체들 보다 더 매서운 사회비평을 다수 관객에게 전달·호소한 바 있다. 사실 2020년 2월 미국 아카데미 영화제에서 역사상 처음으로 오스카상을 4개 부문에서 거머쥔 영화〈기생충〉도 얼마나 예리한 사회비판을 내포하고 있는가. 그것은 한국적인 내용이자 세계보편성도 있기에 인정받았다. 이제 영화는 이론적으로 분석되며 이해될 수 있고, 정치사회 상황과 더불어 파악될 수 있다고 말해졌으면 한다.

2021년 12월 1일
저자 李相勉

차례

일러두기(표기 원칙)

문학 · 영화 · 연극의 작품명	〈000〉
저서	《000》
논문 · 에세이 · 비평문	「0000」
잡지 · 저널	『00』

주석은 원칙적으로 문장 끝에 추가하여 미주로 처리하되, 특별히 설명이 필요한 경우에는 해당 지면 아래의 각주로 한다.

  예) 인물 소개와 재인용 경우

미주에서 인용된 저자와 저서는 두세 글자의 약자로 표기하고, 참고문헌에서 정확히 표기한다.

인용문에서의 고딕체는 필자의 표기이다.

영화와
현대문화

영화의 문화적 의미

1. 시각문화

무성영화, 당시 용어로 활동사진(kinematograph)[1]은 새로운 시각문화 (visual culture)의 시작을 알렸다. 필름을 통해 움직임을 영상으로 보여주 었던 활동사진은 '보는 재미'(Schau-Lust)를 실현시켜준 매체였다. 1930년 대 초반 유성영화의 출현까지 소리(대사·음향)가 없던 무성영화는 음악 이 동반되기는 했지만, 주로 배우의 신체동작과 영상 같은 시각적 언어 (visual language)를 통해 전달되었다. 이런 시각적 언어는 책의 문자언어와 는 다른, 새로운 언어로서 '읽는 문화' 대신에 '보는 문화'가 나타난 것을 알렸다.

일찍이 영화를 새로운 시각언어로 보았던 사람은 미국의 시인이 자 영화비평가인 바첼 린제이(Vachel Lindsay 1879~1931)였다. 린제이는 초

---

1 초기 무성영화는 확정된 명칭 없이 여러 가지로 불렸다. 유럽 영어권에서는 cinemato- graphe, kinematograph, kinema로, 독어권에서는 키네마토그라프, 킨톱(Kintopp), 영상극 (Lichtspiel, Lichtbildtheater) 등으로 불렸고, 미국에서는 photoplay, motion picture 등으로 불렸다. 한국·일본에서는 活動寫眞이나 키네마토그라프란 명칭이 흔히 사용되었다.

기 미국 무성영화에 대한 저서 《활동사진의 예술》(The Art of Moving Picture, 1915)에서 영화를 "그림문자(picture-words)와 상형문자象形文字의 새로운 언어"로 보며, 인류 발전에서 거대한 진보를 의미하는 언어로서 환영했다.[RS, 31] 이런 관점에서 그는 미국에서 최초의 영화기구(필름 관람기구)인 키네토스코프(kinetoscope)를 발명한 토마스 알바 에디슨을 '새로운 구텐베르크'로 간주하고, 영화가 민주적인 예술로서 미국의 대표적인 대중문화로서 새로운 지배적인 문화가 될 것으로 보았다.[RS, 29] 할리우드에 영화산업이 정착되기 전인 1910년대 중반에 나온 그의 예견은 10년도 채 지나기 전에 현실이 되었다.

유럽에서 1920년대에 비인과 베를린에서 활동한 영화이론가 · 비평가 벨라 발라즈(Béla Balázs 1884~1949)도 영화를 새로운 시각언어로 보았다. 그는 '보는 매체'로서 영화의 출현과 확산을 환영하고, '본다'(sehen/ seeing)는 것에 특별한 의미를 부여했다. 그 이유는 영화에서 '보는 것'은 책을 '읽는 것'(lesen/reading) 보다 생생한 체험이 될 수 있으며, 쉽고 직접적으로 다가온다는 데에 기인한다. 인쇄매체를 통해 접하는 문자문화로 인해 현대인의 문화는 추상적이 되고 있지만, 영화에서는 '보는 것'을 통해 직접적인 대상 체험을 향한 인간의 욕망이 이루어질 수 있으므로, 영

에디슨의 바이타스코프 상영 극장(1896)

벨라 발라즈(Béla Balázs)
1884 헝가리 스체게드 ~ 1949 부다페스트

헝가리 태생의 독일계-유태인 영화이론가 · 비평가 · 작가. 부
모는 독일 출신으로 본명은 허버트 바우어(Herbert Bauer).
18세 이후 부다페스트 대학에서 공부하고, 베를린과 파리에서
수학하여 박사학위 받음.(학위논문은 19세기 독일 극작가 프리
드리히 헵벨 연구) 청년 시절 부다페스트에서 작곡가 졸탄 코다이와 문학이론가 게오
르그 루카치와 친교했으나, 루카치와는 이념적인 문제로 관계 소원해짐. 1919년 이후
비엔나, 1926년 이후 베를린에서 영화비평과 영화대본 · 오페라 대본 창작활동. 오페
라 대본 중에서 가장 유명한 것은 〈푸른 수염의 城〉(1918)이고, 브레히트의 희곡 〈서푼
짜리 오페라〉(1931)과 레니 리펜슈탈이 감독한 〈푸른 빛〉(1932)의 대본도 집필했음.
1933~45년 모스크바 영화예술학교 교수 역임하고, 종전 후 부다페스트로 귀국. 저
서 《가시적 인간》(Der sichtbare Mensch, 1924), 《영화의 정신》(Der Geist des
Films, 1930), 《영화. 새로운 매체의 본질과 형성》(Der Film. Werden und Wesen
der neuen Kunst, 1949)은 종전 후 독일어권에서 높이 인정받았고, 마지막 책은
《Theory of the Film》이란 제목으로 1952년 런던에서 출간됨. 말년에 헝가리 최고의
코슈트賞(The Kossuth Prize) 수상.

화는 "우리의 관념적 문화를 시각적 문화로 전환시켜 주는 것을 의미한
다"고 발라즈는 말한다.[BB, 104]

발라즈가 시각문화로서 영화를 보는 특별한 의미는 자연과 현실의
오묘한 모습이 재현되는 것 뿐만 아니라, 인간의 얼굴 모습과 몸짓 같은
신체언어와 감정 · 정신, 또 영혼 마저도 '가시화'可視化(sichtbar/visible)되
는 데에 있다. 이것이 그의 저서 《가시적 인간》(Der sichtbare Mensch, 1924)의
제목이 암시하는 것이다. 이제 영화 화면에서는 "어떤 말도 필요로 하지
않고, 눈을 통해 모든 형태의 인간 운명 · 성격 · 감정, 그리고 분위기를
체험"할 수 있게 되고, 그래서 이제 인간의 내면과 정신 · 영혼도 '볼 수

있게' 된다는 데에 특별한 의미가 있고, 이제까지 다른 예술매체가 할 수 없던 것을 영화가 성취하는 힘이 있다고 발라즈는 설명한다.[BB, 17] 더 나아가 발라즈는 영화를 그동안 인간의 정신세계를 지배했던 활자문화에서 영상문화로의 전환을 가져오는 매체로 보았으며 다음과 같이 언급했다.

> 이제 문화에 시각적인 것으로 새로운 전환을 주고, 인간에게 새로운 얼굴을 부여하는 다른 기계가 작동하고 있다. 그것은 키네마토그라프(Kinematograph)라고 불린다. 그것은 책 출판과 똑같이 정신적 생산의 복제와 확산을 위한 기술이고, 인간 문화에 대한 영향은 결코 더 적지 않을 것이다.[BB, 16]

이처럼 발라즈는 영화에서 '매체의 변화'를 읽어내고, 영상매체로서 영화가 지식·정보의 전달에서도 문자매체인 책·잡지 보다 열등하지 않다고 본다. 그 이유는 영상을 보는 과정을 통해서 화면에 표현되는 얼굴 표정과 신체언어를 통해 복합적이고 심층적인 인간 심리와 정신을 인식할 수 있고, 또 사건 진행에 따라 묘사되는 영상 코드들을 통해 지적知的인 차원의 메시지도 인식할 수 있다고 보기 때문이다. 그래서 영화의 유해성을 내세우는 주장에 대해, "책도 유해하고 잘못된 내용을 담은 것들이 많다"고 반박한다. 실지로, 그동안 500년 이상의 출판문화를 되돌아 볼 때 훌륭한 고전 뿐만 아니라, 인류 문화에 해를 끼친 책들도 많았음은 누구나 알고 있다.

사실상, 유럽에서는 19세기 말 이후 '언어의 위기'와 더불어 문자문화와 시각매체에 대한 생각에 변화가 일어났다. 오스트리아의 작가 후고 폰 호프만슈탈(Hugo von Hofmannstahl)은 산업사회의 기계적 생활에 지친 노동자들이 영화 필름이 돌아가는 극장으로 들어가는 것을 보며 에세이 「꿈의 등가물」(Der Ersatz für die Träume, 1921)에서 다음과 같이 말한다.

> 이 영상들에 말이 없는 것은 또 하나의 매력이다. 영상은 꿈처럼 말이 없다. 또한 가장 깊은 곳에서 그것을 알지 못하면서 이 사람들은 언어를 두려워한다. 그들은 사회의 도구인 언어 속에서 두려움을 느낀다. 강연장, 집회장이 영화관 옆의 한 골목 더 가서 있지만 이런 힘이 없다. … 강연장 위에는 금색 글씨가 "아는 것이 힘이다!"라고 쓰여져 있다. 그러나 영화관이 더 강력하게 부른다 — 그것은 영상들로써 부른다.[HvH, 29]

호프만슈탈은 의견과 사상의 전달수단 언어가 교육받지 않은 민중들에게는 무거운 표현 방법으로 받아들여지고 있으며, 대다수 민중들은 영상이 있는 극장으로 유혹되고 있음을 본다. 사회적 권력을 지닌 지식인 계층에게서는 언어가 주된 전달수단이지만, 힘없고 고등 교육을 받지 않은 민중들에게는 언어가 그런 역할을 하지 않는다. 그리고 이젠 언어가 아닌, 쉬운 표현 수단으로서 영상이 등장했으므로, 민중들이 영화관으로 간다는 것이다.

이러한 변화는 문자에서 시각언어로의 '매체 전환'(Medienwechsel/media transfer)으로 이해될 수 있다. 지난 15세기 중엽 구텐베르크(Gutenberg)에 의한 금속인쇄술의 발명 후 문자매체는 인간에게 지식과 정보 전달의 유일하고 최고의 매체로서 20세기 초에 이르기까지 450여년 동안 인간의 정신사를 지배해 왔다. 그러나 영화의 발명 이후에는 영상을 통해서도 지식과 정보를 전달할 수 있게 되었으므로, 문자매체가 갖고 있던 지식전달의 독점권에 대해 영상매체 영화가 도전해 온 것이다.

2. 민중의 문화

영화가 민중의 문화가 되었던 데에는 몇 가지 이유가 있다. 본래 활동사진(영화)은 대중들이 많이 모이는 장터와 광장에서 움직이는 영상 볼거리이자 '단순한 구경거리'로서 대략 1920년대 전반까지 교육받지 못한 '민중의 문화'였다. 점차로 생겨난 영화관의 객석에는 지식층이 가는 연극 극장과는 달리 노동자 · 점원 · 상인 · 수공업자 · 단순기술자 등 주로 하층민들이 앉아 있었다. 이것은 20세기 전반에는 서구 사회에서도 문맹율이 높았던 것을 감안하면 이해될 수 있는데, 영화는 '문자 없는 자들의 문화'였다. 이렇게 영화는 쉬운 내용으로써 문자 해독능력(literacy)을 근거로 하는 지식인들의 문화(문학 · 연극 · 고전음악 등)로부터 소외된 민중에게 '편한 문화'가 되어주었다.

다음으로 무성영화의 쉬운 보편적인 내용에 원인이 있다. 무성영화 초기의 성공에 대한 배경을 사회학적 관점에서 분석한 독일 학자 에밀리 알텐로(Emilie Altenloh)는 1913년 영화가 세계 보편적인 소재이자 현시대의 문제로서 대도시 생활의 이야기들과 사회적 갈등들을 토대로 여기에 에로티시즘과 경이로운 것 등이 첨가되므로, 영화가 어디서나 환영받는다고 지적했다.[EA, 251]

영화에 관심을 가졌던 미술이론가 에르빈 파노프스키(Erwin Panofsky)는 영화 내용의 '민중적 성격'에 대해 구체적이고 정확하게 언급했다. 파노프스키는 1934년 에세이에서 영화가 원래부터 거칠고 선정적인 민중예술(folk art)의 수단들을 이용함으로써 성공적이 될 수 있었다고 보며, 그 요소들은 "성공 혹은 복수 · 감상성 · 놀라움 · 포르노그라피와 투박한 유머"이며, 이들에게 문학적인 가치를 부여하지 않고, 역사극이나 비극 · 코미디 · 로맨스 · 범죄와 모험물 같은 장르로 끌어들인 점을 말한다.[EP, 235] 파노프스키는 이런 요소들이 내포된 예술들의 실례로서 16세기 말~17세기 초반 셰익스피어 시대의 연극, 17세기 이후 성행한 이태리의 야외 즉흥극인 코메디아 델아르테(Commedia dell'Arte) 같은 민중극을 들고, 미술에서는 풍속화와 세속화, 일본의 19세기 우키요에[浮世畵]를 들고 있다. 영화는 이런 '민중문화적' 요소들을 필름 속으로 끌어들여 다수 민중의 관심을 끌었다고 볼 수 있다.

게다가, 저렴한 입장료를 내고 볼 수 있는 영화관은 산업사회의 기계적 생활에 지친 노동자·하층민들이 부담없이 들어갈 수 있는 장소가 되면서 초기의 영화관은 민중의 문화공간으로 휴식처이자 현실 생활에서 힘들고 지친 민중들의 도피처이기도 했다.

위에 언급된 '민중' 개념은 1920년대 이후 시민계층을 포함하는 '대중' 개념에 합해질 수 있을 것이다. 서양에서는 20년대 중반 예술영화의 출현과 더불어 영화의 수준 향상이 이루어지면서 전보다 많은 시민(지식층) 관객들이 영화관에 가게 되었으며, 그럼으로써 영화는 폭넓은 계층의 문화가 되었다.

<대열차강도>(1903)

<판도라의 상자>(1929)

3. 대도시 문화

영화는 산업사회의 대도시 문화에 적합한 성격을 갖고 있다. 현대 대도시의 사람들은 항상 바쁘고 쫓기듯이 살아가므로, 빠르고 끊임없이 앞으로만 달려가는 영상으로 전달되는 영화가 상응하는 매체이다. 흔히 말해지는 '대도시의 영혼'(Großstadtseele), 즉 "바삐 돌아다니고 도피하는 듯한 인상으로 휘청거리고 규명할 수 없는 영혼"을 지닌 도시인들의 정신 상황에는 숙고를 요구하는 소설 같은 매체 보다는 빠르게 진전되는 영상매체가 적합한 것은 당연하다.[HK, 231] 생활 리듬이 빨라지고 사회기관들이 조직화된 대도시에서 사는 인간의 노동상황은 매일 여유없이 분주하여, 숙고 보다는 짤막한 단상斷想을 요구하고, 힘든 일과 후에는 긴장 완화를 위해 단순한 오락을 찾게 되기 때문이다. 더구나 자본주의 산업사회의 대도시들은 산업노동자들과 근로자들에게 기술적 복합성과 반복성이 있는 일을 요구하므로, 이로부터 해방되기 위해서는 가볍고 유쾌하며 청량제 같은 역할을 하는 문화가 필요시된다.

그래서 영화적 묘사의 전형적 특징으로 사건의 급속하고 빠른 회전이야말로 대도시인의 욕구와 속도 감각과 취향에 잘 맞는다. 이것은 19세기 말부터 서양의 대도시에서는 호흡이 빠른 '짤막한 형식'(short form)의 오락문화가 선호되던 경향과 상통한다. 당시에는 소위 '작은 예술'(Kleinkunst)로 지칭되는 바리에테(variéte) · 보드빌(vaudeville) · 카바레(cabaret) 같은 밤무대 공연물들이 성행했는데, 짧은 길이의 초기 무성영화도 여기에 속한다. 독일의 문예평론가 에곤 프리델은 '단편적'斷片的(fragmentary)인 것이야말로 현대의 특징으로 보며 「영화 프롤로그」(Prolog vor dem Film, 1913) 에세이에서 영화와 더불어 '단편斷片의 미학'(Ästhetik des Fragmentes)이 시작되었음을 말한다.

우선, 영화는 짧고 빠르며 동시에 암호화 되어있고, 또 어느 곳에서도 멈추지 않는다. 그것은 좀 간결한 것, 구체적인 것, 전투적인 것이다. 그것은 추출된 것의 시대인 우리 시대에 아주 잘 맞는다. … 영화는 좀 스케치적인 것, 맥락이 없는 것, 틈새가 있는 것, 단편적인 것을 갖고 있다. 이것은 현대적 감각의 의미에서 **훌륭한 예술적 장점**이다. 단편의 아름다움을 인식하는 것이 점차 모든 예술에서 시작되고 있다.[EF, 203-4][고딕체는 필자의 표기]

이렇게 프리델은 뛰어난 문예평론가답게 당시 사회와 시대에 잘 맞는 영화의 특징을 정확하게 설명하고 있다. 영화는 상세하고 장황한 묘사가 있는 소설이나 풍부한 대사로 가득찬 희곡과 연극공연과는 달리, 간략한 자막과 비약적인 영상으로 빠르게 진행되면서 급해진 시대의 호흡에 맞는 매체였다. 사실상, 맥락없는 단편의 형식은 이미 1910년대부터 현대 예술을 알렸던 다다이즘(dadaism)의 사진 꼴라쥬와 표현주의 (expressionism) 시 · 희곡 등에서 시도되고 있었으며, 영화는 당시의 이런 시대문화적 경향과 미학적 변화에 부응하는 매체였다. 그럼으로써 영화는 대도시 산업사회의 현대 문화가 될 수 있었다.

〈재즈 싱어〉(1927) 상영 극장(미국)

4. 감정의 매체

이탈리아 북부의 도시 토리노에 있는 영화박물관(Museo Nazionale del Cinema)에 가면 입구 벽에 이렇게 쓰여져 있다 — "영화는 감정의 매체 (a medium of emotion)이다." 영화가 감정을 전달하는 매체라는 사실은 영상 매체로서 기본적 특성이지만 종종 간과되곤 하는데, 인쇄매체와 비교할 때 확연히 드러난다. 무성영화에서 배우는 표정과 손짓·몸짓 같은 신체언어를 통해 내면 정서와 심리를 표현한다. 이런 신체 표현은 언어로는 표현되기 어려운 감정을 쉽고 빠르게 표현할 수 있어서 기쁨과 슬픔 같은 감정, 즉 희로애락喜怒愛樂을 빠른 시간 내에 강렬하게 전달할 수 있다. 소설에서는 마음 속 감정을 표현하기 위해 여러 문장들로 서술되고, 독자는 상상 속에서 그 상황을 떠올리며 공감해야 하는 데에 비해, 이것이 영화 장면에서는 배우의 표정이나 눈짓 같은 간단한 동작으로 몇 초 내에 표현될 수 있다.

영화에서 감정 표현은 여러 가지 방법으로 실현된다. 특히 카메라 이동과 화면 크기(영상 쇼트shot)의 변화를 통해 이루어질 수 있다. 촬영 시 카메라가 이동하며 배우에게 접근하거나 멀어지고, 배우의 모습을 가깝게(close-up) 혹은 멀리 보이게(long shot) 하는 것에 따라 관객은 배우의 감정에 동화同化되거나 이화異化되기도 한다. 게다가 영상 진행에 동반되는 음악과 음향효과도 관객의 감정변화에 영향을 끼칠 수 있다. 이런 기술적인 방법들을 통해 영화는 수용자(관객)의 감정을 적극적으로 움직일 수 있는 매체이다.

이런 의미에서 영화는 그동안 억눌린 감성을 부활시키는 매체이다. 서양에서 근대 이후 합리주의 사상이 전개되며 로고스(logos: 언어, 논리, 理性) 중심적인 세계관 속에서는 이성만이 중시되고 예술에서 감정표현은 억눌리며 신체표현은 경시되었지만, 영화에서는 신체언어를 통해 감정 표현이 살아날 수 있다. 근대 시기의 동양에서도 유교의 강한 영향 속에서 감정표현이 억제되고 자제되었다. 그런 점에서 발라즈의 표현대로 (1924) "영화는 인간의 내면 깊숙한 '감정과 영혼의 소리'를 전달하는 매체"라는 것은 인쇄매체와 차별되는 주요한 특성을 말해준다.[BB, 18]

발라즈의 이런 견해는 40여년 후 저명한 미디어 이론가 마샬 맥루한(Marshall McLuhan 1911~80)의 주장을 선지先知하고 있다. 90년대 중반에서야 제대로 이해된 그의 저서 《구텐베르크 은하계》(The Gutenberg Galaxy, 1962)와 《미디어의 이해》(Understanding Media, 1964)에서 맥루한은 인쇄매체(책)의 문화와 전기매체(전신·영화·라디오)의 문화를 비교하며 새로운 매체의 등장이 기존의 감각 균형에 영향을 주어 인간의 의식을 변화시키며 인간 감각의 확장을 가져오므로, 다매체 시대의 인간에게서 다감각多感覺이 발달한다는 점을 말한 바 있다.[MM, 281-282]

근대 문명의 주도자 역할을 했던 인쇄매체의 문화는 문자 해독력(literacy)을 바탕으로 인간의 이성적 사고와 합리주의 사상을 가져왔지만, 책과 '독서하는 나' 사이에 말없는 대화만이 존재하는 과정에서 심리적으로 내성적 성향이 생겨나고, 개인주의적 인간을 만들어내면서 인간을 소리와 신체 동작으로부터 멀어지게 했다. 그러나 전화·영화·라디오·텔레비전 같은 전기매체의 문화는 시각과 언술·청각을 모두 사용하므로, 시각 외에 그동안 미사용된 다른 감각들을 되살려낸다는 점에서 '감각의 확장'(extension of sense)이 이루어진다는 맥루한의 미디어 이론은 영화와 더불어 지각 능력이 확대되는 것을 통찰했다.

5. 국제적 문화

인간의 신체언어는 나라 마다 다른 민족언어(national language)와 달리 세계 모든 민족에게 전달될 수 있는 보편성이 있다. 신체언어는 전세계적으로 소통 가능한 '보편 언어'(universal language)이지만, 인쇄문화에 의한 문자매체가 지배적인 세상에서는 경시되었다. 아주 옛날, 언어가 발달하기 이전 원시 시대에는 인간 상호간에 소리와 손짓 같은 신체표현으로 소통이 가능했지만, 근현대에 만개한 인쇄문화의 시대에는 문자 해독능력이 중시되었으므로, 신체표현이 축소되었다.

게다가 근대 이후 역사에서 유럽에서 '언어의 문화'는 배타주의와 제국주의의 성격을 띠게 되었다. 특히 19세기 중반 서구에서 민족주의의 전개 이후 영국과 프랑스는 자국 언어로 쓰여진 '민족문학'을 내세워서 식민지 국가들의 문학을 경시하며 문화적 우열의식을 생기게 했다. 그에 따라 서구 열강의 문화적 제국주의(cultural imperialism)는 다른 나라의 문학과 문화에 대한 경시를 가져왔다. 실례로, 셰익스피어는 식민지 국가들과 다른 나라의 문학보다 월등하게 우월한 텍스트로 강조되며 타문화를 경시하는 상징적인 도구로 작용하기도 했다. 다른 나라들에서도 훌륭한 작품과 문학 전통이 있음에도 불구하고, 영국 제국주의와 영어의 힘에 뒷받침된 셰익스피어의 위용에 가려서 이런 문학은 알기도 전에 평가절하되는 현상이 일어났다. 이것은 국가의 힘에 의존한 언어가 힘을 얻고, 그 언어의 문학이 세계에서 지배적인 텍스트로 부각되는 대표적인 경우다.

이런 문자언어에 비해, 영화 속의 신체언어는 인류보편적으로 소통이 가능하고 배타성을 내포하지 않는다. 그런 이유에서 발라즈는(1924) 영화야말로 쉬운 내용을 신체언어에 기반하여 전달하는 "국경을 넘어

채플린의 신체 연기가 돋보이는 무성영화
〈모던 타임스〉(1936)

선 국제적 언어"이며, "생생하고 구체적인 국제주의를 창조하는 기계"
로서 국경을 초월하여 오히려 문화적 배타주의를 극복하는 매체라고 한
다.[BB, 58]

위에서 살펴본 바와 같이, 현대사회에서 영화의 문화적 의미는 포
괄적인 영역에서 파악된다. 영화는 현대 산업사회의 대도시 문화이자
시각문화가 대두되던 시대에 나타나서 '보는 문화'를 확산시키고, 감성
을 일깨워준 매체이며, 또 국제적으로 소통될 수 있는 보편성을 지닌 매
체로서 다수 대중의 대표적인 문화였다. 20세기 시작과 더불어 나타난
영화는 '대중의 시대와 이미지의 시대'에 부응하는 문화매체였다.

영화는 예술의 기술화(technicization of arts) 과정 속에서 성장하면서
오락과 정신분산을 찾는 대도시인들과 대중의 문화적 요구에 부응했고,
이미지 시대의 대표적 매체가 되었다. 유럽 문화사에서 볼 때, 영화가 나
타난 시대에 문화예술 작품의 창작은 재능있는 부르조아 개인에서 다수

일반인 집단으로 바뀌었으며, 문화 수용자들의 관심은 회화에서 사진으로, 연주 음악에서 레코드판으로, 소설과 연극에서 영화로 바뀌는 변화가 일어나고 있었다. 독일의 현대 철학자 유르겐 하버마스는 문화공중(cultural public)의 이런 변화는 이미 19세기에 일어났음을 상기시키며, "과거에는 예술 감상력을 지닌 교양시민 계급의 개인이 고급 문화를 혼자 향유하던 데서 이제는 다수의 대도시 근로자 집단이 쉬운 문화를 즐기는 상황으로 변화되었다"고 언급했다.[JH, 260-6]

참고문헌

Emilie Altenloh: Theater und Kino (1912/13), in: Jörg Schweinitz (ed): *Prolog vor dem Film. Nachdenken über ein neues Medium 1909-1914*, Leipzig: Reclam-Verlag, 1992, pp. 248-252. [약칭, EA]

Béla Balázs: *Der sichtbare Mensch oder die Kultur des Films* (1924), Frankfurt am Main: Suhrkamp, 2001. [약칭, BB]

Egon Friedell: Prolog vor dem Film (1913), in: J. Schweinitz (ed): *Prolog vor dem Film,* pp. 201-208. [약칭, EF]

Jürgen Habermas: *Strukturwandel der Öffentlichkeit*, Frankfurt am Main: Surhkamp, 1990 (1st edition: 1962). [약칭, JH]

Hugo von Hofmannstahl: Der Ersatz für die Träume (1921), in: Rudolf Denk (ed): *Texte zur Poetik des Films*, Stuttgart: Reclam, 1978, pp. 27-33. [약칭, HvH]

Hermann Kienzl: Theater und Kinematograph (1911), in: J. Schweinitz (ed): *Prolog vor dem Film,* pp. 230-234 [약칭, HK]

Marshall McLuhan: *The Gutenberg Galaxy: The Making of Typographic Man*, London: Routledge & Kegan Paul, 1962. [약칭 MM]

Erwin Panofsky: Style and Medium in the Motion Pictures (1934/revised 1947), in: Gerald Mast · Marshall Cohen · Leo Braudy (eds): *Film Theory and Criticism*, Oxford/New York: Oxford University Press, 1992, pp. 233-248. [원전, *Critique 1*, No. 3 (Jan-Feb. 1947). [약칭, EP]

Robert Stam: *Film Theory*, Malden (USA)/Oxford (UK): Blackwell publisher, 2000. [약칭, RS]

영화의 현대성(modernity)
– 벤야민의 영상이론

발터 벤야민(Walter Benjamin)
1892 베를린 ~ 1940 스페인 포트보우(Portbou)

독일의 유태계 문예이론가 · 비평가 · 철학자. 베를린 출신
으로 프라이부르크 · 뮌헨 · 베를린에서 철학 · 사회학 공부
했고, 프랑크푸르트 학파에 속함. 그의 사상에는 독일 관념
론과 역사 유물론, 유대교의 신비주의 등이 복합되어 있음.

1928년 발터 벤야민[2]

미학이론에서는 모더니즘이 핵심적인 역할을 하며, 보들레
르와 프루스트에 관한 비평이 유명하고, 현대사회에서 예술에 대한 비평으로 「기술
복제시대의 예술작품」(1935)이 널리 알려져 있음.
1933년 히틀러 집권 후 파리로 망명갔고, 계속해서 스페인으로 피신하다가 1940년
프랑스 남부의 포르투갈과의 국경지역 포트보우에서 자살했음. 저서로는 《괴테의 친
화력》(Goethes Wahlverwandtschaften, 1923), 《독일비극의 기원》(Ursprung des
detuschen Trauerspiels, 1928), 《일방통행》(Einbahnstrasse, 1928) 등이 있고,
많은 에세이와 비평 · 논문들은 사후에 주르캄프(Suhrkamp) 출판사에서 전집으로
출간되었음.

---

2   사진 출처, https://en.wikipedia.org/wiki/Walter_Benjamin

1. 벤야민의 영상론과 모더니티

현대 사회에서의 문학과 예술에 관해 탁월한 통찰력과 철학적 사유로 유명한 20세기 전반의 문예이론가 발터 벤야민(Walter Benjamin)은 영상(사진·영화)에 대해서도 여러 편의 글을 남겼다. 이 저술에서도 벤야민 특유한 철학적 사유가 보이는 점에서 철학적 영상이론 혹은 영상철학이라고도 불릴 수 있을 것이다. 그런데, 영상이론에 관련된 그의 저술은 사진에세이 한 편을 제외하고는 다른 글 속에 포함되고, 여기저기 산재해 있는 데다가, 그 내용마저 복합적인 의미가 중첩되어 있어 명료하게 읽히지 않는다.

국내에서 벤야민의 영상철학적 이론에 관해서는 오직 유명한 에세이 「기술복제시대의 예술작품」(1936)을 중심으로 자주 거론되고 있지만, 심도있게 연구·이해된 것은 아니다. 왜냐하면 이 글에서 거론된 벤야민의 영상이론은 다른 에세이들에서 서술된 영상이론과 서로 연관성 속에서 설명되어야 하고, 또한 그 이전에 벤야민에게 영향을 끼친 철학자들과 동시대 문예이론가들과의 영향관계 속에서 이해되어야 하지만, 그렇게 되고 있지 못하기 때문이다. 이상할 정도로 벤야민의 영상이론은 동시대의 다른 학자·이론가들의 이론과 연관성과 맥락이 없이 독자적으로만 이해되고 있다.

주로 1920~30년대에 쓰여진 벤야민의 영상이론은 20세기 전반의 독일 철학자 게오르그 짐멜(Georg Simmel 1858~1918)과 폴랜드-유대계 프랑스 철학자 앙리 베르그송(Henri Bergson 1859~1941)으로부터 적지 않은 영향을 받았다. 이 두 철학자들은 현대사회와 영상의 특성에 대한 글을 남겼으며, 벤야민의 영상철학에 끼친 영향은 그의 30년대 에세이들인 「사진의 小史」(1931), 「기술복제시대의 예술작품」(1936), 「보들레르의 몇 가지 모티브」(1939)에서 찾아볼 수 있다. 또한, 벤야민은 동시대의 영화이론가이자 비평가였던 벨라 발라즈(Béla Balázs 1884~1949)와 지그프리트 크라카우어(Siegfried Kracauer 1889~1966)에게서도 영향받은 부분이 있다. 이런 사상적 배경을 파악하면 그의 난해하고 철학적인 영상이론은 보다 명료하게 이해될 것이다.

2. 현대사회와 영상의 인지 - 짐멜과 베르그송

19세기 말에 태어난 영화는 현대사회의 상황과 불가분의 관계에 있다. 빠르고 쉴새없이 돌아가는 움직임을 통해 연속적인 이미지를 보여주는 영화(활동사진, 키네마토그라프 kinematograph)의 속성은 대도시 현대인의 생활과 세계인식과 무관하지 않기 때문이다. 현대사회와 영상 이미지의 관련성에 관한 언급은 독일의 사회철학자 게오르그 짐멜의 비평적 에세이에서 먼저 찾아볼 수 있다.

문화현상학적 관점으로부터 현대사회의 현상들에 관해 예리한 관찰을 남겼던 짐멜은 「대도시와 정신생활」(1903)에서 대도시인들의 두드러지는 근본적인 심리적 상태를 "외적 · 내적 인상들의 급박하고 끊임없는 변화로부터 생겨나는 신경활동의 상승"이라고 하며, "교차되는 이미지들의 급박한 쇄도, 한 눈에 파악되는 것 속에서 현저한 간격, 몰려드는 인상들의 무방비성"을 대도시에서 인지의 구성 요인으로 본다.[GS, 117]

프랑스의 철학자 앙리 베르그송은 저서 《창조적 진화》(L'Evolution créatrice, 1907)에서 현대인의 사고과정을 영화와 비교하면서 영화기술(cinematography)을 물질 인식에 대한 기본 원리로 이해했다. 그는 빠르게 교차되는 이미지들을 영화의 본질로 보며 "분리된 여러 개별적 이미지

들을 조합하고, 기구를 이용해서 움직임을 재구성하는 영화기술의 방법
은 우리 인식의 메카니즘에 상응한다"고 보았다.[PW, 32] 인간 사고와 영
화적 방식의 유사성에 대해 베르그송은 이렇게 말한다.

> 인시 · 지각 · 언어도 일반적으로 그렇게 진행된다. 우리가 생성을
> 생각하던 혹은 그것을 표현하던 혹은 그것을 인지할지라도, 우리가
> 하는 것은 우리 내부에서 일종의 영사기를 돌아가게 하는 것 외에
> 다름 아니다. 그러므로, 우리가 말한 것을 요약하자면 우리의 일상적
> 인식의 메카니즘은 영화적 성질(cinematographical kind)을 지닌다고 하
> 겠다.[HB, 332]

베르그송은 움직임을 통해 연속적인 이미지를 보게 하는 영화의
속성에서 현대인의 사고방식을 보고 있다. 여기서 더 나아가 베르그송
은 영화에서 빠르게 변화되는 이미지를 현란한 만화경萬華鏡(kaleidoscope)
과 비교한다. 그는 유리 조각을 짜맞추어 다채로운 그림이 보여지는 만
화경을 구성하는 배열과 비교하며 "우리가 사물들을 인식하는 영화적
특성은 우리가 사물들에 대해 적응하는 만화경적 성격에서 유래된다"
고 말한다.[HB, 333] 이에 대해 독일의 영화학자 페터 부스(Peter Wuss) 교수
는 베르그송이 일찍이 영화의 메카니즘에서 인간 사고思考의 특징을 간
파하고 있다고 하며, 영화의 구조적 기능은 "한편으로 영혼이 담긴 生의
움직임과 근본적으로 구별되고, 다른 한편으로는 사고의 메카니즘을 분
명히 해주는 것을 통해 새로운 현상인 영화에 관한 많은 지식인들의 관
점을 양식화시켜 주고 있다"고 설명한다.[PW, 32-3]
참고로, 만화경은 1816년 영국의 과학자 데이비드 브뤼스터(David
Brewster)에 의해 고안된 시각 기구로서 기구통이 회전되면서 시시각각으

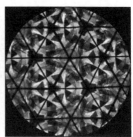

만화경(kaleidoscope) 이미지

로 다양하고 현란한 이미지들이 보여지고, 한 번도 동일한 이미지가 나타나지 않는다. 영화도 필름의 빠른 회전에 따라 수많은 이미지가 지나가며 실재와 같은 움직임을 보여주고, 항상 새로운 이미지가 나타나는 점에서 만화경의 원리와 유사성이 있다.

3. 벤야민의 영상해석

(1) 영상의 인지 - 충격 효과와 정신분산

위에서 언급된 짐멜과 베르그송은 현대사회에서 인지 조건과 영상의 인지에 관해 인간 사고의 영화적이고 만화경적 성격은 벤야민의 영상이론에 직접적인 영향을 끼쳤다. 벤야민은 현대사회의 대도시에서 영상의 인지를 '충격 효과'(Chockwirkung) 속에서 설명하고 이를 '정신분산 속에서 수용'으로 이해한다.

발터 벤야민이 영상에 대해 언급하는 곳은 주로 모더니즘 예술과 관련된 30년대 에세이인 「사진의 小史」(1931), 「기술복제시대의 예술작품」(1936), 「보들레르의 몇 가지 모티브」(1939)에서 이다. 이들에서 벤야민은 집중적으로 영상이론을 전개하지 않고, 여기저기서 산발적으로 설명하고 있어서 이해를 어렵게 만든다. 특히 「기술복제시대」에서 사진과 영화에 대해 비교적 많이 설명하고 있기는 하지만, 그의 영상이론에서 심층적인 부분이 드러나는 곳은 오히려 「사진」과 「보들레르」 에세이이다.

그러면, 영상(Bilder/images)의 인지에 관한 언급부터 살펴보자. 벤야민은 「기술복제시대」 에세이에서 산업화된 현대사회에서 영상의 인지는 '충격' 속에서 이루어지며, 인간의 지각知覺과 통각統覺(Apperzeption)에 간과할 수 없는 영향을 끼친다고 본다. 이것은 짐멜이 대도시 에세이에서 말한 것과 상통하며, 베르그송이 말한 현대인의 사고에서 인식의 '영화적 방식'과도 직접적으로 연관된다. 벤야민은 '충격 속에서 영상 인지'에 대해 「기술복제시대」에서 이렇게 말한다.

> 영화의 장면은 눈에 들어오자마자 곧 다른 장면으로 바뀌어 버린다. 그것은 고정될 수 없다. … 실제로 이러한 영상(Bilder)을 보는 사람에게서 연상思考의 흐름은 끊임없는 영상의 변화로 인하여 곧 중단되어 버린다. 모든 충격효과와 마찬가지로 상승된 정신의 현재를 통해서 포착되는 영화의 충격효과(Chockwirkung)는 여기에 근거를 두고 있다.[WB, Kunstwerk, 164-5]

여기서 벤야민은 충격 속에서의 인지는 영화에서 아주 잘 실현되고 있음을 말하고 있다. 이처럼 현대생활에서의 특징이 영화의 수용원칙이 되고 있다는 것을 벤야민은 언급하고 있는데, 여기서 현대사회에서 인지 상황과 영상의 인지에 대한 설명은 영화의 존재론까지 확장된다.

그러면, 벤야민이 자주 사용하는 '충격'(Chock)은 무엇을 의미하는가? 벤야민에게서 '충격' 개념은 프로이트의 정신분석학 이론과 밀접한 관계가 있는데, 흔히 '대도시 미학'으로 간주되는 「보들레르」(1939) 에세이에서 "정신적 상처(Trauma)를 주는 '충격'의 본질을 '자극에 대한 방어의 분쇄로 이해하고자'한다고 말한다."[WB, Baudelaire, 191] 즉, 벤야민은 충격 현상을 외부적 자극에 대해 방어선이 붕괴되는 상황으로 이해하고 있다. 여기서 더 나아가 벤야민은 현대 사회에서 영상 인지의 상황을 대도시의 복잡한 교통 속에서 보행자가 주변 상황을 인식하는 것과 비유하며, 충격의 경험과 영상의 수용을 '도시 보행자'(flâneur)가 보는 도시 이미지와 관련시킨다.

> 대도시의 교통 속에서 움직인다는 것은 개개인에게 충격과 충돌의 연속을 의미한다. 위험한 교차로에서는 신경의 자극들이 마치 건전지에서 나오는 에너지처럼 급속하게 몸 속을 관통한다. … 새롭고 급박하게 다가오는 자극을 원하는 욕구에 영화가 부응하는 날이 왔던 것이다. 영화에서는 **충격 형태의 인지가 형식상의 원칙으로 유효시된다.** 콘베이어 벨트에서 생산 리듬을 결정짓는 것이 영화에서는 수용원칙의 토대가 되어있다.[WB, Baudelaire, 207-8][고딕체는 필자의 표기]

벤야민은 영화 영상의 인지를 대도시의 교차로에 서있는 사람, 즉 도시 보행자(flâneur)가 보는 어지러운 광경에 비유하며 충격의 경험이 영화 매체에서 실현되고 수용형식이 되고 있다고 말한다. 그리고 벤야민은 이 도시 보행자가 체험하는 '충격의 경험'을 달리 표현하여 "의식적으로 오인된 만화경"이라고 한다.[WB, Baudelaire, 208] 이렇게 혼란스러운 대도시 이미지를 만화경에 비유하는 것은 베르그송이 현대인의 사물 인식에서 만화경적 성격을 보았던 것과 매우 유사하다. 이처럼 인간의 사고과정과 대도시 이미지를 만화경의 현란한 이미지에 비유한 것은 변화

발터 루트만의 영화 〈베를린, 대도시의 교향악〉(1927)

무쌍하고, 연속성 없이 단절적이고 파편적으로 진행되는 현대 대도시인
의 사고 형태를 의미한다. 또한, 이렇게 충격 속에서 영상을 인지하는 것
은 전통예술과는 다른 수용상황을 발생시킨다. 벤야민은 이를 **정신분산**
(Zerstreuung/distraction) 상태에서의 수용으로 여기며 영화의 또다른 특징으
로 본다.

> 정신분산에서의 수용은 모든 분야의 예술에서 눈에 띄게 증가하고
> 있으며, 통각統覺에 있어서 심오한 변화의 징후인데, 영화에서 그것
> 을 실행할 수 있는 진정한 도구를 발견한다. **영화는 충격효과 속에서**
> **이런 수용형식에 부응한다**.[WB, Kunstwerk, 167][고딕체는 필자의 표기]

　여기서 벤야민이 말하는 '통각'統覺(Apperzeption)이란 시각과 지각 뿐
만 아니라, 경험과 의식을 포함하는 종합적 감각과 인식 작용을 말한
다.['통각'은 경험이나 인식을 자기의 의식 속으로 종합하고 통일하는 작용] 영화 영상의
속성도 끊임없는 연속 속에서 망각과 정신분산적 기능을 갖고 있는 점
에서 벤야민이 말하는 충격 속에서의 영상 인지와 정신분산 상태에서
의 수용은 현대 생활의 유사한 측면을 말한다. 리차드 알렌이 "충격으

로서 정신분산이란 개념은 바로 모더니티로의 진입을 표현하는 측면을 갖고 있다"고 설명하듯이, 벤야민에게서의 충격과 정신분산은 모더니티를 암시하는 측면이 있다.[알렌, 160] 이런 의미에서 영화야말로 현대성(modernity)을 스스로 내포한 '현대적인' 매체라고 할 수 있다.

이렇게 벤야민은 충격효과와 정신분산을 연결시키고 있는데, 본래 영화 수용에서 '정신분산' 개념은 1920년대에 독일에서 활발하게 영화비평을 했던 지그프리트 크라카우어(Siegfried Kracauer)가 사용했던 핵심어로 특히 대중영화 비평을 하는 곳에서 자주 언급하곤 했다.[3] 크라카우어는 주로 대중의 영화 수용을 설명하기 위해 정신분산 개념을 도입했지만, 벤야민은 현대예술의 수용에 대해 폭넓게 사용하면서 모더니티의 특징으로 여기는 통속적인 미적美的 경험을 설명하는 데에 주력했다.

독일계 미국인 문예학자 미리암 한센(Miriam Hansen)은 벤야민이 현대사회에서 영화 영상의 속성을 분명히 이해하고 있다고 하며, 이에 근거한 영화미학 부분도 언급한다.[MH, 184-5] 벤야민에 의하면, 현대인은 생산과 전달의 산업적 양식에 인간의 감각이 적응하면서 시간적·공간적 관계를 급진적으로 재구축하게 되는데, 이에 대한 영화의 미학적 대응은 화면 영상과 편집의 파편화 수법을 비롯하여 연속-불연속성의 변증법, 음향과 이미지들의 빠른 연결과 입체감 있는 돌진이며, 이런 기법들을 통해 영화에서 '시간·공간의 확장과 불연속성'이 인위적으로 생겨날 수 있다. 이런 기법들이 20년대 중반 이후 영화들에서 종종 사용되고 있음은 잘 알려져 있는데, 벤야민은 영화적 시간과 공간의 확장과 불연속성을 간파하고 있다.

---

3   참조, S. Kracauer: Kult der Zerstreuung (1926), Das Ornament der Masse (1927), in: *Das Ornament der Masse*, pp. 50-63, 311-317.

(2) 시각적 무의식성

영화 카메라의 표현력은 무엇보다도 카메라의 뛰어난 현실 모사능력에 근거한다. 그러나 영화 카메라에 의해 만들어지는 영화 영상에서 현실상現實像은 현실의 단순한 복제가 아니다. 이러한 주장은 1920년대와 30년대 전반 조형주의(formalism) 이론가들에 의해 제기되었다. 러시아의 영화감독이자 이론가인 세르게이 에이젠슈타인(Sergei M Eisenstein)은 영상 조각을 조합하는 몽타쥬를 통해 새로운 현실상의 창출이 가능함을 입증했고, 독일의 예술심리학자 루돌프 아른하임(Rudolf Arnheim)은《예술로서 영화》(Film als Kunst, 1932)에서 기술적 한계로 인해 카메라는 현실을 있는 그대로 모사할 수 없으며, 오히려 영화 영상이 '현실을 변형시킬 수 있는 능력'에서 영화의 예술적 가치를 보았다. 벤야민은 여기서 한층 더 나아간다.[II. 2, 3 참조]

벤야민은 「기술복제시대」 에세이에서 카메라의 사물 포착능력을 높게 인정하며 영화의 특징은 "카메라의 힘을 빌어 주변세계를 묘사하는 방식에도 있다"고 한다.[WB, Kunstwerk, 160] 특히 그는 클로즈업 같은 방법을 통해 이루어지는 영화 카메라의 집중적인 세부 묘사력으로써 사물의 세부도 분석 가능해지면서 시각적으로나 청각적으로 주목하는 세계가 확장되었다는 점에서 "통각統覺의 심화"를 말한다.[WB, Kunstwerk, 161]

게다가 벤야민은 여기서 카메라를 통해 인위적으로 만들어진 영상에 대해 '시각적 무의식성'(das Optisch-Unbewußte/the optical subconsciousness)이란 개념을 사용하며 영상의 특수성을 설명한다. 여기서 벤야민이 말하는 '시각적 무의식성'이란 '시각적으로 의식하지 못한 것이 카메라를 통해 드러나게 되는 것'으로서 정신분석에서 잠재의식의 세계와 유사하다. 벤야민은 먼저 「사진」 에세이에서 이렇게 설명한다.

카메라에 비치는 자연은 눈에 비치는 자연과는 분명 다르다. 그것은 무엇보다도 카메라에는 인간에 의해 의식적으로 만들어진 공간 대신에 무의식적으로 만들어진 공간이 들어선다는 점에서 그러하다. 예컨대, 사람의 걸음걸이가 대강 어떻다고 흔히 말을 하지만, 매 순간에 '걸어나가는 자세'가 어떤지는 알지 못한다. 사진술은 고속촬영·확대 같은 보조수단을 통해 이를 밝혀줄 수 있다. 정신분석학을 통해 충동적이고 무의식적인 세계를 알게 되듯이, 우리는 사진술을 통해 비로소 이와 같은 시각적으로 무의식적인 세계를 알게 된다. … 동시에 사진은 이러한 물질세계에서 인상적 측면들, 즉 가장 미세한 것 속에 존재하는 영상세계들을 열어준다.[WB, Foto, 371][고딕체는 필자의 표기]

위에서 벤야민은 위 인용문에서 사진이 무의식 세계를 표현할 수 있음을 말하고 있는데, 그것은 가시적 세계이며 물리적으로 파악하는 세계와는 다른 기준의 세계임을 의미한다. 즉, 의식세계가 가시적이라면, 무의식 세계는 불가시적不可視的 세계이다. 이 곳은 베르그송이 말한 '순수 지속'(la durée pure)이 있는 곳으로, 베르그송은 시간을 일상적이며 자연과학적 시간이 적용되는 '동질적 시간'(le temps homogene)과 개인의 의식이 침투될 수 있는 예술에서의 시간인 '순수 지속'의 시간으로 분류한 바 있다. 또한, 인용문 끝에서 사진 영상(photographic image)이 "물질세계의 인상적 측면들(die physiognomischen Aspekten)"을 보여준다는 부분은 자연·현실의 인상을 파악하려 했던 발라즈의 영상이론을 상기시킨다. 그래서 문예이론 학자 미리암 한센은 벤야민의 '시각적 무의식성' 개념은 20년대 전반 벨라 발라즈의 글 「인상人相」(Physiognomie, 1923)에서 이미 예견되었다고 본다.[MH, 208]

이렇게 벤야민은 '시각적 무의식 세계' 혹은 '시각적 무의식성'이란 개념으로써 영상에 심리적이고 정신분석학적이며, 인상학적인 특성을 부여함으로써 영상 인지의 복합성을 한층 가중시킨다. 그리고 벤야민은 「사진」에세이 보다 4년 후(1935)에 쓰여진 「기술복제시대」 중에서 영화 영상(filmic image)의 특징에 대해 말하는 자리에서(제13장) 특히 클로즈업을 통한 카메라의 현실 파악 능력과 시간 · 공간의 재구성적인 방법에 대해 다음과 같이 언급한다.

> 영화는 재산목록 가운데서 클로즈업을 통해, 우리에게 익숙한 소품들에 숨겨진 세부들을 강조함으로써, 렌즈의 뛰어난 이동으로써 진부한 주변환경을 탐구함으로써 한편으로 우리의 현존을 지배하는 필연성에 대한 통찰을 증가시키고, 다른 한편으로는 우리에게 무시무시하고 예상치 못한 유희공간을 확보해 주고 있다! 우리들의 술집들과 대도시 거리, 우리들의 사무실과 가구가 있는 방, 우리들의 정거장과 공장들은 어쩔 수 없이 우리에게 닫혀져 있는 듯 했다. 이때 영화가 나타나서 이런 감옥세계를 1/10초 다이나마이트로 폭파시켜 버려서 우리는 이제 널리 흐트러진 그 파편들 사이로 모험적인 여행을 감행한다. **클로즈업 속에서 공간은 확대되고 고속 촬영**(슬로우 모션) **속에서 동작은 연장된다.**[WB, Kunstwerk, 161-2][고딕체는 필자의 표기]

여기서 벤야민이 특히 강조하는 것은 카메라가 사물 내부를 침투하여 세부 묘사를 할 수 있는 능력과 공간의 확대 및 시간의 연장을 가져올 수 있는 기법이다. 클로즈업은 평상시에 불분명한 것들을 분명하게 보여줄 뿐만 아니라 물질의 새로운 구조를 드러내어 보여주므로 공간을 확장시킬 수 있고, 고속 촬영(슬로우 모션)은 이미 알려진 동작의 원인을 드러내고 우리가 의식하지 못한 동작을 보여줄 수 있으므로 움직임이 연장된다는 것이다. 이를 근거로 벤야민은 카메라에 의한 현실상現實像은 육안으로 보는 것과는 다른 성질의 것이라고 간주하고 "여기에 카메라는 그것이 지닌 보조 수단, 즉 하락과 상승·중단과 분리·사진 진행의 확대와 축소 등으로써 개입하여" 우리는 카메라를 통하여 비로소 '시각적 무의식 세계'를 알게 된다는 것이다.[WB, Kunstwerk, 162] 이와 같이 벤야민은 영화 카메라의 촬영기법과 편집술을 통해 인위적으로 재구성된 시간·공간 속에서 무의식 세계의 매개가 가능함을 설명한다.

그런데, 「기술복제시대」에 나오는 이 부분은 사실 앞서 인용한 「사진」에세이의 내용과 거의 동일하다. 이것은 사진술과 사진 영상을 설명하는 것이 벤야민에게서는 영화기술과 영화 영상을 설명하는 것과 별반 다르지 않음을 말해주고 있으며, 그가 두 매체의 영상에서 모두 시각적 무의식성을 파악하고 있음을 알 수 있다. 그러면, 사진과 영화, 두 매체에 있어서 '시각적 무의식성'의 개념적 차이는 없는가? 「사진」과 「기술복제시대」에서 관련된 부분을 비교해보자.

전자의 에세이에서 벤야민은 주로 19세기 초상화 사진들로부터 인물에 부착된 분위기와 미묘한 특징을 읽어내면서 '시각적 무의식성' 개념을 발전시키는 반면에, 후자의 에세이에서는 영화기술적인 수단들로써 시간·공간을 재구성할 수 있는 기법들을 언급하고 있다. 하지만, 분명한 것은 벤야민이 사진 영상과 영화 영상에서 동질성을 보고 있는 점이다. 즉, 벤야민의 영상론에서는 사진과 영화가 직접적인 연관성을 갖고 있으며, 영화 영상은 본질적으로 사진 영상에 근거하고 있다.

이러한 사진-영화의 밀접한 연관성은 본래 지그프리트 크라카우어의 영화이론에서 특징적이며, 그는 영화의 영상표현력의 근원을 사진 영상에서 찾고 있다.[SK, Theorie, 25-50. II. 4 참조] 이런 점에서 벤야민의 영상론은 크라카우어의 이론과 유사성이 있다. 실제로, 벤야민도 이미 「사진」(1931)에서 사진 영상의 지속성에 대해 설명하며 크라카우어를 언급하고 있다.[WB, Foto, 373] 그러면서도 벤야민은 크라카우어의 어떤 글에서 어떤 부분인지를 정확히 밝히지 않고 있지만, 크라카우어의 에세이 「사진술」(Die Photographie, 1927)을 면밀히 살펴보면, 바로 이 글과 연관이 있음을 알 수 있다.

크라카우어는 「사진술」 에세이에서 옛날 사진으로부터 지나간 시간의 회생을 인지하고, 특히 초상화나 기념사진이 간직하고 있는 시간적·공간적 연속성(Kontinuum)을 통찰하고 있다. 그리고 벤야민은 「사진」 에세이에서 주로 19세기 다게르타입(Daguerretype) 초상화 사진과 도시풍경 사진 속에서 분위기(Aura)와 지속(Dauer/la durée pure)을 감지하며 시간성과 공간성의 융합을 보고 있다. 이렇게 사진을 해독하는 두 필자에게서 개념은 달라도 사고의 유사성은 알 수 있다. 그 때문에 미리암 한센은 벤야민이 사진 영상의 맥락에서 '시각적 무의식성'을 개념화한 것은 크라카우어의 먼저 쓰여진 훌륭한 에세이 「사진술」에 근거한 것임을 지적하고, 벤야민은 '시각적 무의식성'으로부터 관찰자에게 우연성과 현재성이 부과되고 현실이 부각된 영상론을 전개한다고 덧붙여 설명한다.[MH, 208]

(3) 알레고리적 영상

이런 이론을 근거로 벤야민이 영화에서 특별한 요소를 발견하고 있는 곳은 '현실'의 알레고리(환유)적 해석이다. 벤야민은 영화 화면에서 보여지는 인물과 주변 요소들의 융합적 역할을 강조하며 "필름은 어떻게 물질이 인간과 함께 연기하는가를 보여줄 수 있는 최초의 예술수단이다. 그러므로 영화는 유물론적 묘사의 뛰어난 수단일 수 있다"고 한다.[WB, Kunstwerk, 153] 한센은 이런 경우에 대한 적절한 예를 채플린의 파편화된 동작에서 찾는데, "채플린은 과장적으로 표현되는 신체 동작을 일련의 세밀한 기계적인 충동들로 조각냄으로써 그는 기계장치의 법칙을 인간 동작의 법칙으로 가시화시킨다"고 말한다.[MH, 203] 사실 벤야민도 채플린이 분절화된 동작들로 연기하는 것에 대해 "그는[채플린은] 자신을 알레고리적으로 해석한다"고 말한 적이 있다.[WB, GS I.3., 1040, 1047]

채플린의 〈모던 타임스〉(1935)

그러면서 벤야민은 영화 영상의 '현실'에 다소 모호하면서 이상적인 의미를 부여한다. 영화는 충격 효과의 알레고리적 해석을 허락하면서 영화의 모사적 능력은 특별한 기법을 확장시켜주며 현실의 환상을 창조해내는 복합적이고 고도의 인공적인 방법을 소유하고 있으므로, 영화는 우리가 예술작품으로부터 기대할 수 있는, "모든 장치로부터 자유로운 현실의 측면"을 보장해준다고 말한다. 벤야민이 현대 생활의 기술적 매개에 있어서 영화에 특별한 지위를 부여하는 것도 그 때문이다. 그러면, 벤야민이 말하는 영화에서 묘사되는 '현실'은 어떤 것인가? 벤야민은 영화의 현실은 연극무대에서 보여지는 현실과는 다른 측면을 강조하며 이렇게 말한다.

영화 스튜디오에서는 기계장치가 현실 속으로 깊이 파고 들어가므로, 기계장치라는 이물질에서 벗어난 현실의 순수한 모습은 특별한 과정, 즉 카메라 장치에 고유한 촬영과 동일한 종류의 촬영들을 조합한 결과로서 생겨난다. 기계장치에서 벗어난 현실의 모습은 여기서 가장 인위적인 모습이 되었고, 직접적인 현실을 바라보는 것은 기술의 나라에서 푸른 꽃이 되었다.[WB, Kunstwerk, 157][고딕체는 필자의 표기]

이처럼 벤야민은 영화 속의 현실 이미지를 연극공연의 현실과 구별지으며 영화를 '테크놀로지 시대의 푸른 꽃'으로 보고 있다. 여기서 갑자기 나타난 '푸른 꽃'(die blaue Blume)이란 개념은 19세기 전반 독일 낭만주의 문학인들에게서 사용되던 상징어로서 '현실에 없는 이상적인 것'을 가리킨다. 그래서 독문학자 반성완이 번역한 위 인용문의 마지막 문장을 보면, "직접적인 현실의 광경은 기술 나라의 '푸른 꽃', 즉 최후의 이상이 되었다"라고 보충적 설명을 곁들였다.[반, 219] 그렇다면, 벤야민은 영화 속에서 직접적인 현실의 응시는 존재하지 않는 것으로 '최후의 이상'으로 보고 있는 것이다. 이를 달리 표현하자면, 벤야민에게서 '영화적 현실'은 "환상을 실제처럼 복제하는 것이 아니라, 현실 그 자체를 환상으로 해석하는 것"[4]이라고 할 수 있다.

---

4   M. Hansen: Benjamin, Cinema and Experience…, p. 204. [원전, Susan Burck-Morss: Benjamin's Passagen-Werk: Redeeming Mass-Culture for the Revolution, in: *New German Critique 29* (Spring/Summer 1983), p. 214]

4. 벤야민과 베르그송 · 발라즈 · 크라카우어

벤야민의 영상 해석은 베르그송이 말한 현대사회에서 인간의 사유방식과 영화 인식으로부터 영향을 받은 바 크다. 그에 따라 벤야민은 충격 속에서 영상 수용을 보았으며, 영상의 인지 상황을 도시보행자(flâneur)의 시선과 비교했다. 또한, 영화 영상의 특수한 표현으로서 시간과 공간이 재구성될 수 있는 시각적 무의식 세계와 알레고리로 해석되는 현실 이미지에 대해 언급했다.

벤야민의 영상이론에는 동시대의 영화이론가 · 비평가였던 발라즈와 크라카우어의 이론과 연관성도 발견된다. 충격 속에서의 영화 수용에서 벤야민이 언급하는 '정신분산' 개념은 크라카우어의 에세이 「정신분산의 의식儀式」(Kult der Zerstreuung, 1926) 등에서 먼저 사용되고 있다. 또한, 벤야민의 '시각적 무의식성' 개념은 발라즈의 「인상」(Physiognomie, 1923)과 크라카우어의 「사진술」(Die Photographie, 1927) 에세이로부터 자극을 얻었다고 볼 수 있다. 결국, 벤야민의 영상이론에서 몇몇 주요 개념들은 그보다 선행된 발라즈와 크라카우어의 저술에서 그 뿌리를 찾아볼수 있으며, 이들 이론가들의 상호 연관성도 드러난다.

그 외에도 이탈리아의 영화이론 연구가 마시모 로카텔리(Massimo Locatelli)는 발라즈의 '인상人相' 개념과 벤야민의 '아우라'(Aura)의 유사성과 차별성을 찾아낸다. 영화 영상에서 심오한 의미를 부여하는 발라즈의 '인상人相'이 아주 내적인 것과 그것의 외적인 현상 사이에서 그 관계의 가시적 표현이라는 점에서 벤야민의 '아우라'와 평행적 개념임을 피할 수 없다고 한다.[ML. 82] 다만, 발라즈의 인상 이론은 영화를 비롯한 영상매체에만 적용될 수 있지만, 벤야민의 아우라 개념은 전통예술과 현대예술을 전반적으로 논하는 데에서 나왔고, 현대사회에서 예술과 기술의 관점에서 예술작품을 설명하는 데에 폭넓게 사용되고 있기에 그 적용 범위는 다르다.

아무튼 위에서 살펴본 바와 같이, 국내의 영상 관련 학계에서 자주 거론되는 벤야민의 「기술복제시대」(1934) 에세이에서 영상이론의 뿌리와 연관들이 상당히 많이 밝혀졌다. 사실상, 벤야민의 통찰력 깊은 이론들도 철학자 베르그송과 동시대 영화이론가들인 발라즈 · 크라카우어의 저술로부터 영감을 얻고, 영향받은 부분이 존재한다는 것이 분명하므로, 벤야민의 영상이론만이 독자성을 갖고 자립화된 글로 이해되어서는 안될 것이다.

그런데 묘하게도 철학자 베르그송과 짐멜, 영화 분야의 발라즈와 벤야민 · 크라카우어는 모두 유럽의 유태계 지식인들이다. 이들의 이론적 계보 속에서 1920년대와 30년대 초반까지 독일에서 활동하던 발라즈-크라카우어-벤야민의 이론적 친족성이 드러나는 것은 우연이 아닐 것이다. 그것은 발라즈의 '인상' 개념이나 범상징론 뿐만 아니라, 벤야민의 '아우라', '기술나라의 푸른 꽃'이라는 현실 개념에서도 마찬가지인데, 이들은 명확한 현상 이해에서 출발하면서도 이론 형성에 있어서 다소 모호한 개념들이 신비주의적 경향을 내포하고 있다는 것이다. 이런 점은 이들 사고의 근저에 유태교적 이상주의의 요소가 있음을 감안해야 할 것이다.

참고문헌

반성완 (編譯), 『발터 벤야민의 문예이론』, 서울: 민음사, 1983. [약칭, 반]

Béla Balázs: Physiognomie (1923), in: B. Balázs: *Schriften zum Film, Bd. I: Der sichtbare Mensch/Kritiken und Aufsätze 1922-1926*, ed. by Helmut H. Diederichs/Wolfgang Gersch/M. Nagy, Budapest/München/Berlin (Ost), 1982, pp. 205-208.

Walter Benjamin: Kleine Geschichte der Fotografie (1931), in: *Gesammelte Schriften II.1. (Aufsätze·Essays·Vorträge)*, Frankfurt am Main: Suhrkamp, 1977, pp. 368-385. [약칭, WB, Foto]

_____: Das Kunstwerk im Zeitalter seiner technischen Reproduzierbarkeit (1936), in: *Illuminationen. Ausgewählte Schriften* (ausgewählt von Siegfried Unseld), Frankfurt am Main: Surhkamp, 1977, pp. 136-169. [약칭, WB, Kunstwerk]

_____: Über einige Motive bei Baudelaire (1939), in: *Illuminationen*, pp. 185-229. [약칭, WB, Baudelaire]

_____: *Gesammelte Schriften I.3. (Anmerkungen)*, ed. by Rolf Tiedemann · H. Schweppen-häuser, Frankfurt am Main: Suhrkamp, 1974. [GS I.3.]

Henri Bergson: *Creative Evolution*, translated by Arthur Mitchell, New York: Random House, 1911 (원서, *L'Evolution créatrice*, Paris, 1907) [약칭, HB]

Massimo Locatelli: *Béla Balázs: Die Physiognomik des Films*, Berlin: Vistas, 1999. [약칭, ML]

Miriam Hansen: Benjamin, Cinema and Experience: The Blue Flower in the Land of Technology, in: *New German Critique*, No. 40 (Winter 1987), pp. 179-224. [약칭, MH]

Siegfried Kracauer: Kult der Zerstreuung (1926), in: S. Kracauer: *Das Ornament der Masse*, ed. by Karsten Witte, Frankfurt am Main: Suhrkamp, 1977 (1963), pp. 50-63. [약칭, SK, Kult]

_____: Die Photographie (1927), in: *Das Ornament der Masse*, pp. 21-40. [약칭, SK, Photographie]

_____: *Theorie des Films*, Frankfurt am Main: Suhrkamp, 1986 (1st edition: 1964). [원서, *Theory of Film*, Princeton (USA): Princeton University Press, 1960] [약칭, SK, Theorie]

Joachim Paech: *Literatur und Film*, Stuttgart: Metzler (Band 235), 1988. [약칭, JP]

Georg Simmel: Die Großstädte und das Geistesleben (1903), in: G. Simmel: *Gesammelte Ausgabe 7 (Aufsätze und Abhandlungen 1901-1908, Bd. 1)*, Frankfurt am Main: Suhrkamp, 1995, pp. 116-131. [약칭, GS]

Peter Wuss: *Kunstwert des Films und Massencharakter des Mediums. Konspekte zur Geschichte der Theorie des Spielfilms*, Berlin (Ost): Henschel Verlag, 1990. [약칭, PW]

현대문학의 영화적 기법

– 1910~40년대 모더니즘 소설을 중심으로

1. 문학의 영화적 창작

　러시아의 문호 레프 N 톨스토이(Lev Nikolayevich Tolstoy 1828~1910)[5]는
세상을 떠나기 2년 전, 1908년 "카메라가 영화를 찍는 것처럼 글을 쓰고
싶다"고 하며 다음과 같이 영화로부터의 자극에 대해 말했다.

> 여러분들은 이 작은 덜커덕거리는 기구가 회전하면서 우리 인생에,
> 작가의 삶에 혁명을 일으키게 될 것을 보게 될 겁니다. 그것은 우리
> 문학예술의 구식 방법들에 대한 직접적인 공격입니다. 우리는 그림
> 자가 있는 스크린과 차거운 기계에 적응해야 할 것입니다. 나는 거
> 기에 대해 숙고했고 우리에게 다가오는 것을 느낍니다.
> 그리고 나는 그것을 좋아합니다. 이런 **빠른 장면 전환**, 감정과 경험
> 의 이런 결합 ─ 그것은 우리가 익숙해있는 무겁고 지리한 방법으로

───────────────

5　톨스토이의 이름은 영어권에서 흔히 Leo Tolstoy로 알려져 있다.

창작하는 것 보다 훨씬 더 좋습니다. 그것이 우리 삶에 더 가깝습니다. 삶에서도 전환과 전이가 우리 눈 앞에서 번개처럼 일어나고, 감정들은 회오리 폭풍과 같습니다. 영화는 움직임의 비밀을 신격화했습니다. 또한, 그것은 무언가 대단한 것입니다.[6] [고딕체는 필자의 표기]

영화가 초기 형태에 있을지라도, 톨스토이는 이처럼 영화적 서사의 장점과 잠재력을 통찰해보며 이후 문학에 지대한 영향을 끼칠 것임을 예측하고 있다. 그러면서 그는 희곡 〈살아있는 시신屍身〉(The Living Corpse, 1900)을 쓸 때에 영화처럼 빠른 장면 변화와 사건의 전환을 할 수 없었음을 한탄했다. 비록 노년(80세)에 접어들었어도 톨스토이가 영화로 인한 새로운 서술적 변화를 예견하고, 문학 창작에서 수용하려는 의도를 솔직하게 언급하는 것은 놀랍다.

이렇게 톨스토이가 말한 영화의 요소들은 영화에서 특히 몽타주(montage) 기법을 통해 가속화되었다. 영화 몽타주는 미국 감독 그리피스(David Wark Griffith 1875~1948)에 의해 1910년대 전반부터 시도되었고, 그의 대서사 영화 〈국가의 탄생〉(The Birth of A Nation, 1915)과 〈편협함〉(Intolerance, 1916)에서 이어졌다. 톨스토이와 그리피스의 생각은 사실상 서로 상통한다고 볼 수 있는데, 독일의 매체학자 요아힘 패히(Joachim Paech)는 20세기 초반 인간의 지각 방식과 현실 인지가 달라지면서 세상을 '보는 행위'가 변화되었기에 두 예술가는 현실 묘사에서 다른 방법을 추구하고자 했던 것이다.[JP, 182-3]

실제로, 톨스토이가 활용하고 싶어했던 영화의 요소들은 여러 작가

6　J. Paech: *Literatur und Film*, p. 122. [원전, Jay Leyda: *Kino. A History of the Russian and Soviet Film*. London, 1973]

들에 의해 1920년대부터 소설에 적용되기 시작했다. "빠른 장면 전환과 움직임의 비밀" 같은 시간·공간의 이동이 이루어지는 영화에서의 기법들은 현대 소설의 새로운 서술방식에 많은 영향을 끼치기 시작했다. 현실의 파편적인 묘사와 구성을 하는 몽타쥬 기법과 더불어, 다시점적多時点的 서술방식, 시간·공간의 비약적인 이동을 하는 방식 등이 모더니스트 작가들에 의해 먼저 실현되기 되기 시작했다.

그런데, 이런 기법들은 단순히 예술적 창작 기법의 변화를 의미하는 것이 아니라, 현대의 대도시에서의 생활과 환경에 적응하기 위한 방법이었다. 그 이유는 모더니스트 작가들은 총체성이 붕괴된 현대 사회에서 파편화되고 복합적이 된 인간의 삶과 경험, 내면 심리를 묘사하는 데에는 19세기 소설의 심리적 사실주의 방식이 적합하지 않음을 인식했기 때문이다. 현대 사회에서 생활하는 인간의 경험과 내면 심리 및 의식 세계는 과거의 방식처럼 연속성과 질서 속에서 묘사될 수 없으므로, 모더니스트 작가들은 전통적 사실주의를 포기하고 비약과 생략·회상 기법 같은 영화적 기법들을 도입했다. 또한, 모더니스트 문학작품에서 나타나고 있는 영화적 기법으로 시점視點의 변화나 몽타쥬 같은 영화적 묘사 수단은 도시 현실의 복합적인 경험을 지시해주고 있다.[JP. 126] 즉, 문학에서 '영화적 창작방식'(filmische Schreibweise)은 산업화된 도시에 사는 현대인에게서 현실 인지의 조건이 달라졌기 때문에 발생한 것임을 의미한다.

2. 현대 대도시의 문학 - 몽타주와 '단편의 미학'

20세기 초반 복잡한 대도시의 산업사회에서 항상 분주한 인간의 심리적 상태와 지각 방식·인지 행위는 이전과 매우 달라지게 되었고,

그에 따라 '보는 감각'도 달라지게 되었다. 독일의 현대 철학자 게오르그 짐멜(Georg Simmel)은 대도시에서의 변화된 세계 인식에 대해 언급하는 자리에서 빠른 템포의 변화와 급변하는 인상 속에서 신경활동이 상승되며 "교차되는 이미지들의 급박한 쇄도, 한 눈에 파악되는 것 속에서 현저한 간격, 몰려드는 인상들에 무방비성"이 인지 조건이라고 말한 바 있다.[GS, 117] 영화 영상의 인지와 수용도 복합적인 대도시 현실의 경험과 깊은 연관성이 있다. 발터 벤야민(Walter Benjamin)은 대도시 미학으로 간주되는 '보들레르 에세이'(「Über einige Motive bei Baudelaire」, 1939)에서 대도시의 현대생활에서 새롭고 급박하게 다가오는 자극을 원하는 욕구에 영화가 부응할 때가 왔다고 하며, "영화에서는 충격 형태적인 인지가 형식상의 원칙으로 유효시되고", 이런 충격 속에서의 영상 인지는 정신분산적 수용을 수반하게 된다고 한다.[WB, Baudelaire, 207. Kunstwerk, 167]

이와 같은 대도시 현실에서의 인지와 수용 조건에 상응하는 대표적인 영화 기법은 몽타쥬이다. 그리피스에 의해 1910년대 전반부터 시작된 영화 몽타쥬는 1920년대 중반 러시아 감독 에이젠슈타인(Sergei M. Eisenstein)과 푸도프킨(Vsevolod I. Pudovkin)에 의해 획기적으로 발전되었다.[참조, II. 2.] 에이젠슈타인의 영화 〈파업〉(1925), 〈전함 포템킨〉(1925), 〈10월〉(1927)에서 발전된 '충돌의 몽타주'와 푸도프킨의 영화 〈어머니〉(1926), 〈산트(聖) 페터르부르크의 종말〉(1927)에서 발전된 '연상의 몽타주'는 영화 몽타주의 기본 방법으로 확립되어 이후 문학과 연극 공연에 폭넓게 영향을 끼쳤다.

그런데, 그리피스는 이미 19세기 사실주의 소설들, 특히 영국 작가 찰스 디킨스(Charles Dickens 1812~70)의 소설 〈두 도시 이야기〉(A Tale of Two Cities, 1859)의 평행적 줄거리 진행에서 영화적 몽타주 방법을 발견했다고 말한 바 있다. 그후 20년대 후반 에이젠슈타인도 디킨스 소설에서 몽타주적 서술이 실현되어 있음을 언급했다.[참조. II. 2. JP. 123] 흔히 영화에서 발전되었다고 알려진 몽타주는 사실상 19세기 중후반 문학과 미술(회화)에서 먼저 시도되고 있었으며, 장면 진행에서 삽입과 비약이 많은 영화의 속성상 몽타주가 돋보이게 된 것이다.[보드웰·톰슨, 546]

그렇지만, 20세기 전반의 시대에 생활리듬이 급박해지고 총체성이 붕괴된 시대에 적합한 문화매체로서 나타난 영화에서의 몽타주는 19세기 문학과 미술에서 존재하던 몽타주와는 그 용도가 다르다. 영화 영상의 특징은 현대인의 일상생활에서 빠른 템포와 가시적 현상들의 변화무쌍한 이미지들을 내포한다. 그런 이유에서 20세기 전반의 문학(소설)에서는 총체적 묘사가 포기되고, 파편적인 몽타주(fragmentary montage) 구성이 정당성을 갖게 된다. 요아힘 패히에 의하면 이런 문학의 몽타주는 바로 영화로부터 영향받은 것이라고 한다.[JP, 124-6]

현실의 조각으로 구성되는 영화 몽타주는 연속적인 장면들을 분절하여 여백을 남겨놓고, 또 다른 연상작용을 일으킬 수 있는 기능을 가진 점에서 '파편破片으로서 작품'(text as fragment), 달리 말하자면 '파편화된 작품'(fragmented text)을 구성하는 방법을 제시했을 뿐만 아니라 총체성(totality/Totaliät)과 조화·완결성의 미학을 근거로 하던 과거의 문학창작 원칙을 깨뜨렸다. 이제 묘사되는 것은 총체성이 있는 세계가 아니라 파편과 단편斷片으로서의 현실이며, 연속성이 단절된 부분은 수용자로서 독자/관객이 상상 속에서 보충하여 완성해야 하는 미학이 생겨났다.

3. 몽타주 소설

영화의 기법들은 19세기의 전통적인 방법(심리적 사실주의 등)으로 현실을 묘사하지 않으려는 모더니스트 작가들에게 자극을 주었다. 이들에 의해 수용된 영화 기법들로는 몽타주 기법과 더불어 비약과 생략·회상 기법, 다시점적多時点的 서술방식, 시간·공간의 비약적 이동 등이 있다. 이와 같은 소위 '시네마 스타일'(cinema style) 기법들은 1920년대 초반부터 소설과 희곡에 적용되기 시작했는데, 이런 작가들은 우선 영미문학과 독일문학에서 찾아볼 수 있다.

영문학자 김현옥은 아일랜드 출신의 저명한 작가 제임스 조이스(James Joyce 1882~1941)의 〈율리시즈〉(Ulysses, 1922)에서 제10장 「떠도는 바위들」(Wandering Rocks)이 제시하는 내용과 이미지는 초기 몽타주 기법이 적용된 실례라고 하며, 여기서 문학적 묘사가 영화적 수단과 서로 충돌 없이 교류되는 것을 볼 수 있다고 한다.[김, 21][7] 사실 전부터 영화에 관심이 있던 조이스는 1909~10년 사이 겨울 동안 더블린에서 영화관 볼타 극장(Volta Theatre)을 운영한 적이 있는데, 눈병 때문에 지속적으로 영화관을 관리할 수 없었다. 그의 영화관 운영은 소설 작법과 직접적인 연관은 없지만, 조이스가 영화매체에 관심이 있었음은 알 수 있다.[JP, 140]

독일의 문학연구가 안톤 카에스는 "몽타주와 클로즈업 기법이 20세기 전반기 소설에서 서술의 구조적 모델로 등장하기도 했다"며[AKa,

---

7   김현옥, 「심상과 영상 – 문학의 한 장르로서 영화」, 『외국문학』, 1993년 봄호, 21, 23면. 그런데 이 논문에서는 〈율리시즈〉가 '초기의 어떤 몽타쥬' 기법으로부터 영향받았는지에 대한 설명이 없다. 여러 종류의 '영화 몽타주'가 있을뿐더러, 러시아의 영화 몽타쥬는 20년대 중후반에 발전되었으므로, 1922년에 출간된 〈율리시즈〉가 그 이전의 어떤 몽타주 기법과 연관되는지는 불분명하다.

〈율리시즈〉를 영화화한 〈Bloom〉(2003, Sean Walsh 감독),
주인공 블룸이 갈매기들에게 먹이를 주는 장면 스케치

29], 이런 경우로 독일에서 대도시 소설로 유명한 알프레드 되블린(Alfred Döblin 1878~1957)과 미국의 존 도스 패서스(John Dos Passos 1896~1970)의 소설을 든다. 카에스는 이들의 몽타주 기법에 대해 이렇게 말한다.

> 되블린의 〈베를린 알렉산더 광장〉과 도스 패서스의 〈미국 3부작〉에서는 첫 눈에 보기에 '실제 현실'의 이질적인 조각들이 서사적 사건들의 과정을 따라 흩어진다. 이들은 영화 몽타주를 문학적 산문에 사용한 가장 명백한 실례들 중에서 두 편일 뿐이고, 더 많은 사례들이 있다.[AKa, 29][고딕체는 필자의 표기]

알프레드 되블린은 일찍이 1913년 영화의 특징적인 묘사 방법으로서 "최고도의 급박함과 구체성, 입체성과 생동감"을 현대 소설에 적용할 것을 요구하고 자신의 작품에서 실천을 했는데, 그의 초기 단편소설집 『민들레 죽이기』(Die Ermordung einer Butterblume, 1913)에서 이미 영화의 영향이 보이는 다이나믹한 표현들을 찾아볼 수 있다.[AKa, 29-30] 되블린의 소설 가운데서 몽타주 기법으로 잘 알려진 것은 〈베를린 알렉산더 광장〉(Berlin Alexanderplatz, 1929)인데, 이 작품은 영화보다 소설에서 몽타주 기법이 더 잘 적용된 경우라고 말해지기도 한다.

"도시의 몽타주적 재구성"이 특징적인 이 소설에서는 "도시적 요소들과 여러 가지 다양한 문학적 형식들과 장르들의 결합과 대비를 통해 단절이 있는 이미지들의 교차적인 연결을 생산해냈다"고 평해진다.[UZ, 265] 되블린과 동시대인으로서 발터 벤야민은 이 소설에서 양식상의 원칙을 몽타쥬라고 보며 "몽타주는 이 소설을 폭파시킨다, 소설을 양식적으로 그런 것처럼 구조에서도 폭파시키고, 새롭고 매우 서사적인 가능성들을 열어준다"고 말한다.[WB, Roman, 110] 여기서 벤야민이 몽타주의 '폭파적 기능'을 말한 것은 소설에서 총체적이고 연속적인 서술을 파괴하고 조각난 현실로 만들며 '파편화시킨다'는 의미로 보아도 무방한데, 여기서 '새로운 서사적 가능성'을 보고 있다.

미국 작가 존 도스 패서스는 〈미국 3부작〉(U.S.A, 1938) 발표하기 전에, 이미 20년대 중반의 소설 〈맨하탄 환승〉(Manhatan Transfer, 1925)에서 몽타쥬를 비롯한 영화적 서사와 묘사방식을 탁월하게 적용한 바 있다. 〈맨하탄 환승〉은 미국에서 대중적으로도 성공을 거둔 작품인데, 조이스의

주인공 비버코프와 군중   ©베를린 영화박물관

〈베를린 알렉산더 광장〉(1931, 피엘 유찌[Piel Jutzi] 감독)

〈율리시즈〉(Ulysses, 1922)와 에이젠슈타인의 몽타주 이론에 영향받아 쓰여졌다. 작가는 뉴욕의 중심지 맨하탄의 주인공이 경험하는 현대적 소비문화와 냉담함이 만연된 뉴욕의 도시생활을 묘사하면서 "현대인의 의식 속에서 심층적인 변화들을 [다른 소설 보다] 더 진솔하고 직접적으로 표현하는" 데서 영화의 방법들이 소설에 이전된 것이 보인다.[JP, 143]

요아힘 패히는 이 소설에서 특히 주목할 것으로 "한편으로 파편들과 생략적인 이야기의 동시성과 다른 한편으로 연속성"을 언급하면서,[JP, 144] 여기서 발생하는 "불연속성과 동시성이 이 대도시에서의 일상생활에 대한 적합한 묘사형식"이라고 말한다.[VK, 328] 프랑스의 문학 비평가 클로드-에드몽 마그니는 이것이 두 가지 차원에서 일어난다고 하며, 첫 번째로 완전히 객관적 서술로서 사건이 소설의 '외부적 시점'으로 진행되는 것이고, 두 번째로는 가변적 관점에서의 서술로서 영화에서 카메라 위치를 지속적으로 밀고 당기며 촬영하듯이 인물들을 가까이 혹은 멀리서 묘사하는 변동적인 카메라 관점을 취하고, 게다가 페이드인과 아웃(fade in & out) · 오버랩(overlap)과 교차되는 몽타주를 사용하고 있음을 지적한다.[JP, 143]

대도시 소설로서 〈맨하탄 환승〉과 〈베를린 알렉산던 광장〉이 몽타쥬를 적용한 것은 분명 우연이 아니다. 20세기 전반기에 시대의 새로운 미학을 즉각적으로 이해한 두 작가가 대도시의 복합적인 현실을 묘사하기 위해서는 몽타쥬적 방식이 적합하다고 판단했기 때문이다. 또한, 위의 인용문에서 안톤 카에스가 언급한 도스 패서스의 〈미국 3부작〉(U.S.A,

〈맨하탄 환승〉(1925) 초판본 표지

1938)이란 각기 발표된 세 편의 소설 〈42번째 평행선〉(The 42nd Pararell, 1930), 〈1919〉(Nineteen Nineteen, 1932), 〈거금巨金〉(The Big Money, 1936)이 함께 묶어져서 1938년 출간된 것을 말하는데, 여기서도 대도시의 파편적인 현실 묘사가 특징적이다. 각기 뉴스릴 같은 묘사가 삽입되어 있는 이 3부작 소설에서는 기록영화 같이 사실 전달에 관한 서술들이 서로 연결성 없이 제시된다. 그래서 독자는 읽으면서 소설 속의 파편적인 사실들에 관해 스스로 생각하고, '소설 속의 현실'을 재구성해야 한다.

도스 패서스의 〈미국 3부작〉은 다시 영화에 영향을 끼쳤다. 이 3부작이 1938년 출간되고 3년 후에 미국의 오슨 웰스(Orson Welles 1915~85) 감독이 만든 불후의 명작 〈시민 케인〉(Citizen Kane, 1941)의 첫 부분에는 이와 유사한 장면이 나온다. 이 영화는 '아메리칸 드림'을 상징하는 주인공 케인의 생애와 활동에 관한 신문보도 기사들을 짤막하게 편집하여 파편적으로 보여주는데, 그럼으로써 영화는 허구적 드라마에 근거한 극영화일지라도 케인의 과거 행적에 관한 사실적인 기록을 보여주는 듯한 인상을 준다. 혁신적인 기법으로 인해 높이 칭송받는 이 영화는 〈미국 3부작〉과 서로 무관하지 않다. 여기서는 영화에서 영향받은 소설에서 현실의 꼴라쥬적 구성이 생겨나고, 이것이 다시 영화에 역으로 영향을 준 것

〈시민 케인〉(Citizen Kane, 1941)

이 보인다.

　위의 작가들 외에도 영화 몽타주 기법을 소설의 서사방식에서 활용한 작가로는 프란츠 카프카(Franz Kafka 1883~1924)도 언급된다. 독일의 문학연구가 안톤 카에스는 카프카의 소설에서 "장편과 단편소설을 특징짓는 시각적이고 제스추어적인 감각과 정밀힘은 … 최근 비평에서 영화의 영향으로 돌려졌다"고 한다.[AKa, 29]

4. 시점의 변화 - 다시점 소설

　몽타주와 더불어 문학 창작에서 자주 사용되는 영화 기법은 '시점視點(point of view)의 변화'이다. 영화에서 이 기법은 카메라 촬영(camera work)에 근거하는 영화적 묘사의 특징으로, 감독이 촬영 시 움직이며 작동했던 무비 카메라의 시선에 따라 관객의 시선도 함께 따라가며 화면 속의 사건을 경험하게 되는 것을 말한다. 즉, 영화 화면에서는 카메라의 이동에 따라 시선이 여러 인물로 옮겨가며 극 중 사건 진행을 바라보게 되며, 그래서 관객은 한 인물에 고정된 시점이 없이 여러 인물들 혹은 종종 사건 전체를 조망하는 객관적(관찰자의) 시점을 취하게 된다. 이렇게 관람자의 시점(viewer's viewpoint)이 계속 변화되는 점에서 '유동적 시점'(variabe viewpoint)으로 지칭되기도 하고, 또 여러 인물의 시점을 취한다는 의미에서 '다시점적'多視點的(multi-perspective) 서사방식이라고도 한다. 본래 전통적인 소설에서는 1인칭 혹은 3인칭, 전지적全知的 시점과 같은 하나의 시점으로 일관되게 서술되는 것에 비해, 영화에서는 일관된 시점이 없이 수시로 변화되는 유동적 시점이 특징이다.

　이것이 '카메라 눈'(camera eye)에 종속되는 '관객의 눈'(spectator's eye)

이며, 영화 수용에서의 기술적 조건이다. 영화 관람에서 관객은 카메라의 시선이 끌고가는 대로 등장인물 A 혹은 B의 주관적 시점이나 제3자의 관찰자적(객관적) 시점으로 바뀌며 스토리 진행을 감상하게 된다. 결국, 이러한 시점의 이동은 하나의 일관된 시점 하에서 이야기(사건) 진행을 연속적이고 통일적으로 인지하지 못하게 하며 현실을 파편적으로 인지하게 하는 점에서 몽타주와 유사한 기능을 수행한다.

영화에서 카메라가 여러 인물들의 관점을 취하면서 생기는 유동적 시점에 근거하는 다시점적 시각 내지 시점의 이동도 소설에서 받아들여진 경우가 있었다. 이로써 관찰자의 관점에 따라 달라지는 대상의 이미지를 보여줄 수 있는 효과가 생겨나는데, 현대 소설에서 복수 인칭의 서술 시점으로 대표적인 예로서 미국 작가 윌리엄 포크너(William Faukner 1897~1962)의 〈고함과 분노〉(The Sound and The Fury, 1929)가 있다.[김, 23] 영문학자 김현옥은 "이같은 복수관점주의(multi-perspectivism)는 모더니즘 소설 작가들이 추구한 주관적 현실(subjectivity reality)을 묘사할 수 있는 가장 적합한 기법으로 대두되었다"고 하며, 그것은 "이제 이 시대의 현실세계에서는 객관적 현실이란 더 이상 존재하지 않으며 오직 주관적 현실만이 존재할 뿐이라는 인식의 확장에서 비롯된 것"이라고 설명한다.[김, 23]

그 외에 현대 소설에서 종종 시도되는 '의식의 흐름'(stream of conscious -ness)도 영화 수용과 밀접한데, 의식의 물결이 꿈과 같이 묘사되는 것은 관객이 영화장면 속의 현실을 경험하는 것과 유사성이 있기 때문이다.[JP, 141] 마르셀 프루스트(Marcel Proust)의 〈잃어버린 시간을 찾아서〉(A la recherche du temps perdu)에서 제1권 「스완의 집쪽으로」(Du côté de chez Swann, 1913)는 철학자 베르그송의 주관적 시간 개념인 '순수 지속'(durée pure)과 더불어 몽타주와 회상 기법이 만들어내는 시각 효과가 있는 소설이다.[김, 21]

참고문헌

김현옥, 「심상과 영상. 문학의 한 장르로서의 영화」, 『외국문학』 36 (1993년 봄호): 15-24. [약칭, 김]

데이비드 보드웰 · 크리스틴 톰슨, 『영화예술』(주진숙 · 이용관 역), 서울: 이론과 실천사, 1993. [약칭, 보드웰 · 톰슨]

마샬 맥루한 (1964), 「영화: 필름의 세계」, 『외국문학』 36 (1993년 봄호): 109-121.

요아힘 패히, 『영화와 문학에 대하여』(임정택 역), 서울: 민음사, 1997.

Walter Benjamin: Über einige Motive bei Baudelaire, in: W. Benjamin: *Illuminationen. Ausgewählte Schriften* (ausgewählt von Siegfried Unseld). Frankfurt am Main: Suhrkamp, 1977. pp. 185-229. [약칭, WB, Baudelaire]

_____: Das Kunstwerk im Zeitalter seiner technischen Reproduzierbarkeit (1934/35), in: *Illuminationen*, pp. 136-169. [약칭, WB, Kunstwerk]

_____: Krisis des Romans. Zu Döblins Berlin Alexanderplatz, in: Matthias Prangel (ed) *Materialien zu Alfred Döblins Berlin Alexanderplatz*, Frankfurt am Main, 1975. pp. 105-119. [약칭, WB, Roman]

Anton Kaes: Einführung, in: A. Kaes (ed) *Kino-Debatte. Texte zum Verhältnis von Literatur und Film 1909-1929*, Tübingen, 1978, pp. 1-36. [약칭, AKa]

_____: The Debate about Cinema: Charting a Controversy 1909~1929, translated by David J. Levin, in: *New German Critique*, Vol. 40 (Winter 1987), pp. 7-33. [약칭, AKb]

Volker Klotz: *Die erzählte Stadt. Ein Sujet als Herausforderung des Romans von Lesage bis Döblin*, München, 1969. [약칭, VK]

Gerald Mast · Bruce F. Kawin: *A Short History of the Movies*. Boston etc: Allyn & Bacon. 1996. [약칭, GM]

Joachim Paech: *Literatur und Film*, Stuttgart: Metzler (Band 235), 1988. [약칭, JP]

Georg Simmel: Die Großstädte und das Geistesleben (1903), in: G. Simmel: *Gesammelte Ausgabe 7* (*Aufsätze und Abhandlungen 1901-1908*, Bd. 1), Frankfurt am Main: Surhkamp, 1995, pp. 116-131. [약칭, GS]

Ulf Zimmermann: Benjamin and Berlin Alexanderplatz. Some Notes Towards a View of Literature and the City, in: *Colloquium Germanica*, 12 (1979), pp. 258-274. [약칭, UZ]

사진 출처

『율리시즈』 www.ulysses.ir.

영화와
미학이론

순수 영화와 절대 영화

1. 순수 영화와 절대 영화란?

순수 영화(cinéma pur)와 절대 영화(der absolute Film)는 1920년대 예술 영화 운동의 과정에서 생겨난 그룹의 영화를 말하는 것으로 특히 다다이즘과 초현실주의 화가들에 의해 선도되고 영향을 받아 생겨났다. 이들은 자신의 예술적 생각을 영화 영상을 통해 시각적으로 표현하려는 의도를 갖고 있었으며, 그것은 현실 모사나 묘사가 아니라 비재현적 방식으로 현실이 아닌 세계를 표현하려는 것이었다.

순수 영화와 절대 영화의 기원으로는 자연적 형태를 포기하고 기하학적이고 기술과 관련된 구성들을 보여주는 페르디낭 레제(Ferdinand Léger)가 감독한 〈기계적 발레〉(Ballet mécanique, 1924)와 프란시스 피카비아

---

1   R. Stam: *Film Theory*, p. 35. [원전, L. Delluc: *Cinéma et cie* (1919)]

(Francis Picabia)가 대본을 쓰고 르네 클레르(René Clair)가 감독한 〈막간극〉(Entr'acte, 1924)이 언급된다.[HH, 67-8]

프랑스에서 발생한 순수 영화는 '시각주의파'(the visualists)라고 지칭되는 루이 델뤽·장 엡스텐·제르멘 뒬락 같은 영화인들에 의해 주도되었으며, 이들은 영화의 창조적인 시각 표현을 중시하며 포토제니(photogénie) 요소를 강조했다. 20년대에는 이들과 유사한 초현실주의 영화와 아방가르드 영화가 있는데, 모두 실험영화의 형태로 간주되기도 하며 서로 엄밀하게 구분되지 않는다. 주로 독일에서 전개된 절대 영화는 비킹 이어링·한스 리히터·발터 루트만 등에 의해 주도되었으며, 영화에서 현실재현적 묘사를 배제하고 리듬과 몽타쥬를 중시했다. 절대 영화는 실험영화의 일부로 여겨지기도 한다.

순수/절대 영화의 작품들은 그 자체로서 성공적인 것은 적었지만, 당시에(20년대) 영화 영상의 표현 영역과 방법을 확장하고 새로운 영화 영상의 세계를 열어놓았다는 데에 의미가 있고, 이런 부분이 후대 감독들에게 영향을 끼쳤다는 점에서 살펴볼 필요가 있다.

2. 순수 영화와 포토제니(photogénie)

'순수 영화'(cinéma pur/the pure cinema)란 1920년대 무성영화에서 '시각적인 것'을 강조한 프랑스의 시각주의파(the visualists) 영화인들에 의해 제기된 개념으로 간단히 말하자면, '순전히 시각적인'(pure visual) 영화를 말한다.[JP, 167] 순수 영화는 1910년대 영화예술 운동(필름 다르[film d'art]와 작가영화[Autorenfilm] 등)과 동일한 맥락에서 나타났으며 "문학의 후원으로부터 벗어나 이미지(영상)를 강조함으로써 현대 회화에 근접하는 고유한 영화촬영술적인(cinematographic) 표현수단을 발전시키려고 한다."[JP, 151] 따라서 순수 영화는 현실을 재현하는(再現, representation) 매체로서 영화가 아니라, 영화의 고유한 특성에 의거하여 표현되는 영화를 말하며, 흔히 시각적 이미지와 더불어 영상진행에서 운동감이나 리듬이 부각된다.

순수 영화는 특히 '포토제니'(photogénie)[2] 개념과 밀접하게 결부되어 있는데, 순수 영화의 주된 요소가 '포토제니'라고도 여겨진다.[HH, 69] 실제로 순수 영화를 표방한 프랑스의 루이 델룩(Louis Delluc)과 제르멘 뒬락(Germaine Dulac)·장 엡스텐(Jean Epstein) 같은 시각주의파 감독들은 한결같이 영화적 표현에서 포토제니의 중요성에 깊이 공감했으며, 심지어 장 엡스텐은 "포토제니가 표현된 영화가 순수 영화"라고 보았다. 그래서 이 용어는 시각주의 영화파의 입장을 말해주기도 하는데, 포토제니 개념부터 알아보자.

본래 '포토제니'(photogénie) 개념은 「제7예술 선언」(1911)을 했던 리치오토 카뉴도의 용어로서 "새로운 표현 양식에 의해 특권화된 생물과 무생물의 詩的인 면을 가리킨다"[3]고 했다. 카뉴도의 주장에 전적으로 동의했던 후계자 루이 델룩은 포토제니 개념을 더욱 확장시켰다. 그는 저서 《포토제니》(photogénie, 1920)에서 영화의 예술적 표현을 설명하기 위해 특별히 '포토제니' 개념을 사용했는데, 그의 영화예술론에서 핵심 개념이 되었다. 그래서 "카뉴도가 시네-포엠(映畵詩)의 전도사라면 델룩은 포토제니의 전도사"[4]라고 말해지기도 한다.

2　'포토제니'(photogénie)에 대한 적합한 번역어가 없으므로, 전문용어로서 그냥 원어를 사용한다. '포토제니'는 국내에서 가끔 말해지는 대로, 사진촬영이 잘된 미모의 배우(특히 여배우)나 모델과는 무관하다.

3　앙리 아젤, 『영상미학』, 13. [원전, Henri Agel: *Esthétique du cinéma*, Paris, 1951]

4　P. Wuss: Jean Epstein: Auslegung eines modernen Pantheismus, in: *Kunstwert...*, p. 111. [원

루이 델룩(Louis Delluc)
1890 프랑스 카도앵 ~ 1924 파리

프랑스의 작가 · 영화비평가 · 영화감독. 시 · 소설 · 희곡
을 창작했고, 1920년대 초반 영화비평과 이론 에세이를 쓰
고 33세로 요절 전까지 정력적으로 활동. 짧은 생애에도 불
구하고 많은 업적을 남긴 그는 프랑스 영화에서 '첫 번째
위대한 인물' 혹은 '영화비평의 아버지'로 칭송된다. 저서로《Cinéma & Cie》(영화
주식회사, 1919),《Photogénie》(포토제니, 1920),《La jungle du cinéma》(영화의
정글, 1921),《Les origines du Cinématographe》(시네마토그라프의 기원, 1922),
《Drames de cinéma》(영화의 드라마, 1923)가 있으며, 잡지《Cinéa》를 발간.

    루이 델룩이 말하는 포토제니란 "포토(photo, 사진)와 제니(génie, 정령
[精靈], 정수[精髓], 에스프리[esprit]) 사이에서 신비로운 결합을 찾는 것"[5]이며,
"사진적 재현에서 표출되거나 강화될 수 있는 인물이나 물체의 미묘한
느낌 · 분위기 · 아우라(aura)를 말한다."[PW, 95] '포토제니'는 원래 희랍
어로 "빛이 만들어내는 것"이란 뜻으로 델룩은 사진의 특질을 나타내는
용어를 영화적 특질을 나타내는 용어로 변화시켰다.[6] 결국, '사진과 정령
의 신비로운 결합'을 찾는 것이라는 델룩의 포토제니 개념은 구체적이지
않고 신비로운 느낌을 주는데, 그는 포토제니를 통해 영화가 단순한 현
실 모사가 아니라 신비로운 영상을 창출할 수 있다는 점을 강조한다. 그

전, Jean Epstein: Le cinématographe vu de l'Etna (1926), in: *Écrits sur le cinéma*, tome 1, Paris, 1974]

5   P. Wuss: Louis Delluc: Filmkunst und Photogénie, in: *Kunstwert…*, p. 95. [원전, L. Delluc: *Écrits sur le cinématographiques* (*Photogénie, 1920*), tome 1, Paris, 1985]

6   이와모토 켄지(岩本憲兒), 「영상의 비평에 대하여」, 『영상학원론』, 152.

렇다고 델룩의 포토제니 개념이 비의적秘義的(esoteric)인 것은 아니다.

카뉴도-델룩의 후계자로 여감독인 제르멘 뒬락(Germaine Dulac)은 물체의 시각적 표현에 있어서 러시아 영화감독 지가 베르토프(D. Vertov)처럼 '영화 눈'(Kino-eye)을 주장하며 포토제니와 순수 영화를 연결시킨다. 그녀는 저서『영화의 본질, 시각적 관념』(L'essence du cinéma. L'idee visuelle, 1925)에서 "영화는 삶에 대해 넓게 열려있는 눈이며, 우리 눈 보다 더 강력하며 우리가 못 보는 것을 보는 눈"[7]이라고 하고, '카메라 눈'(camera-eye)을 뜻하는 '영화 눈'(Kino-eye)을 신봉한다. 그래서 뒬락은 "이 눈이 보는 것과 순수 영화가 표현해야 할 것을 루이 델룩은 '포토제니'라고 불렀으며, 그것은 현실의 생명체와 사물에서 독특한 것으로서 오직 영화에 의해 ― 詩的인 방법으로 ― 표현될 수 있다"고 말한다.[JP, 157]

델룩의 다른 후계자인 장 엡스텐(Jean Epstein)도 포토제니의 특별성을 강조하며 "회화에서 色, 조각에서 질감인 것으로서 영화예술의 특별한 요소"[8]라고 한다. 영화에서 '포토제니적'이란 "영화적 재생(filmic reproduction)을 통해 그 도덕적 품질이 상승되는 사물과 실체 · 영혼의 모든 관점"이며, 포토제니를 영화촬영술(cinematography)에 의한 묘사를 통해 살아나는 그런 신비적 요소를 가리킨다고 말한다.[PW, 114]

이처럼 시각주의파 감독들인 델룩과 뒬락 · 엡스텐의 저술에서 드러나듯이, '포토제니'는 사물의 미묘한 분위기로서 영화 눈이 포착하여 영화촬영술에 의해서만 표현되는 신비로운 영상으로 설명되고 있다. 하지만 그럼에도 과연 포토제니가 무엇인지 명확히 이해되기 어렵다. 현

---

7   J. Paech: *Literatur und Film*, p. 156. [원전, G. Dulac: Das Wesen des Films: die visuelle Idee (1926) in: *Frauen und Film*, H 37/1984, p. 54 (Les Cahiers du mois, No. 16/17)]

8   P. Wuss: Jean Epstein: Auslegung eines modernen Pantheismus, in: *Kunstwert…*, p. 114. [원전, J. Epstein: *Écrits sur le cinéma* (De quelques conditions de la photogénie), Paris, 1975]

시대 미국 영화학자 로버트 스탐에 의하면, 이들의 포토제니 개념은 "영
화의 마력을 다른 예술들과 구별지어 주는 말할 수 없는 가장 순수한 형
체"로 이해되는데, 그래도 여전히 불분명하다.[RS, 34] 실상 '포토제니'란
용어는 언어적 개념 정의로는 명료하게 이해되지 않는다.

　그러면, 영화에서 포토제니는 어떻게 얻어질 수 있는가? 실제 영화
에서 포토제니가 어떤 표현이고, 어떻게 드러나는지를 살펴볼 필요가
있다. 델룩은 영화의 여러 요소들에서 그 가능성을 보며 무대장치·조
명·얼굴이 포토제니를 불러일으키는 것이고, 신비로운 영상을 창출할
수 있는 것으로서 묘사의 특별히 영화적인(cinematic) 것을 위해 결정화[結
晶化]된 점들이라고 말하며, 이런 것은 기술적인 현실 묘사를 위한 것이
아니라 '예술적–해석적'인 것이라고 본다.[PW, 96]

　그러면, 어떻게 포토제니를 얻을 수 있는가? 포토제니를 영화촬영
술을 통한 묘사에 의해 살아나는 요소로 보았던 장 엡스텐은 시간·공
간 속에 존재하는 세계와 물체, 정신적인 것의 움직임을 중시하며, 이런

장 엡스텐(Jean Epstein)
1897 바르샤바 ~ 1953 파리

프랑스의 영화감독 · 영화비평가 · 이론가. 루이 델룩 밑에
서 조감독을 한 후 20 여편 이상을 감독했고, 이들 중 몇
편은 주요한 아방가르드 영화로 여겨짐. 저서로 《Bonjour
cinéma》(안녕 영화, 1921), 《Le cinématographe vu de
l'Etna》(에트나에서 바라본 영화, 1926), 《La photogénie de l'impondérable》(규명
할 수 없는 포토제니, 1953), 《Esprit du cinéma》(영화의 정수, 1955), 《Écrits sur
le cinéma 1921-53》(영화론, 1974-75) 등이 있음.

운동성(mobility/Beweglichkeit) 속에서 카메라 촬영을 통한 묘사의 정수(精髓,
에스프리), 즉 포토제니가 얻어질 수 있다고 하며 이렇게 말한다.

> 영화는 점차로, 또 결국 오직 영화촬영술적으로 되기를 시도해야 한
> 다. 즉, 오로지 포토제니적인 요소들만을 사용해야 한다. **포토제니는
> 영화의 가장 순수한 표현이다.**[9][고딕체는 필자의 표기]

엡스텐이 "영화촬영술적으로 된다"는 것은 영화제작이 영화 카메
라의 촬영술(cinematography)에 의거해서 만들어지는 것을 말하는 것이고,
영화에서 문학이나 연극 · 미술의 요소들을 단호히 거부하는 뜻을 내포
한다. 순수영화에 영향을 끼친 실험영화들을 만들었던 페르디낭 레제도
순수 영화의 목적은 "순전히 영화촬영술적이 아닌 요소들로부터 단절시

---

9   J. Paech: *Literatur und Film*, p. 157. [원전, J. Epstein: De quelques conditions de la
     photogénie, in: Marcel Lapierre (ed): *Anthologie du cinéma*, Paris, 1946]

키는 것"이라고 말하기도 했다.[RS, 34]

3. 순수 영화와 시네-포엠(映畵詩)

　시각주의 감독들에게 순수 영화는 포토제니가 표현되는 영화로서 일반적인 영화들처럼 스토리나 논리적인 사건 전개가 중요시되지 않는다. 이들은 영상 속에서 물체의 움직임(movement, 운동성)과 리듬(rhythm) · 이미지가 중시했고, 묘사 대상에는 현실의 영역을 넘어서 비현실적이고 초현실적인 것도 포함된다. 이들은 특히 영화의 창조적인 시각 표현을 중시하며 영화적 묘사의 고유한 영역을 운동감과 리듬 · 몽타쥬 등에서 찾았다. 제르멘 뒬락은 순수영화의 다섯 가지 원칙적 요소들을 다음과 같이 들고 있다.

> 1. 움직임(운동성)의 표현은 그것의 리듬에 종속된다.
> 2. 리듬 자체와 움직임의 진행은 영화 드라마 구성의 기본인 인지와 감정의 요소들을 형성한다.
> 3. 영화 작품은 시각적인 것의 가능성을 모색해야 한다.
> 4. 영화의 사건 내용(스토리)은 '인생'이어야 한다.
> 5. 영화의 사건 내용(스토리)은 인물들에 제한되지 않고, 자연과 꿈의 영역까지 이르러야 한다.[10]

10　P. Wuss: Germaine Dulac: Filmimpressionismus, Cinéma pur, Integrale Kinematographie, in: *Kunstwert...*, p. 131. [참조, G. Dulac: Das Kino der Avantgarde, in: *Frauen und Film*, H37/1984. 원전, G. Dulac: Le cinéma d'avant-garde (1932), in: Le *Cinéma des Origines a nos jours*]

이 다섯 가지 요소들은 결국 리듬있는 움직임 속에서 시각적인 요소가 부각되며 현실의 모습을 넘어 초월적인 세계가 묘사되어야 함을 말한다. 게다가 뒬락은 스토리 구조의 투명성 보다 감정을 중시하며 영화가 감정적 영향을 끼칠 것을 원했다. 그래서 그녀의 말에 따르면, "우리 모두가 꿈꾸는 진정한 영화는 예술가의 감정으로부터 살아나서 스크린에서 실현되는 시각적 교향악(visual symphony)"[11]이다.

이러한 영화미학적 생각을 갖고 뒬락이 만든 영화가 〈조개와 성직자〉(La Coquille et le clergyman, 1928)이다.[대본은 '잔혹극'(theatre of cruelty)으로 유명한 연극인 안토냉 아르토(Antonin Artaud)에 의해 쓰여졌음] 뒬락은 이야기를 서술하는(storytelling) 책임이나 '실제 생활'을 사실적으로 재생산하는 것으로부

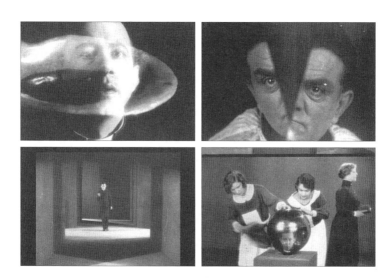

제르멘 뒬락의 〈조개와 성직자〉(1928)

---

11   J. Paech: *Literatur und Film*, p. 157. [참조, G. Dulac: *Das Wesen des Films: die visuelle Idee* (1926)]

터 자유로워지는 영화를 예견했으며, 이것은 결국 엡스텐이 꿈으로부터 영감을 얻은 '순수 영화'와 유사한 것이라고 볼 수 있다.[RS, 37]

이렇게 시각주의 감독들의 포토제니와 순수영화 개념을 살펴볼 때, 순수영화는 카뉴도가 먼저 언급한 시네-포엠(映畵詩, ciné-poème/cine-poem)과도 가까운 관계임을 알 수 있다.[참조, II. 1. 순수 영화와 절대 영화] 루이 델뤽의 포토제니 개념부터 시작하여 제르멘 뒬락이 말하는 포토제니는 "詩的인 방법으로" 이루어져야 한다고 했듯이, 순수영화는 자유로운 상상에 의해 무의식 세계를 표현하는 시네-포엠과 매우 가까운 관계에 있다. 또한, 장 엡스텐이 영화는 "인간 존재 내에서 '무의식적인' 것의 비언어적이고 비합리적인 작동"[12]을 탐험할 수 있다고 말하는 데서도 영화와 詩의 근접성을 읽을 수 있다. 이처럼 시각주의파 감독들의 순수 영화는 비논리적 진행을 선호하며, 스토리 전개 보다는 상상과 환상에 근거하는 시각적 이미지를 움직임과 리듬으로써 표현하려는 영화를 의미했다.

이런 시각주의파 감독들이 만든 영화들로는 다음과 같은 작품들이 있다. 이들의 영화들과 비교하기 위해 당시에 가까웠던 초현실주의 · 아방가르드 영화들도 다음에 첨가한다.

---

12   J. Paech: *Literatur und Film*, p. 36 [원전, Liebman: *Jean Epstein's Early Film Theory 1920-1922*, Ann Arbor (Michigan/USA): University Microfilms, 1980, p. 119]

<표 1> 순수영화와 초현실주의 · 아방가르드 영화[13]

감독	작품들
루이 델룩	〈열병〉(Fièvre, 1921), 〈어떤 관계도 없는 여자〉(La Femme de nulle part, 1922), 〈홍수〉(L'Inondation, 1923)
장 엡스텐	〈성실한 마음〉(Coeur fidèle, 1923), **〈어셔 家의 몰락〉**(La Chute de la maison Usher, 1928)
제르멘 뒬락	〈미소짓는 뵈데 부인〉(La Souriante Madame Beudet, 1928), **〈조개와 성직자(神父)〉**(La Coquille et le clergyman, 1927)
마르셀 레르비에 (Marcel L'Herbier)	〈마티아스 파스칼의 열정〉(Feu Mathias Pascal, 1926)
초현실주의 영화	**르네 클레르(Réne Clair)의 〈막간극〉(Entr'acte, 1924)**, 페르디낭 레제(Ferdinand Léger)의 〈기계적 발레〉(Ballet mécanique, 1924), **마르셀 뒤샹(Marcel Duchamp)의 〈빈혈 영화〉(Anémie cinéma, 1925)**, 장 엡스텐의 〈어셔 家의 몰락〉(1928), 제르멘 뒬락의 **〈조개와 성직자〉(1927)**, 루이 브뉘엘/살바도르 달리 〈안달루지아의 개〉(Un Chien Andalou, 1929), 〈황금시대〉(L'Age d'Or, 1930)
아방가르드 영화	**르네 클레르(Réne Clair)의 〈막간극〉(Entr'acte, 1924)**, **마르셀 뒤샹(Marcel Duchamp)의 〈빈혈 영화〉(Anémie cinéma, 1925)**, 만 레이(Man Ray)의 〈理性의 회귀〉(Retour à la raison, 1923), 〈귀가〉(Le retour a la maison, 1927), **제르멘 뒬락의 〈조개와 성직자〉(1927)**

　　위와 같은 분류에서 드러나듯이, 순수 영화와 초현실주의 · 아방가르드 영화들 가운데에는 서로 속하는 경우들이(고딕 표시 작품들) 있어 명확히 구분되지 않는다. 제르멘 뒬락의 〈조개와 성직자〉(1927)는 세 범주에 다 속하며, 장 엡스텐의 〈어셔 家의 몰락〉(1928)은 순수영화와 초현실주의 영화로 분류된다. 르네 클레르(Réne Clair)의 〈막간극〉(1924)은 마르셀 뒤샹(Marcel Duchamp)의 〈빈혈 영화〉(1925)는 초현실주의 · 아방가르드 영화 작품으로 분류된다. 그만큼 순수 영화와 초현실주의 · 아방가르드 영

13　참조, *The Film Studies Dictionary*, p. 234.

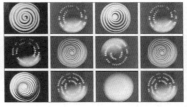

〈막간극〉(1924)　　　　　　〈빈혈영화〉(1925)　　　　　〈어셔 家의 몰락〉(1928)

화들은 서로 명확히 구분되지 않는다. 더구나 영화에서 어떤 사건의 스토리 중심적이 아니라, 비현실적 세계의 시각적 표현이 중시되고, 흔히 비논리적 진행이 일어난다는 것은 공통적이다. 대부분 5~30분 정도로 짤막하게 만들어진 이런 영화들을 실제로 관람하면 그 유사성을 이해할 수 있고, 스토리 중심적인 일반 영화들과 쉽게 구분할 수 있다.

4. 절대 영화의 발생과 특성

독일에서는 프랑스의 순수 영화 운동에 영향을 받아 1920년대 중반 '절대 영화'(der absolute Film/the absolute film)가 생겨났다. 절대 영화는 "추상 영화(the abstract film)의 한 형태로서 전적으로 비재현적非再現的(non-representational/非사실적 묘사) 영화이며 이미지로써 형태와 리듬 같은 무형적無形的 개념을 시각화"[14]한다. '추상영화'는 현실의 재현적(사실적 묘사) 이미지들을 배격하지는 않지만, 특정한 사건이나 드라마 구조를 지닌 스토리를 부정하고 인간과 물체의 움직임을 리듬 속에서 표현하는 것을 중시하며 시각적인 요소들을 음악적인 리듬으로써 포착하고 몬타쥬로

14　*The Film Studies Dictionary*, p. 3.

써 영화의 속도와 진행을 구성하는 영화이다. 대표적인 작품으로는 초현실주의 화가인 만 레이(Man Ray)의 〈理性의 회귀〉(Retour à la raison, 1923), 독일 영화감독 발터 루트만의 〈베를린 대도시의 교향악〉(Berlin, Symphonie einer Großstadt, 1927) 등이 있다.

사실, 추상 영화나 절대 영화는 모두 실험 영화의 형태들이며, 추상영화가 현실 재현을 포함하는 것과 달리, 절대 영화는 재현적 이미지를 거부하는 데에 분명한 차이점이 있다. 절대 영화는 주로 다다이즘(dadaism) 화가들이 가담한 아방가르드 영화운동으로 영화에서 시간성을 형식언어의 축으로 보며 영화 진행에서 리듬을 강조한다.

절대 영화의 계보는 스웨덴 영화감독 비킹 에게링(Viking Eggeling)에서 시작되어 독일 영화감독들인 한스 리히터(Hans Richter) - 오스카 피셍어(Oskar Fischinger) - 발터 루트만(Walter Ruttmann)으로 이어진다. 절대 영화의 선구자 비킹 에게링의 실험영화 〈관현악적 수평선-수직선〉(Orchestre Horizontal-Vertical, 1919)과 〈대각선 교향악〉(Diagonal Symphonie, 1921), 한스 리히터의 〈리듬 21〉(Rhythmus 21, 1921)이 제1세대 절대 영화로 여겨진다.

절대 영화의 중심 인물인 한스 리히터는 "시간을 새로운 매체[영화]의 미학적 토대"[15]로 삼으며 시간적 진행에 따라 인지되는 예술형식인 영화에서는 '리듬'이 모든 영

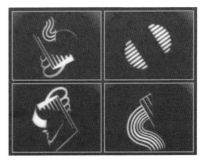

비킹 에거링의 〈대각선 교향악〉(1921)

15   P. Wuss: Hans Richter: Avantgarde und soziale Verantwortung des Films, in: *Kunstwert…*, p. 267. [원전, Hans Richter: *Einführung von Sir Herbert Read. Autobiographischer Text des Künstlers*, Neuchâtel (Schweiz), 1965]

화적 표현 형식을 규정한다고 보았다. 그래서 리듬을 영화예술적 수단이자 영화의 결정적인 구성원칙으로 받아들였고, 리듬과 몽타쥬와의 연관성을 중시했다. 중첩 화면(overlap)의 정렬된 연속에서는 몽타쥬의 길이와 운동의 방향, 속도, 크기, 소리와 형식에 영향을 끼치는 힘을 고려했다. 이런 관점에서 만든 영화들이 〈리듬 21〉(Rhythmus 21, 1921), 〈리듬 23〉(Rhythmus 23, 1923)과 〈리듬 25〉(Rhythmus 25, 1925), 〈습작 영화〉(Filmstudie, 1926), 〈인플레이션〉(Inflation, 1927), 〈조식 전의 유령〉(Ghosts before Breakfast, 1927) 등이다. 리히터는 시네-포엠(映畵詩, Filmpoesie/cinéma-poesie)과 관해서도 "리듬은 첨가되어야 할 그 무엇이 아니고 시네-포엠의 토대 자체"라고 하며 리듬적 구성의 필연성을 옹호했다.[PW, 267]

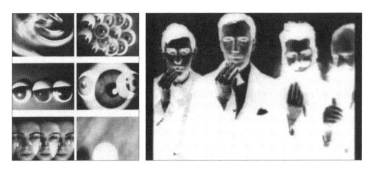

한스 리히터의 〈리듬 21〉(1921)와 〈조식 전의 유령〉(1927)

리히터의 영화예술적 생각을 이어받은 발터 루트만도 영화에서 리듬을 강조했다. 그는 "리듬은 영화가 예술인 한, 영화의 기본 형식이고 뼈대이다"라고 하며, 영화에서 리듬있는 운동, 만곡(커브)이 있는 운동(빠르게/느리게) 같이 리듬의 표현을 중시했다. 이런 원칙 하에서 루트만은 20년대 전반 〈빛유희, 작품 I〉(Lichtspiel, Opus I, 1922)과 작품(Opus) 시리즈 II, III, IV(1922~25)를 만들었고, 이런 경향은 〈베를린 대도시의 교향악〉(Berlin, Die Synphonie der Großstadt, 1927)까지 계속되었다.

그의 〈베를린 대도시의 교향악〉은 절대 영화에서 가장 유명한 작품으로 특정한 스토리나 사건 내용은 없이 산업화된 대도시 베를린에서 현대식 빌딩들 사이의 도로에서 자동차·자전거 등의 복잡한 운행과 많은 행인들의 걸음걸이가 리듬있는 움직임에서 보여지며, 거리의 소음 등 다양한 음향이 삽입된 대도시의 일상생활 모습이 묘사된다. 이 작품은 거꾸로 프랑스의 아방가르드 영화감독

〈베를린 대도시의 교향악〉(1927)
포스터

페르디낭 레제 등에 직접적인 영향을 끼쳤다.

5. 순수 영화와 절대 영화의 의미

순수 영화와 절대 영화는 모두 영화예술 운동의 일환으로 1920년
대에 일어났던 아방가르드 영화의 한 형태로서 간주되며, 실험영화의
선구적 형태로 이해될 수 있다. 영화역사에서 분명 가치있는 시도로서
여겨질 수 있지만, 작품적으로 뛰어난 영화는 별로 많지 않다. 그러면,
순수 영화와 절대 영화의 의미는 무엇인가? 여기에 대해서는 절대 영화
에 참여했던 한스 리히터의 말을 참고해보자. 1940년 미국으로 건너가
영화교육과 기록영화 제작에 몰두하던 한스 리히터는 1951년 무렵 과
거의 아방가르드 영화운동을 차분하게 되돌아보며 영화미학의 발전에
서 그 의미를 찾는다.

> 영화의 결정적인 미학적 문제는 — 영화가 (움직임의) 再生(reproduc-
> tion)을 위해 만들어졌다는 것 — 역설적으로 再生의 극복이다. 달리
> 말하면 문제는 이것이다. 카메라(필름 · 색상 · 소리 등)가 (사진 렌즈 앞에
> 나타나는 어떤 대상, 인간이나 물체를) 재-생산하기 위해 혹은 (어떤 다른 예
> 술 매체에서는 가능하지 않은 경이로움을) 생산하기 위해서는 어느 정도로
> 발전되고 사용되는가? 이 질문은 결코 기술적인 의미의 것이 아니
> 다. 카메라의 기술적 해방은 심리학적이고 미학적인 문제들과 매우
> 밀접하게 연결되어 있다.[고딕체는 필자의 표기][16]

---

16   P. Wuss: Hans Richter: Avantgarde und soziale Verantwortung des Films, in: *Kunstwert...*,

여기서 리히터는 당시의 아방가르드 영화 운동이 당시의 영화 경시적인 주장, 즉 영화는 '현실의 再生'(reproduction of reality)에 불과하다는 견해에 대해 반론을 제기하기 위해 아방가르드 영화는 불가시적不可視的이고 초월적인 세계도 묘사할 수 있음을 보여주는 데에 일조한 점을 말하고 있다. 그럼으로써 영화는 현실의 기계적인 재생이라는 편견에서 자연스럽게 벗어날 수 있었다. 또한, 순수영화 운동의 제르멘 뒬락 역시 20년대 아방가르드 영화의 의미를 "예술과정의 효소"[17]라고 보는 것도 리히터의 견해와 같은 배경에서 이해된다.

사실상, 이런 견해들은 1920년대의 순수 영화와 절대 영화를 비롯하여 표현주의와 초현실주의를 모두 포함하여 현실의 재생이나 단순 재현을 거부했던 모든 영화운동들에 대해서도 해당된다. 그만큼 영화는 카메라 촬영술에서 비롯되는 '현실의 재생' 문제에 대해 탄생부터 20년대 후반까지 힘겹게 싸워야만 했다. 그렇지만 그런 과정을 통해 오히려 영화는 전통 예술과는 다른, '영화적 묘사'의 새로운 영역을 개척하면서 영화 고유의 미학과 언어가 발전되고 있었다. 그러므로, 오늘날 시점에서 돌아보면 당시 영화적 표현에 관한 논란은 영화의 고유한 미학을 찾아내고 발전시키는 데에 자극을 주었던 생산적인 과정이었음을 알 수 있다.

---

p. 270. [원전, Hans Richter: *Filmgegner von heute - Filmfreunde von morgen*, Belrin, 1929. Hans Richter: The Film as an Original Art Form, in: *College Art Journal* (New York), 1951 (No. 2)]

17 P. Wuss: Germaine Dulac: Filmimpressionismus, Cinéma pur, Integrale Kinematographie, p. 131. [원전, G. Dulac: Le cinéma d'avant-garde (1932)]

참고문헌

앙리 아젤, 영상미학(黃王秀 譯), 서울: 다보문화, 1990 (1974). [Henri Agel: *Esthétique du cinéma*, Paris, 1951].

이와모토 켄지(岩本憲兒), 「영상의 비평에 대하여」(제7장), 우에조 노리오(植條側夫) (편저), 『영상학원론』(구종상 · 최은옥 공역), 서울: 이진출판사, 2001, 149-162면. [원서, 『映像學原論』]

Steve Blandford · Barry Keith Grant · Jim Hillier: *The Film Studies Dictionary*, London/New York, 2001.

Hilmar Hoffmann: *100 Jahre Film. Von Lumiere bis Spielberg*, Düsseldorf, 1995. [약칭, HH]

Joachim Paech: *Literature and Film,* Stuttgart, 1988. [약칭, JP]

Robert Stam: *Film Theory*, Malden (USA), 2000. [약칭, RS]

Peter Wuss: *Louis Delluc: Filmkunst und Photogénie*, in: P. Wuss: *Kunstwert des Films und Massencharakter des Mediums*, Berlin, 1992, pp. 93-98. [약칭, PW]

_____: Jean Epstein: Auslegung eines modernen Pantheismus, in: P. Wuss: *Kunstwert des Films und Massencharakter des Mediums*, pp. 110-117. [약칭, PW]

_____: Germaine Dulac: Filmimpressionismus, Cinéma pur, Integrale Kinema tographie, in: P. Wuss: *Kunstwert des Films und Massencharakter des Mediums*, pp. 125-133. [약칭, PW]

_____: Hans Richter: Avantgarde und soziale Verantwortung des Films, in: P. Wuss: *Kunstwert des Films und Massencharakter des Mediums*, pp. 266-287. [약칭, PW]

러시아 몽타쥬 이론과 영화

1. 러시아 영화[18]와 몽타쥬 이론

(1) 1920년대 영화산업 상황과 새로운 세대 감독의 등장

러시아에서 볼셰비키 사회주의 혁명(1917.10.25.) 이전의 제정 시대에 러시아의 영화산업은 미국이나 서유럽 국가들에 비해 낙후된 상태였다. 영화제작사와 극장도 많지 않았고, 입장료는 저렴하지 않아서 일반 대중과 노동자 계급이 영화관에 가기 어려웠다. 필름과 기술 장비들은 프랑스와 독일에서 수입되었다. 사회주의 혁명 후에도 곧바로 영화의 발전이 이루어지지 못했는데, 그 이유는 경제적으로 어려웠고 사회 상황은 피폐했으며, 영화산업은 대부분 파괴되었기 때문이다. 게다가 러시아 관객들은 미국과 프랑스·독일에서 수입된 영화들을 선호했으므로, 소수에 불과한 러시아 영화는 외면당했다.

게다가 혁명 후 러시아의 정치사회적 상황은 순조롭게 진행되지 못해서 새로운 정부를 수립하는데 1918년부터 1922년까지 무려 5년 가량 걸렸으며, 영화산업이 생산성을 갖고 작동되는 데에는 또 다시 2년이 소요되었다. 이런 가운데서 1919년 모든 영화산업은 국유화되었고, 이때부터 영화제작과 배급 체계는 점차로 국가의 통제에 의해 이루어졌다. 그때 영화 매체에 열렬한 관심을 갖고 있던 교육상 루나차르스키(Anatoly Lunacharsky)를 중심으로 영화위원회가 결성되어 후진적인 러시아 영화의

---

18 정확하게 표기하자면, '러시아'가 아니고 '소련'(소비에트)이라고 해야 한다. 왜냐하면, 전제 군주 짜르 황제가 지배하던 러시아(Russia)는 1917년 볼셰비키 혁명으로 무너지고 사회주의 국가인 소비에트 연방(Soviet Union)을 지칭하는 소련(蘇聯)이 생겼기 때문이다. 그래서 영어식 표기에서는 이 시기의 몽타쥬 영화를 'Soviet montage film'라고 한다. 그러나 여기서는 편의상 익숙하고, 소련 연방의 해체 이후 다시 부활된 국가명인 '러시아'를 사용한다.

발전을 위한 노력이 기울여졌다. 그러면서 새로운 영화감독 양성을 위해 모스크바 영화전문학교가 설립되었다.(세계 최대이자 가장 오래된 영화학교) 당시 소비에트 러시아의 지도자 레닌(Vladimir Lenin 1870~1924)은 영화가 민중계몽을 위해 가장 강력한 교육수단임을 인식하고서 영화를 적극적으로 후원했다. 그는 영화를 통해 러시아의 우매한 민중들에게 사회주의 이념을 쉽게 전달할 수 있다고 보았기 때문에, 1922년 루나차르스키와와의 대담에서 "모든 예술 가운데 우리에게는 영화가 가장 중요하다"고 말했다.[19]

이제 정부로부터 지원받는 러시아 영화는 처음부터 러시아 혁명의 결과와 이념을 교육시키고, 고취시키려는 사회적 목적을 띠고 있었다. 이 영화들은 힘차고 낙관주의적인 세계관을 포함하고, 객관적이고 서사적인 내용들이 빠른 속도로 진행되며 구체적인 행동을 요구하는 것들이었다. 이때 러시아 정부가 지원한 영화들은 1922년 5월 지가 베르토프(Dziga Vertov)의 뉴스릴(newsreel, 뉴스 연속물)인 〈키노 프라우다〉(Kino-Pravda) 같은 기록영화였으며, 그 후에는 극영화도 지원했다.

이 무렵, 1920년대에 새로운 세대의 젊은 영화감독들이 등장했다. 이들은 베르토프 외에 레프 쿨레쇼프(Lev Kuleshov), 브세볼로드 푸도프킨(Vsevolod I. Pudovkin), 세르게이 에이젠슈타인(Sergei M. Eisenstein)으로 제정 러시아 시기에 영화작업을 하지 않았기 때문에, 전통적인 방법에 구속되지 않고 의욕적으로 새로운 영화언어를 추구할 수 있었다.(1922년에 베르토프는 26세, 쿨레쇼프는 23세, 푸도프킨은 29세, 에이젠슈타인은 24세였음) 이 젊은 감

---

19 재인용, P. Wuss: *Kunstwert...*, p. 26. 원전, Anatoli Lunatscharski: Gespräch mit Lenin über die Filmkunst, in: G. Dahlke · L. Kaufmann (ed): *Lenin über den Film. Dokumente und Materialien*, Berlin, 1970, p. 171.

독들의 관심사는 정치 · 사회적이고 경제적인 것들이었고, 영화 기법적으로는 미국 영화감독 그리피스(David W. Griffith)가 시도한 교차편집(cross cutting)이 강조되었는데, 여기서 몽타쥬 이론을 발전시키고 자신들의 영화에 실험적으로 적용했다.

이처럼 러시아에서 몽타쥬 이론의 감독들은 소위 혁명 후세대로서 혁명의 와중에서 젊은 시절을 보내면서 영화를 알게 되었다. 이 점에서 이들은 기존의 러시아 감독들과는 구별된다. 기성세대 감독들의 영화들은 주로 상류층과 하인들과의 관계를 중심으로 멜로드라마적이고 불륜 등의 애정관계를 다루면서 배우들의 연기에 의존하고 느린 템포의 진행에다가 보수적 이데올르기를 내포하고 있으며, 전통적인 연극에서 영향 받은 심리-사실주의(psychological realism) 묘사방식에 의존하고 있었지만, 젊은 감독들은 이런 미학을 거부하고 영화의 고유한 언어를 추구하는 새로운 작업을 전개했다.[MJ, 419]

다시 말해서, 이 젊은 영화감독들은 프롤레타리아 혁명을 이룩한 러시아의 '10월 혁명'에 사상적 배경을 두고 혁명의 이념 속에서 영화작업을 펼친 것이었다. 이들은 민중계몽을 위해 영화의 역할을 중시한 레닌의 정책적 지원을 받으며 '선전 영화'(propaganda cinema)를 위한 자신들의 역할을 인식했으며, 구세대와는 분명 다르게 내용과 형식에서 모두 '혁명적인' 영화들을 만들며 당시의 사회적 이념에 기여했다.[MJ, 421] 몽타쥬 기법도 이때의 여러 혁신적인 형식들 중에서 주요한 방법이었다.

(2) 몽타쥬 이론과 영화의 전개

'영화 몽타쥬'는 일반적으로 '편집'(editing/cutting/découpage)을 의미하며, 영상 쇼트의 연결과정이다. 이 작업과정에서는 진행 사건의 시간 ·

공간이나 상황의 변화를 가져오기 위한 여러 가지 기법들(overlap, dissolve, cuts, jump cut, wipes 등)이 있다. 영화 몽타쥬는 그 방법에 있어 크게 두 가지 방식으로 구별되는데, 미국 할리우드 영화의 연속편집(continuity editing) 방식과 유럽 예술영화의 불연속편집(discontinuity editing) 방식이다.[SB, 152]

할리우드식의 연속 편집은 관객이 사건의 흐름을 창 밖에서 바라보듯이 영상 쇼트의 연결이 안 보일 정도로 틈새없이 이어진다는 의미에서 '불가시적不可視的 편집'(invisible editing)이라고 하는 반면에, 유럽 예술영화식의 불연속 편집은 쇼트들의 연결을 드러나게 한다는 점에서 '가시적可視的 편집'(visible editing)이라고도 불린다. 러시아 몽타쥬 이론은 후자의 경우에 속하며, 영화의 사건 진행에서 비약과 압축을 하고, 다른 것을 연상하거나 비유적이고 상징적인 의미를 불러일으키기도 한다. 특히 베르토프와 쿨레쇼프 · 푸도프킨 · 에이젠슈타인에 의해 발전된 몽타쥬 이론과 기법은 영화의 화면 진행에서 관객에게 감정적 효과와 생각에 영향을 미쳤다.

러시아 몽타쥬 이론과 영화의 발전에 있어서는 베르토프와 쿨레쇼프가 선구적인 역할을 했으며, 베르토프로부터 영향받은 에이젠슈타인과 쿨레쇼프로부터 영향받은 푸도프킨이 몽타쥬 이론을 확립했다. 새로 설립된 모스크바 국립영화예술학교에서 1920년부터 강의를 맡은 레프 쿨레쇼프의 교육과 그리피스 감독의 〈편협함〉(Intolerance, 1916)을 중심으로 시도되었던 편집 실험은 직접적인 영향을 끼쳤다. 그는 무엇보다도 편집의 중요성을 인식하고서 미국 영화의 연속편집 작업과 유사한 편집 원리를 체계화하려고 했다. 또한, 편집을 위해 비전문 배우가 세련된 연기를 하는 것처럼 보이게 하는 방법과 전문 배우가 연기할 때에 그들이 의식하지 못하는 의미를 부여하는 방법을 발견했다. 초기의 영화이론 그룹도 몽타주 영화에 많은 기여를 했다. 코친체프(Grigori Kozintsev),

러시아 몽타쥬 이론의 계보

베르토프

쿨레쇼프

아이젠슈타인

푸도프킨

트라우베르크(Leonid Trauberg), 유트케비치(Sergei Yutkevitch) 등이 연합하여 1922년에 설립한 FEX(Factory of the Eccentric Actor)는 에이젠슈타인의 〈파업〉(1924)을 찬양했다.

　그런데, 사실 러시아에서 영화 몽타쥬는 다른 예술에서 이미 1910년대부터 나타나고 있었다. 혁명 이전 러시아의 실험적이고 모더니즘 계열에 속하는 회화와 문학 · 음악 작품들에서는 몽타쥬(혹은 꼴라쥬 collage) 기법이 활용되고 있었는데, 특히 미래파(futurists) 화가들은 병치(juxtapositions) 기법을 이용했고, 시인 마야코프스키(V. V. Mayakovsky)의 시들은 조각난 언어들로써 잔인한 이미지들을 재구성해내려고 했다. 그러면 '왜 다른 예술 보다 영화에서 몽타쥬가 늦게 도래했는가' 하는 의문이 있을 수 있다. 이에 대해 영화학자 마크 조이스는 그 이유는 아마 우선 경제 상황에서 찾을 수 있을 것이라고 하며, 1910년대에는 빈곤한 러시아 상황으로 인해 영화 분야에서 그런 실험을 할 여유가 없었고, 1917년 10월 혁명 후 상황이 나아지고서 비로소 가능해졌다고 본다.[MJ. 421]

또한, 몽타쥬 이론이 러시아에서 발전된 원인들 가운데에는 영화 외적이고 단순한 요인도 있었다. 당시(20년대 전반) 경제사정이 어려웠던 러시아에서는 생필름이 부족하여 감독들은 다른 영화 필름들에 부분적으로 남아있는 필름 조각들에서 필요한 부분을 찾아내어 다시 사용하면서 영화 쇼트들을 '경제적으로 조합해야' 했는데, 그러면서 몽타쥬 방법이 발전된 점도 있다.[GM. 176] 결국, 몽타쥬란 방법은 필름 조달이 어려웠던 러시아의 상황 속에서 창의적인 감독들이 이렇게 저렇게 고민하며 편집하는 과정에서 창출되었다고 볼 수 있다. 예술사에서는 종종 궁핍한 상황에서 오히려 주목받는 작품이나 기법이 나타나는 경우들이 있는데, 몽타쥬도 그런 점이 있다.(제2차대전 직후 이태리의 네오 리얼리즘도 그렇다.)

러시아에서 몽타쥬 이론의 감독들은 1924~29년까지 각각 3~4편의 영화를 제작하면서 자신의 이론을 영화 속에서 실험하고 보여주었다. 몽타쥬 이론의 발전단계에서 주목할만한 영화들을 들면, 에이젠슈타인의 〈파업〉(Strike, 1924)을 필두로 〈전함 포템킨〉(The Battleship Potemkin, 1925), 푸도프킨의 〈어머니〉(The Mother, 1925), 그리고 혁명 10주년을 맞은 1927년에 나온 에이젠슈타인의 〈10월〉(October), 푸도프킨의 〈산트 페터스부르크의 종말〉(The End of St. Petersburg), 에스피르 슈브(Esfir Shub)의 〈로마노프 왕조의 몰락〉(The Fall of The Romanov Dynasty) 등이 있다. 여기서 시도된 몽타쥬 이론과 방식은 영화기술적으로 획기적인 발전을 가져다 주었으며, 이후 전세계의 영화예술에 지대한 영향을 끼쳤다.

러시아 몽타쥬 이론의 감독들은 볼셰비키 혁명 사상에 깊이 영향을 받았으므로, 이들의 영화는 사회주의 이념에 토대를 두고 있으며, 다음과 같은 공통적인 특징들이 있다. 작품의 중심 사건은 인간의 내면 갈등 같은 개인적이고 심리적인 문제가 아니라 사회적 문제들이 된다. 스토리 진행에서는 개인의 심리 변화를 중시하지 않고, '사회적 힘'을 인간 행동변화의 동인動因(motivation)으로 파악한다. 즉, '사회적 원인들이 인간 삶에 어떤 영향을 미치는가'하는 관점이 중요하다. 영화 인물들은 전형성典型性(typage)을 표현하는데, 노동자 · 자본가 · 제국 군대의 군인 등 각 계급과 직종 · 사회적 위치에 따라 인물들이 공통적으로 갖고 있는 특징적 모습과 태도를 드러내는 방식으로 사회적으로 유형화된 인물의 표현 방식이고, 여기서 주인공은 개인이 아니라 '집단'(collective)이 등장한다.

러시아의 몽타쥬 이론과 영화들은 20년대 후반 이후 쇠퇴했다. 레닌 사후死後(1924) 후에 스탈린(Joseph Stalin 1878~1953)이 등장하면서 사회 변화와 더불어 문화예술에서도 정책의 변화가 있었다. 스탈린의 통치 하에서 소련 당국은 모든 관객이 쉽게 이해할 수 있는 '단순한' 영화를 장려했으며, 당국의 정서 통제가 몽타쥬 기법의 사용을 억제하는 압력으로 작용했다.[보드웰, 558] 에이젠슈타인은 유성영화가 나온 직후인 1929-32년 새로운 음향기술을 배우기 위해 미국 할리우드로 갔다가 1932년 귀국했는데, 그때 러시아 내의 영화제작 상황은 많이 변해 있었다. 모든 양식적 실험이나 비사실적非事實的 소재는 비판받고 통제됨에 따라 에이젠슈타인을 비롯한 몽타쥬 영화들은 위축될 수 밖에 없었고, 결국 당에 의한 예술 통제의 강화와 획일적인 강요는 창작에서 모든 자유와 개성을 압사시켰다.

역사적으로 볼 때 소비에트 러시아에서는 20년대 중반 이후 볼세비키 이데올르기가 점차 정착되면서 영화예술가들의 혁명적인 참여활동이 더 이상 요구되지 않았다. 그후 이들은 당국으로부터 작품을 위촉받거나 계획된 작품을 감독하게 되었다. 더구나 스탈린은 〈전함 포템킨〉

이나 〈아시아로의 돌진〉 같은 작품을 더 이상 보고 싶어하지 않았는데, 이 작품들은 전제군주에 대항하는 내용이므로 스탈린의 정책에 대해서도 저항을 부추길 수 있다고 여겨졌기 때문이다. 스탈린은 영화의 가치를 인정했지만, 그 기능에 대해서는 레닌과 다르게 인식했다. 그는 1928년 "문화혁명에서 가장 중요한 예술인 영화는 공산주의 선전 수단이자 대중의 예술적 교육수단으로서, 또 그 목적에 적합한 오락과 정신분산의 수단으로서 중대한 역할을 해야 한다"고 역설했다.[HH, 107] 이 발언으로부터 영화의 기능이 전 보다 축소된 것을 알 수 있다.

더구나 1934년 소련 당국이 예술에 관한 전반적인 강령으로 사회주의 리얼리즘(socialist realism)을 제시하면서 몽타쥬 이론과 영화들은 심각하게 타격을 받았고, 20년대의 몽타쥬 실험들은 무시되고 수정되었다. 특히 에이젠슈타인과 도브첸코(Aleksandr Dovzhenko)의 영화들은 ─ 〈무기고〉(Arsenal, 1929)와 〈大地〉(Earth, 1930) 등 ─ "지나치게 형식적이고 난해한 방식을 사용한다"고 비판받았는데, 영화학자 데이비드 보드웰은 베르토프의 〈열광〉(Enthusiasm, 1931)과 푸도브킨의 〈도망자〉(The Deserter, 1933)로써 소비에트의 몽타쥬 운동은 끝났다고 본다.[보드웰, 559]

이런 가운데서 에이젠슈타인은 30년대 초반 이후 1948년 사망 전까지 여러 형태의 몽타쥬 작업을 계속 했지만, 당국은 종종 못마땅하게 여길 뿐이었고, 사회주의 리얼리즘 강령에 적응할 수 없었던 에이젠슈타인은 관료 · 비평가들에게서 '형식주의'(formalism)로 비판당했다. 하지만, 20년대 러시아에서 발전된 몽타쥬 기법과 이론이 영화 발전에 끼친 지대한 영향은 결코 과소평가될 수 없을 것이다. 이하에서는 몽타쥬 이론과 영화에 많은 기여를 했던 베르토프와 쿨레쇼프 · 푸도프킨 · 에이젠슈타인의 이론과 영화에 대해 알아본다.

2. 베르토프의 '영화 눈'과 〈키노 프라우다〉

몽타쥬 기법은 극영화에만 국한되지 않고 기록영화에도 해당된다. 당시 러시아에서는 주로 지가 베르토프와 에스피르 슈브(Esfir Ilyinichna Shub) 같은 감독이 기록영화를 만들면서 몽타쥬 기법을 사용했으며, 이들의 방법은 푸도프킨 보다는 에이젠슈타인의 방법에 더 가까웠다. 여기서는 지가 베르토프(Dziga Vertov)[20]의 영화론과 몽타쥬에 대해 알아본다.

(1) 영화 눈(Kino-eye)

"소련 영화감독들의 첫 번째 작업은 뉴스릴과 기록영화이어야 한다"라는 레닌의 충고에 따라 지가 베르토프는 전쟁 기록영화의 편집에 착수했고, 모든 뉴스 영화를 관장했다.[엘리스, 124] 레닌의 이런 의도는 당연히 러시아 민중에게 혁명 정신과 혁명 후의 진행과정을 전달하려는 것이었다. 베르토프는 1919년 '영화 눈 그룹'(Kino-eye group)을 창설하고 '카메라 눈'의 현실 포착과 표현 능력에 근거하는 영화작업을 전개했다. 이것은 기록영화적이고 사실적寫實的인 형식을 띤 영화이며 '부지불식不知不識 중에 포착되는 실체'가 베르토프의 신조였는데, 어떤 것도 각색되거나 연출되지 않는다는 것을 의미했다.[엘리스, 124]

베르토프는 '진실'을 드러낼 수 있는 필름 카메라의 잠재력을 믿고 '사회의 진실'을 드러내는 데에는 인위적으로 연출이 되는 극영화는 적

---

20 지가 베르토프(Dziga Vertov 1896~1954) 본명은 데니스 카우프만(Denis Kaufman). 소련 기록영화의 선구적 감독. 〈키노 프라우다〉(1922-25), 〈영화 눈〉(1924), 〈제6의 세계〉, 〈영화 카메라를 든 사나이〉(1929), 〈열광〉(1931) 등 정치적 교육 목적이 담긴 기록영화들을 감독했고, 그의 부인이 편집을 담당함. 스탈린 등장 이후 그의 영화작업은 지원받지 못했음.

합하지 않다고 보았다. 그래서 그는 주변 환경에서 목격하는 사실들을 기록하는 것에 근거하는 영화들을 제작했다. 이런 원칙 하에서 베르토프는 1922년부터 1925년까지 관영방송 뉴스인 〈키노 프라우다〉(Kino-Pravda)를 제작했다. 러시아어의 '키노'는 영화를, '프라우다'는 진실을 뜻하므로, '진실된 영화'(=cinéma vérité)를 뜻한다. 이것은 매달 나오는 일련의 뉴스 필름(newsreel) 같은 것으로서 모두 23회 연속되었고, 이 도중에 〈영화 눈〉(Kino-Eye, 1924)도 만들었다.

먼저, 베르토프에게서 핵심이 되는 '영화 눈'(Kino-eye) 이론을 알아보자. 베르토프는 1922년 과거의 영화문법에 따라 영화를 만드는 사람들을 가리키는 '영화기술자들'(cinematographists)과는 구별되게 자신들은 영화 눈을 옹호하는 영화인들(베르토프 그룹)로서 '키노키'(Kinoki)라고 칭한다. 여기서 '과거의 영화'란 소설과 희곡에 의지하는 전통적인 독일과 러시아의 심리적 영화극(Kino-drama)을 말하며, 그래서 "사이비 낭만적(감상적)이고 연극화된 영화들은 나병에 걸렸다"고 하며 단절을 선언한다.[DV, Manifest, 19] 그 대신에 이들은 시각적 유동성이 있고 신속한 장면 전환과 클로즈업을 사용하는 미국의 모험영화를 옹호한다.

베르토프(中)와 영화인들

그리고 이젠 낡은 심리극의 소재들 대신 사회현실로 눈을 돌리고, 그 중에서도 특히 인간들의 노동과 작업 현장에 주목할 것이 요구되는데, 그것은 "방황하는 부르조아들로부터 기계의 詩를 넘어서 … 기계의 영혼을 벗기고 노동자를 작업은행 속으로, 농부를 트랙터로, 기관사들은 기차로 몰두시키는 것!"이다.[DV, Manifest, 20] 이것은 사회주의 국가의 건설 현장에서 근면하게 일하는 노동자·농민의 모습을 보여주려는 의도 외에 다름 아니다. 이처럼 공장과 농토에서 다양하고 빠르게 변화되는 노동 현장의 모습들을 표현하기 위해서 베르토프는 방법적으로 '카메라 눈'과 몽타쥬의 필요성을 보았다.

　　건설 현장에서 일하는 노동자·농민의 모습을 영상으로 묘사하려는 베르토프의 작업에서 가장 중심적 개념은 '카메라 눈'(camera eye)이다. 그는 카메라의 객관성과 현실 포착 능력을 신봉하며, 영화작업은 바로 이 카메라의 능력을 바탕으로 전개될 것을 주장한다. 그는 카메라가 독자적으로 포착하는 현실을 보게 하는 것을 '카메라의 해방'이라고 하며, "근본적이고 가장 중요한 것은 세계의 영화적 인지"이므로 인간의 눈은 "기계[카메라]를 위하여 길을 비켜달라"고 외친다.[DV, Kinoki, 28] 베르토프의 영화는 이렇게 철저히 카메라에 의존하므로, '카메라 눈'은 곧 '영화 눈'이다. 「키노키 – 전복顚覆」(1923)에서 그는 '영화 눈'의 방법에 대해 다음과 같이 말한다.

　　　출발점은 공간을 채우는 시각적 현상들의 혼돈을 탐구하기 위해 인간의 눈보다 더 완벽한 영화 눈(Kino-eye)으로서 카메라를 사용하는 것이다. 영화 눈(Kino-eye)은 시간과 공간 속에서 살아 움직이며 인상印象들을 받아들이고, 인간의 눈과는 전혀 다르게 기록한다.[DV, Kinoki, 28.]

카메라 눈과 베르토프의 영화 눈

이처럼 베르토프는 인간의 눈보다 정확한 카메라 눈을 믿으며, 카메라가 포착하여 표현할 수 있는 능력에 의거해 사실적寫實的인 기록영화를 의도하고 있다. 즉, '사실적 재현寫實的 再現'(realistic representation)이 그에게서는 영화의 가장 중요하고 중심적인 목표가 되고 있다. 그래서 영화 촬영은 과거처럼 결코 심리적이거나 추리적인 드라마를 필요로 하지 않으며, 연극적 연출은 과다한 것이고 '연극적 진행'은 부적합하고 비경제적인 장면 진행이라고 거부한다. 이제 필요한 것은 '영화 눈', 카메라의 기계적 눈(mechanical eye)이 보는 세계를 그대로 보여주는 것이며, 이것은 주관성을 배제하고 있는 그대로의 현실 묘사에 충실한 방법이다.

(2) 〈키노 프라우다〉의 몽타주

베르토프는 영화 눈이 보는 세계를 근거로 감정이 절제되며 건조하고 사실적寫實的인 진행의 기록영화를 원했다. 이와 더불어 그는 영화에서 움직임(movement)을 필수적인 구성 요소로 간주하며 움직임의 필연성·정확성·속도감을 주요한 세 가지 요소로 보았다. 여기서 그는 편집에서 몽타쥬 방법을 필요로 했는데, "몽타쥬에서 요구되는 것은 이미지가 연속적으로 고조된 움직임의 기하학적 압축"이라고 말한다.[DV, Kino-Eye, 9]

본래 베르토프의 몽타쥬는 혁명 후 러시아에서 일반적인 현상이었던 생필름 부족으로 인해 추진되었던 실험들을 근거로 발전되었다. 그는 완성된 뉴스릴을 이용하는 과정에서 기존의 필름과 새 필름이 서로 부딪치면서 생기는 갈등으로부터 새로운 의미가 나타날 수 있다는 알았으며, 곧 그는 "몽타쥬의 의해 생기는 갈등들이 의미를 구성하는 데에 생생한 요소라는 것"을 발견했다.[MJ, 442] 즉, 그는 이미 존재하는 필름 장면에다가 새로이 촬영된 장면을 이어붙이면서 여기서 새로운 의미가 생성되는 방법을 자주 이용했다.(이것은 다음에 설명되는 쿨레쇼프-푸도프킨의 방법과도 유사하다.)

베르토프는 「키노키 - 전복顚覆」(1923)에서 도처를 '카메라 눈'으로 무장하여 신속히 돌아다니며 일하는 자신들(Kinoki)을 "시력의 명인 - 가시적 생의 조직자"이라고 지칭하며[DV, Kinoki, 37] 이들이 만들어내는 것은 '진실된 카메라 눈의 연대기年代記'로서 "카메라를 수단으로 해독된 시각적 사건들을 추적하는 조망이고, 몽타쥬의 위대한 기술성에 의해 중간들 사이에서 압축되어 전체로 상승되는 (연극의 현실과는 구별되는) 현실적 에너지의 덩어리들"이라고 한다.[DV, Kinoki, 37] 이 글에서 베르토프는 〈키노 프라우다〉(Kino-pravda, 1922~25)에서 사용하여 간결하면서도 효과를 높일 수 있었던 몽타쥬 방법에 대해 말해주고 있다.

예를 들면, 짜르의 궁전과 레닌의 인민회의 건물이 병치되고, 화려한 제복을 입고 사열하는 황제의 모습과 군중들 앞에서 흰 셔츠를 입고 정열적으로 연설하는 레닌의 모습이 나란히 보인다. 이때 음악은 희망적이고 빠른 템포로 동반되며 사치스럽고 권위적으로 민중 위에 군림하

베르도프의 〈키노 프라우다〉

는 황제의 모습에 비해 민중의 편에서, 민중과 함께 일하려고 하는 레닌의 모습이 대비적으로 나타난다. 여기서 짜르의 궁전 모습과 황제의 모습은 기존의 필름에서 채취한 것이고 여기에 새로 촬영된 레닌의 모습 부분이 붙여졌다. 이와 같은 몽타주 방식은 사실 영화에서 초보적인 수준으로서 영상 진행에서 쇼트의 대비적 연결을 보여주는 정도이다. 그렇지만 서로 이질적인 쇼트들을 연결해서 일어나는 효과가 있음을 알고 활용한 점은 20년대 전반의 시점에서는 선구적이라고 할 수 있다.

그 외에도 〈키노 프라우다〉의 여러 장면들에서는 새로운 사회주의 국가의 노동 현장에서 열심히 일하는 민중들의 모습이 보인다. 노동자들이 각자 맡은 자리에서 곡괭이를 내리치고 들어올리며 힘차게 일하고 있으며, 공장의 기계들은 규칙적이고 리듬있게 회전하고 수직운동을 하는 것도 보인다. 이러한 거대한 기계들의 작동과 건설 현장에서 노동자들의 작업에서는 새로운 사회를 만들어가는 인간과 기계의 모습이 강조되고 있다. 그래서 베르토프는 〈키노 프라우다〉가 분명히 "러시아 영화 기술의 역사에 있어서 전환점"이 될 것이라고 확신한다.[DV, Kinoglaz, 39] 「영화 눈」(Kinoglaz, 1924)에 있는 다음의 인용문에서 베르토프는 〈키노 프라우다〉 작업자들의 중심 과제에 대해 이렇게 말한다.

우리는 사실을 받아들이고 생명을 부여하며, 이들을 영화 화면을 넘어서 노동하는 자들의 의식 속으로 가져간다. 우리는 세계가 설명하는 것을, 우리에게 분명하게 해주는 것을, 세계의 있는 그대로를 고려한다 — 그것이 우리의 주된 과제이다.[DV, Kinoglaz, 39]

이것이 베르토프의 영화-연대기(Film-Chronik)에 있어서 기본적인 원칙이 된다. 이를 위해서 베르토프는 세계에 대해 인간의 눈과는 다른 시각적 표상表象을 가져오는 '영화-눈'(Kino-glaz)과 이 방법을 통해 인지된 生의 건설 순간들을 조직화하는 '영화 조립자'(Kino-Monteur)를 내세운다. '영화 조립자'란 결국 몽타쥬 기법의 활용을 의미한다.

그외에 구성된 시나리오 보다 건조한 연대기를 선호했던 베르토프 그룹의 영화작업에서 고유한 관점들을 잠시 알아보자. 이들은 묘사되는 인간 생활에 개입하지 않는 관점, 즉 자신들의 감정을 배제하고 '객관적 관찰자이자 보도자'의 입장에서 만들려고 했다. 이러한 원칙에 의거한 실제 촬영방법에 관해 베르토프는 다음의 8가지 일반 지침을 제시했다.

① 스냅 촬영 - 옛날의 전쟁 법칙 - 눈썰미, 빠르기, 누르기.
② 公的인 관점에서 촬영.
   인내, 절대적 고요함, 적합한 순간에 - 빠른 공격
③ 숨은 관찰 위치에서 촬영, 인내와 절대적 주의 집중
④ 자연주의적 관점 없는 촬영
⑤ 예술적 관점 없는 촬영
⑥ 분리된 촬영
⑦ 움직임의 촬영
⑧ 위에서 보는 시각에서 촬영(high angle)[DV, Kinoglaz, 41]

그후 1929년에 완성된 〈카메라를 든 사나이〉(The Man with a Movie Camera, 1928)에서는 한 남자가 카메라를 들고 돌아다니면서 사회와 자연의 여러 가지 모습을 촬영한 것이 보인다. 들판 · 산 · 강 등과 같은 자연 풍경의 모습이 보이고, 스포츠 경기 · 공장에서 일하는 노동자와 같은 모습도 포착하여 보여준다. 여기서도 몽타쥬를 이용한 쇼트들의 병치 · 대조가 이루어지며 몽타쥬가 일으키는 연상작용이 활용되고 있다.

위와 같은 방법들에 근거한 베르토프의 업적은 "뉴스릴의 르포르타쥬를 넘어서 창조적인 저널리즘으로 진입했던 기록영화의 형식"을 만들어낸 데에 있었다.[GM, 198] 프랑스에서 주로 60년대에 전개된 기록영화의 형식이었던 '시네마 베리테'(cinéma vérité)란 명칭도 '키노 프라우다'(Kino-pravda)에 경의를 표하는 의미에서 유래되었다.

그러나 내용상으로 볼 때, 사회현실의 노동 현장을 기록했던 베르토프의 기록영화들은 소비에트 러시아에서 초기 사회주의 이념의 전파에 기여했던 영화들이었다. 혁명 직후 레닌의 견해대로 "무지한 러시아 민중에게 사회주의 이념을 전파하고" 신생 사회주의 국가의 건설을 위해 다함께 약진하는 모습을 보여주는 기록영화를 적극적으로 만든 점에서 베르토프는 정치적 이데올르기에 봉사한 체제순응적인 영화인이었다.

베르도프의 〈카메라를 든 사나이〉(1928)

3. 쿨레쇼프와 모주킨 실험

레프 쿨레쇼프(Lev Kuleshov)[21]는 푸도프킨과 에이젠슈타인의 스승으로 몽타쥬 이론을 실험하고 원리를 전수했다. 쿨페쇼프는 나이가 더 어렸을지라도, 20년대 전반 모스크바 영화예술대학의 교수로서 영화 수업에서 두 사람을 가르쳤다. 특히 푸도프킨의 몽타쥬 이론에서는 쿨레쇼프의 영향이 절대적이다.

쿨레쇼프는 일찍이 영화에서 편집의 중요성을 깨닫고 있던 사람이었다. 그는 이미 1917년에 쓰여진 에세이에서 "영화 촬영술은 예술적인 인상을 창조하기 위해서 근본적인 수단을 이용하고 있는데, 그것은 몽타쥬(편집)이다"라고 말한 바 있다.[PW, 85] 훗날 푸도프킨도 쿨레쇼프가 "영화의 예술은 배우의 연기나 배우의 촬영에서 시작되지 않는다. 영화 예술은 감독이 필름의 다양한 부분들을 서로 연결하고 붙이는 순간부터 시작된다"고 말했다고 회고한다.[PW, 87] 쿨레쇼프가 영상 조각들을 이어붙이는 조합과 연속의 과정에서 색다른 의미를 얻어내는 것을 눈여겨보았던 푸도프킨은 몽타쥬를 통해 새로운 현실 상황이 만들어 질 수 있다는 것이 중요한 포인트였다.

흔히 '쿨레쇼프 효과'(Kuleshov effect)라고 불리는 것으로서 쿨레쇼프는 서로 연관성이 없는 쇼트들을 연결하여 훗날 유명하게 된 몇 가지 실험을 보여주었다. 이 실험들 가운데에는 러시아의 유명 여배우를 등장

---

21 레프 블라디미로비치 쿨레쇼프(Lev Vladimirovitsh Kuleshov 1899~1970) 17세 때부터 무대미술과 조감독·감독으로 영화작업을 했으며, 21세인 1920년부터 모스크바 영화예술학교에서 강의를 시작하여 끝까지 이 학교에서 교수를 역임했으며, 그의 영화 수업에는 푸도프킨과 에이젠슈타인 등이 있었음. 영화이론에 관한 저술로는《영화 촬영술의 깃발》(1920, 遺稿集),《영화예술. 나의 경험》(1929),《영화연출의 실제》(1935),《영화연출의 기본》(1941),《쇼트와 몽타쥬》(1961) 등을 남겼음.

시킨 '모주킨 실험'(Mozhukin Experiment)이 유명하다. 여기서는 한 쇼트의 상황이 다음 쇼트의 다른 상황과 연결되면서 모든 쇼트들이 다르게 읽힐 수 있음을 보여준다. 이 실험은 먼저 모주킨의 얼굴 표정을 보여주는 a 쇼트를 기본축으로 하여 그 다음에 각각 다른 사물을 보는 b, c, d 쇼트가 연결되고, 다시 모주킨의 얼굴을 보여줄 때에 중간의 쇼트들로 인해 모주킨의 동일한 얼굴 표정이 다르게 읽히는 효과를 말한다.

◆ 모주킨 실험[22] [PW, 87]

a: 여배우 모주킨의 무표정한 얼굴 모습 쇼트(close-up)	b: 스프 접시가 놓여진 식탁이 있는 쇼트
	c: 죽은 사람이 누워있는 관이 있는 쇼트
	d: 곰 인형을 갖고 놀고 있는 소녀가 있는 쇼트

+

◇ 3가지 연결 방법

① a+b (a+b+a)	모주킨은 굶주린 상태로 보이고 face + soup = hunger
② a+c (a+c+a)	슬픔에 잠긴 상태로 보이고 face + coffin = sorrow
③ a+d (a+d+a)	모성애가 있는 여인의 모습으로 보인다. face + baby = motherhood

22　이 유명한 실험은 얼굴-물체로 이루어진 a+b 혹은 물체-얼굴로 이루어진 b+a 혹은 얼굴-물체-얼굴로 이루어진 a+b+a인지 불분명한 점이 있다고 한다.

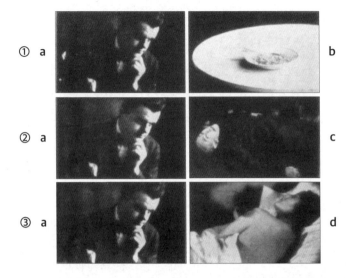

　이 짤막한 장면에서 실험의 의도를 모르는 관객은 첫 번째 a 쇼트를 볼 때에 배우의 미묘한 표정에 궁금증을 갖게 되는데, 그가 생각에 깊이 빠진 것인지, 슬픈 것인지 혹은 다정한 것인지 분명치 않다. 이 쇼트가 각기 다른 모습을 보여주는 세 쇼트와 연결된 것을 본 후에야 비로소 관객은 배우의 동일한 표정에 각기 다른 의미를 부여하게 된다. 간단하지만, 놀라운 발견을 하게 된 쿨레쇼프는 이렇게 말한다.

　　화면 상의 인물은 매번 좀 다른 것을 체험했다. 그래서 두 쇼트들에서 새로운 개념, 앞의 쇼트들에 포함되지 않은 새로운 이미지가 생겨났다 — 어떤 세 번째 것이 태어났다. 이 발견은 나를 매우 깜짝 놀라게 했다. 나는 몽타쥬로써 모든 것을 만들 수 있다는 것을 알았다. 몽타쥬는 영화를 구축하는 데에 토대이고, 본질적인 것이다! 감독의 의지에 따라 몽타쥬는 그때마다 다른 의미를 부여한다고 나는 추론했다.[PW, 88][고딕체는 필자의 표기]

이렇게 쿨레쇼프는 같은 쇼트도 다음에 오는 쇼트와의 결합에 따라 다른 의미로 전달될 수 있음을 보여주었는데, 이것이 몽타쥬의 간단한 원리이다. 또한, 이것은 편집이 영상 진행에서 이야기 서술적(narrative) 기능과 지적知的인(intellectual) 반응을 일으킬 수 있다는 것을 입증했다.

4. 푸도프킨의 몽타쥬 이론과 영화

(1) 연결의 몽타주(montage of linkage)

브세볼로드 푸도프킨(Vsevolod I. Pudovkin)[23]은 본래 화학을 공부하다가 제1차대전에 참전하고 돌아와서 1920년 모스크바 국립영화예술학교의 학생으로 레프 쿨레쇼프 밑에서 배우면서 몽타쥬 이론에 대해 직접적인 영향을 받았다. 푸도프킨은 1922년 이 대학을 그만두고서는 쿨레쇼프의 영화실험실에서 작업을 도왔으며, 이 과정에서 쿨레쇼프와 푸도프킨의 몽타쥬 이론이 발전되었다. 또한, 그는 미국 영화감독 그리피스(David W. Griffith), 더글라스 페어뱅크스(Douglas Farebanks), 매리 픽포드(Mary Pickford)의 영화들로부터 많은 자극을 받았고, 뇌역학(mechanics of

---

23 브세볼로드 일라리오노비치 푸도프킨(Vsevolod Illarionovitch Pudovkin 1893-1953) 모스크바 대학 물리수학부에서 공부하다가 제1차대전에 참전했다가 부상당하고 독일군 포로수용소에 있다가 귀환함. 쿨레쇼프와 긴밀하게 작업을 하면서 1925년부터 독자적인 영화작업을 시작했고, 〈어머니〉(1926), 〈聖 페터스부르크의 종말〉(1927), 〈아시아로의 돌풍〉(1928)을 감독하여 유명하게 되었고, 그후 〈탈영병〉(1933), 〈승리〉(공동감독, 1938), 〈미닌과 포샤르스키〉(1939), 〈영화 20년〉(공동감독, 1940), 〈수보로프〉(공동감독, 1941), 〈조국의 이름으로〉(1943), 〈나키모프 제독〉(1946), 〈바실리 보르트니코프의 귀환〉(1953) 등을 감독함. 시나리오 작가와 배우로도 활동했으며, 저서로 《영화감독과 영화 자료》(1926), 《영화의 배우》(1934) 등을 남겼음.

푸도프킨 감독

brain) 이론 및 파블로프(Pavlov)의 자극-
반응 이론에도 영향을 받았다.

그는 러시아어로 여러 편의 이론적
저술을 남겼는데, 영역판으로는 저서
《영화 기술과 영화 연기》(Film Technique
and Film Acting, 1929)와 독역판으로 에세
이 「영화 연출과 영화 원고」(Filmregie und Filmmanuskript, 1928)와 「몽타쥬에
대해서」(Über die Montage, 40년대 초반)가 있으므로, 이 문헌들을 중심으로 푸
도프킨의 몽타쥬 이론을 살펴볼 수 있다.

푸도프킨은 「영화 연출과 영화 원고」(1928)에서 "영화예술의 토대는
몽타쥬다"라고 글을 시작하며 몽타쥬의 중요성을 강조한다.[VP, Filmregie,
73] 여기서 푸도프킨이 말하는 몽타쥬는 영상 조각의 연결 방법으로서
편집에 가까운 의미로 사용되고 있다. 푸도프킨은 쇼트들의 적당한 순
서와 조합에 필요한 리듬을 발견하는 것이 감독이 가져야 할 기술의 주
요한 과제라고 보며, 이 기술을 몽타쥬 혹은 "구성적 편집"(constructive
editing)이라고 말한다.[GM, 189]

푸도프킨에게서 몽타쥬의 특별한 의미와 기능은 몽타쥬를 통해서
실제와는 다른 현실 모습을 보여줄 수 있다는 데에 있다. 서로 개별적이
고 연관성 없는 필름 조각들을 활용하여 본래와는 다른 창조적 상황, 현
실이 만들어질 수 있다는 것이 그에게서는 중요했다. 즉, 그는 몽타쥬를
통해 '영화적 현실'(cinematographic reality)이 창조될 수 있음을 보고 있으며,
이 점에서 몽타쥬가 영화적 장면 구성의 주요 방법이라고 여긴다.

몽타쥬는 실질적인 창조적 계기이며 이것을 근거로 활기없는 사진
들(개별적인 영화 영상적인 것들)에서 생생한 영화적 통합이 창조된다.

여기서 특징적인 것은 이런 통합을 형성하기 위해서 종류와 유래가 결과적으로 묘사된 현실과 어떤 연관이 있을 필요는 없는 재료가 사용될 수 있다.[VP, Filmregie, 74-5]

푸도프킨은 이런 방식으로 몽타쥬가 사용된 실례를 〈산트 페테스부르크의 종말〉(The End of St. Petersburg, 1927)에서 실제 폭탄의 폭발 상황을 보여주는 쇼트를 하나도 사용하지 않으면서 폭발 장면을 제시한 것에서 든다. 여기서 그는 짙은 연기를 발산하는 화염방사기 쇼트와 빠른 명암의 리듬 속에서 마그네슘 불꽃 쇼트들로써 포탄의 낙하를 조합하고 그 사이에 조명 분위기로 인해 여기에 적합하게 보여 오래 전에 찍어둔 강물 흐름의 쇼트를 삽입했다.[VP, Filmregie, 75] 이렇게 해서 푸도프킨은 실제 폭발 상황의 쇼트가 없이도 원하는 폭발의 효과에 도달했다고 본다.

푸도프킨이 추구한 몽타쥬 기법은 벽돌을 차곡차곡 쌓는 방식과도 유사하며 그는 '구성적인 방법'으로 쇼트들을 연결함(linking)으로써 큰 효과가 발생할 수 있다고 믿었다. 그래서 그의 몽타쥬는 영상 진행에서 어느 정도의 비약과 생략이 있지만, 기본적인 논리적 구성을 배제하지 않으며 갑자기 새로운 개념을 창출하지는 않는다는 점에서 '연결의 몽타쥬'(montage of linkage)라고 지칭된다. 즉, 푸도프킨의 방법은 쇼트 A + 쇼트 B = AB로 표기될 수 있다.[MJ, 437]

이와 더불어 푸도프킨은 시간과 공간을 창조하는 편집의 잠재력을 인식하고, 쇼트의 연결에서 발생되는 연상 작용에 주목하면서 몽타쥬의 다섯 가지 방법으로 대비(contrast), 평행법(parallelism), 상징성(symbolism), 동시성(simultaneity), 주도 동기(Leit-motif)의 몽타쥬를 제시했다.[VP, Editing, 125-6] 푸도프킨은 여기서 더나아가 쇼트의 지속 시간(duration)도 그 쇼트가 주는 의미에 영향을 미치는 주요 요인으로 파악한다. 각 쇼트의 길

이에 따라 영화의 리듬이 만들어지고 더욱 효과적으로 관객에게 전달될
수 있기 때문인데, 긴 쇼트(long shot)들은 마음을 진정시키고, 빠르고 짧
은 쇼트들은 긴박감과 흥분을 일으키는 효과가 있다.

　　쿨레쇼프 효과가 푸도프킨에게 영향을 끼친 것은 다음의 두 영화에
서 명백히 드러나는데, 특히 초기 영화 〈어머니〉(The Mother, 1926)에서 죄
수의 석방 장면이 자주 지적된다. 수감 중인 주인공(어머니)의 아들이 다
음날 석방된다는 소식을 은밀히 알게 되는 장면에서 영화는 그의 양손
이 흥분되어 떨리는 것과 그의 얼굴에서 아래 절반 부분(클로즈 업)　미소
짓는 입을 보여주고 나서 봄날에 냇물이 빠르게 찰랑거림과 마을 연못
위의 새들, 그리고 끝으로 웃는 아이를 보여주었다.[VP, Technique, 76] 죄수
의 기쁨을 묘사하려고 했던 푸도프킨은 단순히 그의 기쁜 얼굴 표정을
단조롭게 여겼으며, 또 그의 석방에 대해 관객이 심리적으로 ― 기쁜 심
정에 ― 공감하지 않도록 하면서 몽타쥬의 입체적인 합명제를 도출하려
고 했다.

〈어머니〉의 포스터(1926)

〈산트 페터스부르크의 종말〉　　　〈아시아로의 돌풍〉1928년 포스터와 스틸 사진

〈산트 페터스부르크의 종말〉(1927)에서는 기근 현상이 일어난 농촌에서 견디다 못한 농부 두 명이 먹을 것을 구하기 위해 무작정 도시로 가는 길에 풍차는 무심하게 빙빙 돌아가는 모습이 교차적으로 보여지는 장면이 있다. 여기서 인간의 고통(농부)과 무심한 현실세계(풍차)가 대비되며 관객에게 어떤 제3의 사고를 촉구한다. 연상적 몽타쥬는 〈아시아로의 돌풍〉(Storm over Asia, 1928)[24]에서 여자의 옷치장 때 보이는 장신구 장면에서도 드러난다. 영국의 사절로서 몽고에 온 장교와 그의 아내가 불교 사원의 예불에 참석하기 위해 옷을 차려 입으면서 거추장스럽고 요란한 장신구들을 차려입는 모습과 예불 준비가 교대로 보여지는 장면에서는 영국식 의장의 허식성이 암시된다.[보드웰, 559] 그리고 주인공이 어항을 뒤집는 장면과 몽고 부대를 쳐부수는 장면이 빠른 편집으로 보여지는 마지막 태풍 장면도 같은 의미의 실례이다.

이와같은 방법을 통해 푸도프킨은 몽타쥬를 통해 새로운 현실이 창조될 수 있음을 보여주고 있다. 이런 방법은 몽타쥬가 '영화적 현실의 창조자'라는 것과 자연은 영화작업에 대해 원료만을 제공한다는 것을 말

24　〈아시아로의 돌풍〉의 본래 제목은 〈징키스칸의 후계자〉(The Heir to Genghis Khan)이다.

해주고 있다. 자연, 즉 주변 환경·공간은 재료일 뿐이고 '어떻게 몽타쥬 되는가'에 따라 새롭게 현실이 나타나므로, 푸도프킨은 여기서 '현실과 영화의 실질적 관계'를 본다.

위에서 열거된 〈어머니〉, 〈산트 페터스부르크의 종말〉, 〈아시아로의 돌풍〉에서 보여지는 것처럼 주로 쇼트들의 병치(juxtaposition)를 이용한 푸도프킨의 몽타쥬 장면들은 에이젠슈타인의 방법보다는 "덜 상징적이고 보다 분명하게 영화의 중심 내용에 관련되므로, 갈등을 만들어내는 의도가 적다"는 것을 알 수 있다.[Joyce, 436] 즉, 푸도프킨의 몽타쥬 장면들이 오해의 소지가 적다는 말이다. 실제로, 푸도프킨의 몽타쥬는 에이젠슈타인의 것보다 관객에게 쉽게 이해되고, 후대의 감독들에게도 널리 받아들여진 점이 있다.

(2) 몽타쥬와 푸도프킨의 영화예술

푸도프킨의 이론과 영화작품에서 보이듯이, 그에게서 몽타쥬는 편집 이상을 의미했다. 푸도프킨은 몽타쥬가 현실 묘사의 원칙으로서 시지각視知覺만이 아니라 사고작용思考作用과 긴밀하게 연결된다는 것을 강조했다. 몽타쥬를 통해 구성된 화면 조각들은 어떤 특정한 생각을 요구하므로, 몽타쥬는 "분석하고 비판적이고 합명제화시키는 사고와 요약하고 일반화시키는 사고와 분리될 수 없는 점에서 변증법적 사고와 연관되어" 있다는 데에서 푸도프킨은 몽타쥬의 특성에서 가장 본질적인 것을 찾는다.[VP, Montage, 86] 이런 몽타쥬의 변증법적 사고는 영화적 묘사에서는 삶의 현상들에서의 연관성을 드러내는 것에 기여하는데, 푸도프킨은 40년대 초반에 쓰여진 「몽타쥬에 대해서」(Über die Montage)에서 이렇게 설명한다.

몽타쥬는 나의 시간적 개념에서 부분들로부터 전체의 합성을 표기하는 것이 아니고 부분 조각들로 필름을 합쳐 붙이는 것도, 부분 조각들에서 촬영된 장면을 자르는 것도, 이 용어로 매우 혼란스러워진 형식 개념 '구성'(Komposition)을 대체하는 것도 아니다. 나는 몽타쥬를 나의 목적을 위해 영화예술작품에서 실제 삶의 현상들 사이에서의 연관들을 전면적이고 모든 가능한 예술수단들로써 실현되며 밝히고 해명하는 것으로 정의한다.[VP, Montage, 80]

영화는 몽타쥬를 통해 '현실의 연관성'을 드러내는 방법을 소유하고 있음을 푸도프킨은 강조하고, 또한 이런 관점에서 다른 예술들과는 구별되는 영화적 묘사의 장점을 찾는다. 영화는 실제 현실의 모습을 드러내는 데에 문학이나 회화·음악·연극 같은 예술들과는 다른 방법, 즉 몽타쥬를 소유하고 있는데, 몽타쥬는 영화예술에 의해 발견되고 발전된 새로운 방법으로 "실제 현실에서 존재하는 ― 피상적인 것부터 가장 심층적인 것까지 ― 모든 연관들을 공언하고 분명히 표현하는 방법"이기 때문이다.[VP, Montage, 85]

하지만, 푸도프킨이 다른 예술에서는 몽타쥬 기법이 없다고 보는 것은 아니다. 문학(소설)과 연극에서도 몽타쥬를 발견할 수 있지만, 영화 몽타쥬(film montage)는 현실 묘사의 방법, 현실 표현에 있어서 차이점이 있다는 뜻이다. 즉, 영화의 현실 묘사에서는 시간과 공간의 연속성을 파괴하고 다시 잇는 방법으로서 몽타쥬가 있으며, 그래서 그는 "영화의 기술적 가능성들을 통해 완벽성의 높은 형식들로까지 발전되어 있는 분리(seperation)와 연결(connection)의 방법을 영화 몽타쥬라고도 부른다"라고 말한다.[VP, Montage, 96] 이러한 영화 몽타쥬의 예술은 시각적 묘사의 영역에서 최대의 결과에 도달한다고 보며, 에이젠슈타인의 〈전함 포템킨〉

(1925)에서 거대한 폭발력을 보였다고 한다. 그래서 "몽타쥬의 본질은 모든 예술에 고유하게 존재하지만, 영화에서 오직 더 완벽한 형태로 얻어질 수 있고 계속 발전될 것"이라고 본다.[VP, Montage, 97]

　이런 연유로 영화에서의 몽타쥬가 가장 완벽하므로, 다른 예술 장르에서의 몽타쥬 기법과는 그 비중과 방법에서 비교할 수 없다는 것이 푸도프킨의 견해이다. 이처럼 몽타쥬를 영화의 가장 긴요한 구성 요인으로 보며, 그 기능을 대단히 중시하는 푸도프킨은 "몽타쥬의 발전이 영화예술의 미래로 가는 길"이라고 말하며 몽타쥬 기법의 발전과 영화의 미래를 직결시키며 전망했다.[VP, Montage, 99]

5. 에이젠슈타인의 몽타쥬 이론과 영화

(1) 충돌의 몽타쥬(montage of collision)

　러시아의 20년대 몽타쥬 이론과 영화에서 가장 유명한 세르게이 에이젠슈타인(Sergei M. Eisenstein 1898~1848)[25]은 본래 공학을 공부하다가 문학을 공부하여 1910년대 후반에는 러시아 시인들의 이미지스트(imagist) 운동에도 가담했다.[26] 그후 1920년에는 프롤레타리아 문화운동을 표방

25　세르게이 미하일로비치 에이젠슈타인(Sergei Mihailovitsch Eisenstein 1898~1848) 1920년대 소비에트 몽타쥬의 대표적 감독이자 이론가. 모스크바 영화예술학교에서 쿨레쇼프의 영화교실에 푸도프킨과 같이 있기도 했으며, 여러 몽타쥬 영화들을 감독하고 이론을 제시함. 〈파업〉(1924), 〈전함 포템킨〉(1925), 〈10월〉(1927), 〈낡은 것과 새로운 것〉(1928), 유성영화로 〈멕시코 만세〉(1931), 〈알렉산드르 네프스키〉(1938), 〈폭군 이반〉(1944/45) 등이 있음.

26　이미지스트(imagist) 운동: 모스크바의 문단에서 1919~24년 사이에 일어난 문예운동으로 시의 가장 본질적인 요소를 이미지로 여기며, 시의 발언을 이미지로 압축시킬 것을 주장했

하는 극단 프롤레쿨트(Proletkult 노동자 극장)의 연극작업에 참여했으며, 메이어홀드(Meyerhold)의 연기이론인 생체역학론(biomechanics)에 영향받았다. 또한, 이 무렵에는 일본 문화를 공부하며 노오(能)와 가부키(歌舞伎) 연극으로부터도 영향을 받았다. 특히 일본 문화의 기호적 성격과 전통 연극의 인물 묘사에서 단절적이고 비약적인 진행으로부

에이젠슈타인 감독

터 서양의 심리-사실주의적인 연기방식과는 다른 요소를 보면서 몽타쥬 이론을 위한 주요한 자극으로 삼았다. 영화에서는 푸도프킨과 마찬가지로 특히 미국 그리피스 감독의 영화 〈편협함〉(Intolerance, 1916)으로부터 많은 영향을 받았다.

박학다식하고 여러 외국어(영·독·불어 등)에 능통했던 에이젠슈타인은 문학·미술·연극 등 여러 예술과 과학이론 외에도 동양 문화에도 조예가 있었으며, 자신의 몽타쥬 이론을 위해 여러 이론과 문화·예술로부터 자극을 받아들였다. 그는 몽타쥬 이론에 관한 글도 많이 남겼는데, 폭넓은 지식과 여러 문화·예술에 대한 이해로 인해 그의 글은 종종 매우 복합적이고 요지가 쉽게 파악되지 않는 점도 있다.

그의 몽타쥬 이론은 1923년 「견인의 몽타쥬」(montage of attractions)에서부터 시작되었고, 이듬해 그의 몽타쥬 방법이 처음 적용된 영화 〈파업〉(Strike, 1924)이 상영되었다. 그 다음해에 유명한 〈전함 포템킨〉(The Battleship Potemkin, 1925)이 상영되고, 〈10월〉(October, 1927), 〈낡은 것과 새로운 것〉(The Old and The New, 1928)이 잇달아 만들어졌으며, 이 네 작품들

고, 시에서 세속적 은유와 이질적 이미지를 대비적으로 병치시키는 시도도 있었음.

이 에이젠슈타인의 몽타쥬 영화의 대표적인 실례로 언급된다. 이 영화들이 나오고나서 20년대 후반에 에이젠슈타인은 자신의 몽타쥬 이론을 정립하는 에세이들을 여러 편 남겼다. 이들 가운데에서는 특히 「영화적 원리와 상형문자象形文字」(The Cinematographic Principle and The Ideogram, 1929), 「영화 형식에 대한 변증법적 접근」(A Dialectic Approach to Film Form, 1929), 「영화의 제4차원」(The Filmic Fourth Dimension, 1929), 「몽타쥬의 방법」(Methods of Montages, 1929)에서 그의 몽타쥬 이론의 핵심적인 요소들을 살펴볼 수 있다.

그후 에이젠슈타인은 유성영화 기술을 배우기 위해 미국에 갔다와서 〈멕시코 만세〉(Que Viva Mexico!, 1931), 〈알렉산드르 네프스키〉(Alexandr Nepski, 1938), 〈폭군 이반 1, 2〉(Ivan The Terrible, 1944/45) 등과 같은 영화들을 감독했으나 몽타쥬 이론과의 연관에서는 주목받지 못했다. 이하에서는 에이젠슈타인의 몽타쥬 이론과 그의 이론이 적용된 20년대 몽타쥬 영화들을 중심으로 살펴본다.

프롤레쿨트 노동자 극단에서의 연극활동에 참여했던 에이젠슈타인은 1923년의 에세이 「견인의 몽타쥬」(montage of attractions)에서 연극 장면과 관객의 관계를 비교하며 영화의 몽타쥬를 연결시키려고 했다. 에이젠슈타인은 밤무대 쇼 공연 같은 바리에떼(varieté)와 서커스에서 몽타쥬의 특성을 발견하고 있는데, 형식적인 관점에서 볼 때 "좋은 공연을 만든다는 것은 실제로 대본의 토대가 되는 상황들로부터 출발하면서 좋은 바리에떼 내지 서커스 프로그램을 구축한다는 것"을 의미한다고 생각하기 때문이다.[SE1, 50] 에이젠슈타인은 그의 개념인 '견인의 몽타쥬'에 대해 다음과 같이 말한다.

에이젠슈타인의 편집 작업

주제에 근거해 필연적으로 발생한 사건들의 정적靜的인 '반영'과 그
런 사건과 논리적으로 연결된 영향들만을 통해서 그 해결 가능성
이 있는 곳으로 새로운 예술적 방법이 들어온다 ― 의식적으로 선
별되고 자립적인 (또한 제시된 구성과 내용-장면 바깥에서 영향력있는) 작용
(견인)의 자유로운 몽타쥬, 하지만 특정한 주제상의 최종 효과에 대
한 정확한 의도와 더불어 ― 견인의 몽타쥬(montage of attractions)이
다.[SE, Attraktion, 49]

여기서 '견인'(attraction)은 오로지 상대적인 것, 즉 관객의 반응에 근
거하는 것을 가리키며 "관객을 감정적으로, 심리적으로 영향을 미치는
데에 적합한 공격적인 계기"를 말한다.[HH, 97] 이러한 견인으로 인한 영
향은 "경험을 통해 검증되고 관객의 특정한 감정 자극들을 향해 수학적
으로 정확히 산출되어야 하며, 결국 묘사된 것에서 사상적 측면의 인지
와 궁극적인 이데올르기적 결론 유출도 여기에 달려있다"[27]고 여겨진다.

27　H. Hoffmann: *100 Jahre Film*, 97. [원전, Jerzy Toeplitz: *Geschichte des Films*, Bd. 3,

영화에서 몽타쥬의 의미에 관해서 에이젠슈타인은 쿨레쇼프 · 푸도프킨과 유사한 견해를 갖고 있지만, 필름 조각의 연결 방법과 그 효과에 관해서는 상당히 차이가 난다. 쿨레쇼프와 푸도프킨은 개별적인 영상 조각(shot)들이 벽돌조각처럼 차곡차곡 쌓여지면서 묘사되는 것을 통해 무언가를 교육시키는 수단으로 몽타쥬를 보고, 여기서 영상 조각들의 움직임과 쇼트들의 전반적인 길이를 리듬으로 보았지만, 이에 대해 에이젠슈타인은 생각을 달리한다. 그는 푸도프킨의 이론과 비교하며 몽타쥬에 대한 자신의 견해를 이렇게 말한다.

> 이론가로서 푸도프킨의 이런 정의에 따르면, 몽타쥬는 단일한 쇼트들의 도움으로써 어떤 개념을 '펼쳐가는' 수단이다 ― 서사적 원리 (epic princple). 하지만, 내 생각에 몽타쥬는 독립적인 쇼트들의(서로 반대되는 쇼트들일지라도) 충돌로부터 생겨나는 어떤 개념이다 ― 극적 원리(dramatic principle).[SE, Dialectic, 49]

이처럼 에이젠슈타인에게서 몽타쥬는 독립된 쇼트들의 충돌 혹은 갈등 · 대립으로부터 야기되는 사상이다. 그래서 그의 몽타쥬는 '충돌 혹은 갈등의 몽타쥬'(montage of collision/conflict)라고 불린다. 그는 무엇보다도 연결된 필름 조각들을 통해 어떤 형태의 의미가 실제 혹은 원래의 의미와는 다른 것으로 변화될 수 있다는 점에서 몽타쥬의 기능을 파악한다. 하지만, 몽타쥬에 들어있는 특성은 어떤 종류라도 두 개의 필름 조각이 함께 놓여지면 불가피하게 그 병치로부터 야기되는 새로운 개념으로 결합한다는 사실에 있다고 보며, A 쇼트와 B 쇼트가 결합하여 C를 발생

München, 1973, p. 303]

시키는(A + B = C), 즉 제3의 효과를 보게 되는 현상에 주목한다. 이와 같은 변증법적 과정으로 인해 충돌의 몽타쥬는 '변증법적 몽타쥬'(dialectical montage)라고도 지칭된다.

(2) 몽타쥬 원리와 방법

몽타쥬 이론과 더불어 거론되는 에이젠슈타인의 영화들은 1924년(〈파업〉)부터 1929년(〈옛 것과 새 것〉) 사이에 나왔지만, 그가 몽타쥬 기법을 이론적으로 정립한 글들은 대부분 1928년부터 1934년 사이에 발표되었다. 영화뿐만 아니라 이론적 에세이도 많이 남긴 에이젠슈타인은 특히 「영화적 원칙과 상형문자」(1929)에서는 자신의 몽타쥬 원리를 발견한 漢字와 일본의 하이쿠(俳句) 詩와 동양화를 언급하며 설명했고, 「영화 형식에 대한 변증법적 접근」(1929)에서는 몽타쥬 이론과 자신이 영화에서 사용했던 방법들을 실례로 설명했다. 이하에서는 위의 에세이들을 중심으로 에이젠슈타인의 몽타쥬 이론과 그것이 적용된 장면들을 살펴보겠다.

근본적으로 몽타쥬를 영화의 주요 요소로 인정하는 것은 에이젠슈타인도 쿨레쇼프나 푸도프킨과 마찬가지이다. 그는 "영상 조각과 몽타쥬가 영화의 기본 요소"라고 하며 몽타쥬의 중요성을 인식한다.[SE, Dialectic, 48] 다만, 에이젠슈타인에게서 몽타쥬 이론의 특색은 충돌의 원리에 있다. 이질적인 쇼트들에서 이미지의 충돌 혹은 갈등으로부터 새로운 개념이 발생한다고 보는 '충돌의 몽타쥬'에서 두 가지 상이한 것이 부딪쳐서 제3의 새로운 의미를 창출시키는 것을 에이젠슈타인은 동양 문화에서 발견한다. 먼저, 그는 이것을 漢字의 생성원리에서 터득하는데, 프랑스의 동양학자 아벨 레뮤사(Abel Remusat)의 『漢字의 기원과 형성 연구』에서 몇몇 漢字 단어에서 결합의 실례를 인용하고 있다.

門 + 耳 = 聞 (들을 문)

口 + 犬 = 吠 (짖을 폐)

口 + 鳥 = 鳴 (울 명) [SE, Ideogram, 128]

필름 조각의 연결에서 몽타쥬를 고민하던 에이젠슈타인에게 이러한 漢字의 생성원리는 놀라움을 안겨주며, 그는 여기서 곧바로 "이것이-몽타쥬이다!"라고 선언적으로 말한다.[SE, Ideogram, 129] 그는 서로 이질적인 문자들이 결합하여 다른 제3의 문자가 만들어지는 漢字의 결합 원리에서 바로 자신의 몽타쥬 원리를 보았던 것이다.

그리고 에이젠슈타인은 일본 고전시古典詩에서 압축과 비약이 있고 상징적 표현이 사용되는 점에 주목한다. 에이젠슈타인은 몽타쥬가 영화의 출현 오래 전부터 다른 예술작품들에서 존재했음을 알고 있다. 그는 문학작품 내에서 이미지의 연결과 상상을 위해서 몽타쥬 기법이 이미 사용되고 있다고 보며, 특히 일본의 시문학 중에서 단카(短歌)와 하이쿠(俳句)에서 몽타쥬 방법을 발견한다. 그러면 에이젠슈타인이 인용한 17세기의 유명한 하이쿠(俳句) 시인이었던 마쓰오 바쇼(松尾芭蕉)의 시를 살펴보자.

A lonely crow

On leafless bough

One autumn eve. [SE, Ideogram, 31]

枯枝に烏のとまりたるや秋の暮

마른 가지에 까마귀 앉아 있네 늦가을 저녁.[박, 56]

영역된 이 하이쿠(俳句)에서는 '까마귀-마른 가지-가을 저녁'이 세 개의 영상 조각으로 이미지가 연결되면서 '쓸쓸함-한적함-세월의 흐름'

의 개념이 암시되고 있다. 여기에 대해 영화학자 더들리 앤드류는 "각 행들의 충돌이 통합된 심리적 효과를 발산한다"고 말한다.[JDA, 52] 에이젠슈타인은 이러한 시 형식에서 압축적인 언어 표현들이 이미지 연상을 일으키는 작용(imagist effect)에 주목한다.(실지로 이런 관점에서 20세기 초반 영국 모더니즘 시들은 하이쿠 작품들로부터 영향을 받았다.) 문학적 재능도 풍부했던 에이젠슈타인은 이미지 연상의 관점에서 푸쉬킨의 시와 디킨스의 소설에서 문장 구절들을 분석하여 문학비평에 공헌을 하기도 했다.[28]

에이젠슈타인은 근본적으로 모든 예술작품 존재의 본질적 기본 원칙을 '갈등'(conflict)이라고 본다. 왜냐하면 "예술은 그것의 사회적 사명에 따라, 본질에 따라, 방법에 따라 항상 갈등이기 때문"이라고 그는 생각하기 때문이다.[SE, Dialectic, 46] 그래서 에이젠슈타인에게서 예술의 과제는 존재하는 것의 모순을 드러내는 것이고, 예술은 본질적으로 자연적 현존과 창조적 경향 사이의 갈등 속에서 존재한다고 본다. 이렇게 에이젠슈타인에게서 예술작품의 본질은 갈등이므로, 예술작품에서 중요한 요소인 몽타쥬가 갈등에 근거하는 것은 당연하다. 그래서 에이젠슈타인의 '갈등 혹은 충돌의 몽타쥬'에서 갈등 혹은 대립의 실례 6 가지를 열거한다 ― "그래픽의 갈등, 평면의 갈등, 질감의 갈등, 공간 갈등, 조명 갈등, 속도 갈등 등."[SE, Dialectic, 53-54]

갈등과 관련된 두 쇼트의 불일치에서는 지적知的 활성화活性化(intellectual dynamization)가 생겨나는데, 에이젠슈타인은 영화 〈10월〉에서 그 실례를 들고 있다. '神과 조국의 이름 아래'라는 구호로 페트로그라드에 대항하는 코르닐로프의 행진에서 反종교적인 장면 묘사가 필요로 했을 때, 神性을 의미하는 일련의 그림들, 즉 거대한 바로크-예수부터 에

---

28   참조, S. Eisenstein: Dickens, Griffith and the Film Today (1944), pp. 195-255

에이젠슈타인의 영화 〈10월〉(1927)

스키모-우상偶像까지 차례로 나열되었다. 여기서 '神'이란 개념과 이것의 상징화 사이에서 갈등이 발생한다. 첫 번째 바로크-그림에서 개념과 입상立像(statue)이 일치하지만, 점차로 이 개념의 표상表象에 상응하지 않는 그림들이 계속 제시되면서 反종교적인 결론이 유도될 수 있다.[SE, Dialectic, 62]

    그러면 에이젠슈타인 초기의 두 영화 〈파업〉, 〈전함 포템킨〉에서 몽타쥬 장면을 살펴보자. 〈파업〉(Strike, 1924)은 에이젠슈타인의 첫 번째 극영화로서 몽타쥬 운동의 시초가 된다. 한 공장을 배경으로 노동자들이 집단적 주인공으로 등장하며, 파업하는 과정에서 노동자와 자본가-군대-경찰의 대립이 보인다. 시각적 대비가 있는 쇼트들이 빠르고 리듬감 있게 편집되었다. 과장된 연기가 연극운동에서의 활동을 드러낸다. 시작 장면(opening sequence)에서 뚱뚱한 공장주와 파업 준비하는 노동자들의 분주한 모습이 빠른 템포로 진행된다. 짧은 영상편집과 진행, 신속한 진행과 음악이 빠른 리듬감을 부여하고 있고, 특히 공장 습격 장면에서는 긴박감 도는 음악이 동반된다. 영화 〈파업〉에서 특징적인 몽타쥬 장면들은 다음과 같다.

에이젠슈타인의 영화 〈파업〉(1924)

① 프락치 명단 장면: 개별 관리자와 프락치 명단이 동물 이름을 붙인 별명으로 기록된 종이가 화면에 보이며 곧 여우, 원숭이, 불독, 곰의 삽입 몽타쥬가 보인다.

② 파업집회 장면: 파업을 논의하는 집회에 노동자들이 여기저기서 모여드는 장면들이 빠른 움직임으로 보여지면서 음악도 빨라지고 긴박감이 조성된다. 운율/리듬의 몽타쥬.

③ 주주회의 장면: 천천히 진행되는 공장의 주주회의에서는 쥬스 짜는 장면과 풀밭에 앉은 노동자들 앞의 기병 경찰이 교차 편집된다. 여기서 노동자들의 움직임이 더욱더 압박감을 받게 된다.

④ 데모 진압과 황소 도살 장면: 마지막 장면에서 군대의 파업 데모 진압과 황소를 도살하는 장면이 병치된다. 군인들이 타고 있는 말은 앞 발을 거세게 들어올리며 자꾸 일어서려고 하고, 이어서 큰 칼로 황소를 내려치는 잔혹한 광경이 연결(병치)되며 파업의 폭력적인 진압이 연상된다.

이런 장면들이 바로 '견인의 몽타쥬' 원리가 편집(병치 juxtapostion)에 적용된 경우이다. 에이젠슈타인은 각 "영상 조각들 사이에서 '시각적 흔들림'(visual jolt)을 창출함으로써" 관객은 충격을 받고 새로운 것을 깨닫게 된다고 믿었다.[MJ, 429] 즉, 쇼트의 연결에서 의도적으로 단층이 생기게 함으로써 관객은 생각을 하게 되고 새로운 인식으로 이끌리는 방법이다. 위에서 실례로 든 장면들 가운데서 특히 ①, ③, ④에서 앞의 쇼트와 다음 쇼트가 서로 이질적이어서 '부딪힘'이 일어나고 무언가 다른 제3의 생각으로 이끌린다.

영화사에서 아주 유명한 장면이 바로 ④번 데모진압 장면인데, 말을 탄 경찰(권력자)이 노동자들의 시위를 무자비하게 진압하는 행위가 황소의 도살 모습과 병치되며 그 효과를 극적으로 상승시킨다. 즉, A 쇼트(노동자 시위의 진압)와 B 쇼트(황소의 도살)가 교차되며 새로운 의미의 개념 C '노동자들이 도살장의 황소들처럼 살해된다'는 것이 제시된다. 이런 과정이 바로 에이젠슈타인이 말하는 '지적知的인 활성화'로서 이것이 곧 '知的인 몽타쥬'이다.

〈전함 포템킨〉(The Battleship Potemkin, 1925)은 진보적-혁명적인 영화로서 당시 높이 칭송된 영화로서 혁명군·민중에 대해 反혁명 세력인 황제의 白軍 기병대-코사크의 병사들이 대립적으로 나타난다. 이 영화는 요란함이 제거되고 상상력을 자극하는 장면들로 구성되었으며, 전체는 고전 비극처럼 5 부분(5막)으로 구성되었고, 이야기 전개에서는 갈등에 이어 극적인 상승 효과가 활용된다. 유명한 오뎃사의 계단(The Odessa Steps) 장면에서 에이젠슈타인이 의도하는 몽타쥬 기법이 아주 효과적으로 보여진다.

여기서 카메라 움직임은 거의 없고 계단을 향해 수직과 수평 방향으로 서있는 카메라에서 군중들에게 발포하는 황제의 군인들과 혼비백

산하여 도망치는 군중들의 모습이 빠른 쇼트의 전환 속에서 긴박감 있게 전개된다. 칼을 내려치는 코사크 병사 – 여인의 깨진 안경과 피로 얼룩진 얼굴 – 계단 아래로 굴러가는 유모차 – 그리고 이를 놀란 눈으로 바라보는 대학생의 얼굴 모습이 교차적으로 편집되었다.

영상진행

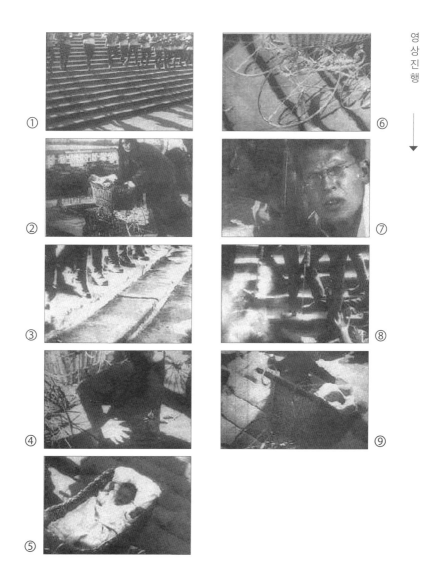

또한, 이 장면에서 군인들이 발포하며 계단을 걸어 내려오고, 유모차가 굴러 떨어지는 모습의 몽타쥬가 진행되는 동안에는 '영화 속의 시간'(time in film)이 연장되고 있는 점도 있다.[MJ. 432] 클라이맥스에서 하향적-상향적인 앵글(high & low angle)이 교차되는 데다가 급작스레 클로즈업된 이미지들이 과격하게 병치되면서 관객의 기대를 조작하며 관객의 긴장감을 극한으로 끌어올리고 있는 것은 가히 탁월한 연출이다. 이 '오뎃사의 계단' 장면은 몽타쥬 기법의 효율성을 극대화시켜 보여주는 아주 생생하고 긴박감 넘치는 장면으로서 영화사에 길이 남는 명장면이 되었으며, 후대의 감독들에 의해 재창조되기도 했다.

그외에도 〈전함 포템킨〉에서는 상징적인 비유도 자주 사용되었는데, 예를 들면 구더기가 들끓는 고기, 배 엔진에서 열을 뿜는 피스톤, 로프에 걸린 의사의 코안경, 일어서는 돌사자 등이다. 썩은 고기는 부르조아 계급의 부패를, 그리고 배의 로프에 걸린 의사의 코안경은 지식인의 무능력함을 상징한다. 돌사자상(사자 石像)은 삼 단계 변화를 거치는데, 잠자고 있다가-깨어나서-일어서며 포효하는 돌사자는 궐기하는 민중의 모습과 힘을 상징한다.

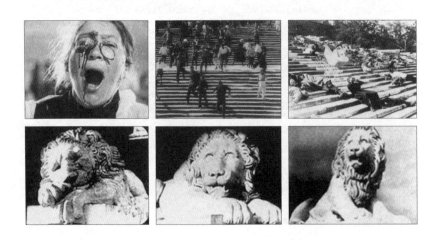

(3) 지적知的 몽타쥬(intellectual montage)

몽타쥬의 방법으로 에이젠슈타인은 다섯 가지를 들면서 운율(metric), 리듬(rhythmic), 음조(tonal), 그리고 이들의 종합으로서 배음倍音(overtonal)의 몽타쥬를 열거하고, 이 모든 방법은 '지적知的 몽타쥬'(intellectual montage)를 지향한다.[SE Methods, 72-83] 知的인 몽타쥬는 '추상적인 관념을 시각적으로 표현하는 것'을 말한다. 여기서 에이젠슈타인이 추구하는 知的인 몽타쥬와 '知的인 영화'(intellectual cinema)가 무엇인지 드러난다. 에이젠슈타인은 몽타쥬가 사고작용에 영향을 미칠 수 있는 점을 지적하며, 知的인 영화는 생각·체제·개념을 위한 직접적인 형식을 목표로 하며, 그럼으로써 "예술과 과학의 합명제"(synthesis of art and science)가 생겨날 수 있다고 본다.[SE, Dialectic, 63]

유성영화의 도입과 더불어 몽타쥬 이론은 전환기를 맞았다. 소리와 영상의 결합이 완벽하지 않았던 1930년대 초반의 유성영화에서는 소리의 도입이 몽타쥬에 유익하지 않을 수도 있기 때문이다. 그래서 에이젠슈타인은 유성영화에서도 시각-음향적 대위법으로서 몽타쥬가 실현가능하다고 보고 소리의 사용을 유보적으로 생각했다. 이를 근거로 에이젠슈타인은 유성영화에서 두 가지 난점을 지적한다. 첫 번째로 자막과 그것을 몽타쥬 구성(composition) 속으로 연결시키려는 시도들, 그리고 두 번째로는 설명적 부분들로서, 예를 들면 특정한 클로즈업의 삽입 쇼트들이 몽타쥬 구성에 부담을 주고 템포를 지연시킨다고 언급한다.[SE/VP, Sound, 318] 그럼에도 불구하고 에이젠슈타인은 근본적으로 소리의 도입을 영화에서 획기적인 발전단계의 하나로 보며, 소리와 몽타쥬의 결합을 통해 영화예술이 더욱 발전될 수 있을 것으로 긍정적으로 판단했다.

에이젠슈타인의 몽타쥬 이론과 영화들은 분명 영화 발전에 획기적인 기여를 했다. 그러나 내용적인 측면, 이데올르기의 관점에서는 비판의 여지가 있다. 그의 20년대 영화들은 사회주의 이념을 토대로 민중계몽을 목표로 하여 도식적 계급 대립과 도덕적 이분법(正義-不正)을 취하고 있다. 게다가 〈전함 포템킨〉의 경우는 전통 비극의 5막 구성을 취하면서 극적 진행에서 감정적 상승효과를 불러일으켰던 점은 영화가 정치적 선동수단으로 이용된 경우에 속한다. 그 때문에 동시대인이자 몽타쥬 이론의 라이벌인 푸도프킨 조차도 〈전함 포템킨〉을 가리켜서 "대중선전도구로서 큰 의미있는 영화가 당의 엄격한 노선을 따르고 있다"고 비판을 가하기도 했다.[HH, 97]

소비에트 러시아의 스탈린 체제 하에서는 1934년 사회주의 리얼리즘이 예술 강령으로 채택되면서 에이젠슈타인의 몽타쥬 영화들은 '형식 실험'으로 비판받았고, 내용적으로도 혁명적인 이념을 담은 영화들은 더 이상 사회에서 요구되지 않았다. 몽타쥬 이론의 융성과 종말을 스스로 체험해야 했던 에이젠슈타인은 1938년 "우리 영화예술에서 몽타쥬가 모든 것이라고 여겨졌던 시대가 있었다. 지금은 몽타쥬가 아무 것도 아닌 것으로 여겨지는 시대가 끝나가고 있다"고 쓸쓸하게 말했다.[HH, 102] 얼마 후 그는 "우리는 이 양 극단의 어느 것에도 매달리지 않으며, 몽타쥬가 영화적 작용의 다른 모든 요소들과 마찬가지로 영화작품에서 하나의 필연적인 구성 부분임을 상기하는 것이 필요하다"고 하며, 몽타쥬에 대해 열광적이었던 20년대 보다는 냉정하게 몽타쥬에 대해 평가를 내리고 있다.[HH, 102]

6. 몽타쥬 이론의 영향과 관객의 반응

베르토프와 쿨레쇼프·푸도프킨·에이젠슈타인의 몽타쥬 이론과 기법은 영화언어의 발전에 획기적인 전환을 가져왔으며 이후의 영화 발전에도 지대한 영향을 끼쳤다. 특히 푸도프킨과 에이젠슈타인의 몽타쥬 방법은 이후 영화이론에서도 중요시 연구되고, 그후의 영화들에서 변형되며 자꾸 다시 활용되었다. 그러면 먼저 푸도프킨과 에이젠슈타인의 몽타쥬 이론을 잠시 비교해보자.

푸도프킨과 에이젠슈타인이 몽타쥬를 통해 어떤 행동의 의미가 실제 혹은 원래의 의미와는 다르게 변화될 수 있다는 점을 발견한 것은 공통적이다. 여기서 간과되어서는 안될 점은 에이젠슈타인 뿐만 아니라, 푸도프킨도 역시 몽타쥬의 변증법적 속성을 인정하고 있는 점이다. 그래서 독일의 영화학자 페터 부스에 의하면, 서로 이질적인 쇼트의 충돌적 연결에서 제3의 것을 도출해내려는 에이젠슈타인의 '변증법적 몽타쥬'(A + B = C)과 비교해볼 때 푸도프킨의 '연결의 몽타쥬'(A + B = AB)도 다른 쇼트들의 결합을 통해 '무언가 세 번째 것'이 발생한다는 점에서 몽타쥬를 변증법적 과정으로 이해하고 있다.[PW, Pudowkin I, 186]

다만, 푸도프킨의 몽타쥬는 에이젠슈타인 보다 덜 과격한 결합, 다시 말해 덜 이질적인 쇼트들을 결합시킴으로써 새로 발생되는 개념이 관객에게 쉽게 연상되고 논리적으로도 쉽게 이해될 수 있는 경향이 있다. 그래서 제랄드 마스트·브루스 F. 카원은 에이젠슈타인의 변증법적 몽타쥬는 과격한 효과를 동반하며 知的인 해설이 풍부한데 비해, 푸도프킨의 몽타쥬는 보통 장면 내에서 감정적인 음조와 인간의 정서를 발전시킨다고 비교하고, 이런 차이는 그들 영화의 진행 상태와도 관련이 있어서 에이젠슈타인의 영화들이 일반적으로 긴장되고 흥미진진하게 밀치고 나아가는 반면에, 푸도프킨의 영화들은 박력없이 온화하며 느슨한 점이 있다고 설명한다.[GM, 189] 한편, 푸도프킨은 「영화감독의 창조적 작업」(1929)에서 쿨레쇼프 베르토프-에이젠슈타인의 몽타쥬 방법의 차이에 대해 상당히 구체적으로 설명한다.

> 그[쿨레쇼프]는 형식적이고 공간적인 특성 혹은 더 간단히 말해서 — 움직임에 따른 쇼트들의 연결방법을 발견했고 가르쳤다. 움직임은 우선적으로 배우(모델)에 대해 실현된다. 이 연구작업이 가능한 분명하고 간단하게 되기 위해서 배우의 동작에서 명료함과 단순함이 요구되었다. 이런 입장으로부터 쿨레쇼프의 전반적 견해는 배우의 동작 구성에서 비롯된다는 것이 유추될 수 있다. …
> 그[베르토프]의 전체 작업은 오늘날 쉽게 볼 수 있듯이, <u>몽타쥬의 리듬적 관점을 탐구하는 것을 목표로 했다</u>.(몽타쥬의 리듬) … 에이젠슈타인에게서 몽타쥬는 <u>하나의 언어로서</u> 효력을 얻기 시작했는데, 그 언어는 대상들의 형식들일 뿐만 아니라 추상적인 개념들을 표명할 수도 있었다. 이것은 특이하게 지속적인 의미가 있었다.
> <u>에이젠슈타인의 작업 결과에서는 몽타쥬가 개별적인 영상 조각들 사이에서 갈등과 충돌의 전달자로 특징지워졌다.</u> 이런 갈등들에 대해 관객에게는 감정적 분위기와 더불어 知的인 개념들이 변증법적으로 전해진다. … 개별적인 쇼트들을 연결하거나 부딪치게 하는 몽타쥬는 이미 개별적인 영상 구성 내에서 고정되었던 갈등만을 속행한다. … 여기서 이제 일련의 감정적이고 知的인 충돌들의 표현이 활발해진다.[29][밑줄은 필자의 강조 표기]

---

29 P. Wuss: Pudowkin I, pp. 187-8. [원전, W. Pudovkin: Die schöpferische Arbeit des

쿨레쇼프는 배우의 동작에서 영상 쇼트들의 연결방법을 탐구하며 몽타쥬를 발전시켰고, 베르토프는 쇼트를 편집하면서 리듬을 중시하는 방법 속에서 몽타쥬를 보았고, 에이젠슈타인의 몽타쥬는 여러 차례 설명된 바와 같이 쇼트들의 충돌을 통해 감정과 어떤 개념을 전달하는 언어로 작용하고 있다고 푸도프킨은 전하고 있다. 이런 설명은 위에 언급된 감독들이 만들었던 영화들에서 확인될 수 있으므로, 충분히 신빙성이 있다. 러시아 몽타쥬 감독들은 영화실험을 통해 얻은 이론만 제시한 것이 아니라 직접 영화를 만들며 자신들의 몽타쥬 방법을 보여주었던 실천적인 영화제작자였기 때문에 이론과 기법에서 간극이 적고 상통함이 있다.

그러면 영화 기법에서 획기적인 발전을 가져오고, 영화이론에서도 다각적으로 연구되는 몽타쥬를 활용한 영화들은 관객에게 어떻게 수용되었을까? 여기서 20년대 몽타쥬 영화들에 대한 러시아 관객의 반응에 대해 알아보자. 주요 몽타쥬 영화의 감독들이 비평가들과 서구에서 환영받은 것과는 달리 러시아의 일반 관객들의 반응은 냉담했다고 한다. 당시 러시아의 영화와 관객을 연구한 데니스 영블라드는 1929년 소련 관객의 반응과 관련하여 이렇게 전했다 — 관객들이 특히 어렵게 보았던 것은 도브첸코의 〈무기고〉(Arsenal) 같은 영화이며, 파리 코뮌에 관한 코친체프와 트라우베르크 감독의 영화 〈새로운 바빌론〉(New Babylon)이 상영될 때에는 관객이 절반으로 줄었고, 〈새로운 바빌론〉이나 베르토프의 〈카메라를 든 사나이〉는 관객의 요구를 만족시키지 못했다.[30]

Filmregisseurs, in: W. Pudovkin: *Die Zeit der Großaufnahme. Erinnerungen, Aufsätze, Werkstattnotizen,* ed. by Tatjana Spasnik · Adi Petrowitsch, Berlin, 1983, p. 295ff]

30 M. Joyce: The Soviet montage cinema of the 1920s, p. 444. [원전, Denise Youngblood: *Movies for the Masses*, Cambridge, 1992, pp. 18-19]

그럼으로써 문제는 분명히 드러나고 있었다. 러시아 관객들은 혁명 전이나 후나 변함없이 서구와 러시아의 오락 위주에 전통적인 장르 영화들을 즐겼으며, 사회주의 이념을 담은 몽타쥬 영화들은 호응을 얻지 못했다. 이처럼 몽타쥬 영화들이 관객의 오락욕구를 충족시키는 것과는 거리가 멀었으므로, 당시 러시아의 선전 영화들은 목적과 결과에서 상당한 차이가 있었음이 부인될 수 없다. 그래서 영화학자 마크 조이스는 몽타쥬 영화 대부분을 포함한 이런 영화들이 문맹인 농부들부터 지식층까지 다수를 지향했을지라도 많은 러시아 관객들에게서 이해받지 못하는 문제가 있었으며, 반면에 분명한 영웅 중심적 서술구조를 지닌 장르 영화들은 스토리가 직선적으로 진행되므로 쉽게 이해되어 호소력이 컸다고 본다.[31]

시대가 급속히 변하면서 러시아 내의 문화예술적 환경도 바뀌었으므로, 20년대에 혁신적인 몽타쥬 기법과 영화들은 30년대 이후 변화된 사회상황 속에서 쇠락을 경험했다. 스탈린이 통치하던 1930년대에는 사회주의 리얼리즘(socialist realism)이 전반적인 예술 강령으로 대두되어 사회주의 이념을 쉽게 전달하기 위해 영웅 중심적이고 분명한 플롯 구조를 지니고 사실주의적으로 묘사하는 영화들이 요구되었으므로, 대부분의 몽타쥬 감독들은 영화작업에서 난관에 봉착했다. 더구나 몽타쥬 영화의 감독들은 대부분 사회주의 이념에 영향은 받았을지라도 실지로 공산당원은 아니었기 때문에, 그들의 영화들이 30~40년대에도 지속적으로 당의 정책과 부합되기 어려운 점이 있었다.

결국, 베르토프와 푸도프킨 · 에이젠슈타인의 몽타쥬 영화들은 스

---

31 참조, 같은 곳. 이런 프롤레타리아 문화의 생산과 전달의 문제는 20년대 독일의 사회주의 예술 창작과 실천에서도 드러났다.

탈린 시대에 억압당했고 대부분 압사당했다. 에이젠슈타인은 30년대 중반 이후 예술작품에 대해 획일적으로 적용되던 사회주의 리얼리즘 강령에 적응할 수 없었으며, 그의 계획은 대부분 지원을 받지 못해 실현되지 못했다. 결국, 그는 당국과 불편하게 되어 관료·비평가들에게서 '형식주의자'(formalist)로 비판당했고, 그의 영화 〈폭군 이반 1, 2부〉(1944)는 부분적으로 금지되었다. 그래서 20년대에 보여준 에이젠슈타인의 성과로서 몽타쥬 이론과 영화들은 무성영화가 막을 내리기 전 까지만 빛을 발했다고 말해진다.

그렇지만 러시아 몽타쥬 기법과 이론은 서방측에서 환영받았고 지속적으로 변형되며 수용되었고, 이론적 연구도 진행되었다. 특히 에이젠슈타인의 몽타쥬 기법은 주류(main stream) 영화, 즉 할리우드 영화의 편집 방법에도 자극을 주었는데, 쇼트의 병치를 통해 영상 진행에서 긴장을 고조시키는 교차편집 방법에 영향을 끼쳤다. 또한, 프랑스에서 60년대 누벨 바그의 감독으로 유명한 장-룩 고다르(Jean-Luc Godard) 감독의 영화들, 그리고 일본의 구로사와 아키라(黑澤明) 감독의 여러 영화들에서 역동적인 액션 장면들은 에이젠슈타인의 몽타쥬 영향을 드러낸다.(〈羅生門〉, 〈7인의 사무라이〉 등)

또한, 에이젠슈타인의 영화가 비유적으로 변형된 경우도 있다. 베르나르도 베르톨루치(Bernardo Bertolucci)의 〈우스운 남자의 비극〉(Tragedy of a Ridiculous Man, 1981)은 영화 〈파업〉에 대한 미묘한 유추로서 읽혀지고, 〈파업〉의 마지막 부분의 황소 도살 장면은 프란시스 포드 코폴라(Francis F. Coppola) 감독이 베트남 전쟁을 다룬 영화 〈지옥의 묵시록〉(Apocalypse Now, 1979)의 마지막 장면에서 약간 변형되며 다시 활용되었다.

〈전함 포템킨〉의 '오뎃사 계단' 장면은 브라이언 드 팔마(Brian de Palma)의 〈무적의 사나이들〉(The Untouchables, 1987)에서 재사용되었으며,

즈비기니에프 리브친스키(Zbiginiew Rybczynski)의 〈계단들〉(Steps, 1987)에서 시작 장면도 오뎃사의 계단을 변형시킨 것이다.[MJ, 446] 이처럼 에이젠슈타인의 몽타쥬를 비롯하여 1920년대에 전개된 러시아 몽타쥬 이론과 기법들은 20세기 영화사에 걸쳐 지속적으로 변형되며 활용되었으며 영화언어의 발전에 많은 영향을 끼쳤다.

　그뿐만 아니라 푸도프킨과 에이젠슈타인의 20년대 영화에서 시도된 다른 방법들도 후대의 영화에 많은 영향을 주었다. 비전문배우(실제 인물)들의 기용, 스튜디오 제작이 아니라, 사실성事實性의 부각을 위한 현지 촬영, 세밀히 짜여진 대본과 충분한 촬영 준비, 사회적·정치적 목적의 영화로써 교육적이고 계몽적 성격을 띤 영상물 제작 등에서 보이는 방식은 가까이는 영국의 30년대 사회적 기록영화(social documentary), 그리고 40년대 후반 이태리의 네오 리얼리즘(Neo Realism) 영화에도 직접적으로 영향을 끼쳤다.

참고문헌

데이비드 보드웰·크리스틴 톰슨, 영화예술(이용관·주진숙 역), 서울: 이론과 실천사, 1997.
[원서, David Bordwell·Kristin Thompson: *Film Art: An Introduction*, USA: McGraw-Hill, 1993] [약칭, 보드웰]

잭 C. 엘리스, 세계영화사(변재란 역), 서울: 이론과 실천사, 1993. [원서, Jack C. Ellis: A *History of Film, New Jersey* (USA): Prentice Hall, 1985] [약칭, 엘리스]

朴順萬(譯編),『日本人의 詩情 - 俳句遍』, 서울(成文閣), 1985.

J. Dudley Andrew: *The Major Film Theories*, London/Oxford/New York: Oxford University Press, 1976. [약칭, JDA]

Steve Blanford·Barry Keith Grant·Jim Hiller: *The Film Studies Dictionary*, London/New York: Arnold, 2001. [약칭, SB]

Sergei M. Eisenstein: Montage der Attraktionen, in: Franz-Josef Albersmeier (ed): *Texte zur Theorie des Films*, Stuttgart: Reclam, 1984 (1st edition: 1979), pp. 46-57. [참조, 영문판, S. Eisenstein: Montage of Attractions (1923), in: S. Eisenstein: *The Film Sense*, edited and translated by Jay Leyda, New York etc.: Harcourt, 1975 (1942), pp. 230-233. 이 영문판은 요약·번역되었으므로 독문판에서 인용함.] [약칭, SE, Attraktion]

Sergei Eisenstein: The Cinematographic Principle and The Ideogram, in: S. Eisenstein: *Film Form. Essays in Film Theory*, edited and translated by Jay Leyda, New York etc.: Harcourt Brace, 1977 (1949), pp. 28-44. [약칭, SE, Ideogram]

_____: A Dialectic Approach to Film Form, in: *Film Form*, pp. 45-63. [약칭, SE, Dialectic]

_____: Methods of Montage, in: *Film Form*, pp. 72-83. [약칭, SE, Methods]

_____: Dickens, Griffith and the Film Today (1944), in: *Film Form*, pp. 195-255. [약칭, SE, Dickens]

S. M. Eisenstein·V. I. Pudovkin: A Statement [On Sound] (1928), in: Gerald Mast·Marshall Cohen·Leo Braudy (eds): *Film Theory and Criticism. Introductory Readings*, New York/Oxford: Oxford University Press, 1992 (4th edition), pp. 317-319. [약칭, SE/VP, Sound]

Hilfmar Hoffmann: *100 Jahre Film. Von Lumière bis Spielberg*, Düsseldorf: ECON Verlag, 1995. [약칭, HH]

Mark Joyce: The Soviet montage cinema of the 1920s, in: Jill Nelmes (ed): *An Introduction to Film Studies*, London/New York: Routledge, 1999 (2nd edition), pp. 418-450. [약칭, MJ]

Gerald Mast·Bruce F. Kawin: *A Short History of the Movies, Boston etc.: Allyn and Bacon*, 1996 (6th edition). [약칭, GM]

Vsevolod Pudovkin: On Editing (1926), in: Gerald Mast·Marshall Cohen·Leo Braudy (eds): *Film Theory and Criticism*, London/New York: Oxford Universtiy Press, pp.

121-126. [약칭, VP, Editing]

Vsevolod I. Pudovkin: *Film Technique and Film Acting*, London: Vision Press, 1958 (Memorial Edition: 'Film Technique', english version 1929/1933, 'Film Acting', english version 1937). [약칭, VP, Technique]

Wsewolod I. Pudowkin: Filmregie und Filmmanuskript (1928), in: F-J. Albersmeier (ed): *Texte zur Theorie des Films*, pp. 73-76. [약칭, VP, Filmregie]

_____: Über die Montage (1940년대 초반), in: F-J, Albersmeier (ed): *Texte zur Theorie des Films*, pp. 77-99. [약칭, VP, Montage]

Dziga Vertov: Wir. Variante eines Manifestes (1922), in: F-J. Albersmeier (ed): *Texte zur Theorie des Films*, pp. 19-23. [영문판, D. Vertov: WE: Variant of A Manifesto, in: *Kino-Eye. The Writings of Dziga Vertov*, 1984, Berkeley: University of Califonia Press, 1984. 이 영역본은 독역본과 동일하지 않음] [약칭, DV, Manifest]

_____: Kinoki - Umsturz (1923), in: F-J. (ed): *Texte zur Theorie des Films*, pp. 24-38. [약칭, DV, Kinoki]

_____: Kinoglaz (1924), in: F-J. (ed): *Texte zur Theorie des Films*, pp. 39-41. [약칭, DV, Kinoglaz]

_____: *Kino-Eye. The Writings of Dziga Vertov*, edited by Annette Michelson and translated by Kevin O'Brien, Berkeley/Los Angeles/London, 1984. [약칭, DV, Kino-Eye]

Peter Wuss: Die Frühgeschichte filmtheoretischen Denkens 1895-1920, in: P. Wuss: *Kunstwert des Films und Massencharakter des Mediums*, Berlin: Henschel Verlag, 1990, pp. 23-35. [약칭, PW]

_____: Lew W. Kuleschow: Künsterlierischer Eindruck und Montage, in: P. Wuss: *Kunstwert des Films und Massencharakter des Spielfilms*, pp. 84-92.

_____: W. I. Pudowkin I: Materialistisch-dialektische Grundlegung einer Schaffensästhetik im revolutionären sowjetischen Film, in: P. Wuss: *Kunstwert des Films und Massencharakter des Spielfilms*, pp. 179-190.

_____: Sergei M. Eisenstein I: Von der Montage der Attraktionen zum intellektuellen Film, in: P. Wuss: *Kunstwert des Films und Massencharakter des Spielfilms*, pp. 162-178.

아른하임의 조형주의 이론

루돌프 아른하임(Rudolf Arnheim)
1904 베를린 ~ 2007 美 미시간州 앤아버

독일 베를린 출신의 유태계 심리학자이자 미술이
론가로 베를린 대학의 심리학 연구소에서 형태주
의 학파(게슈탈트 학파Gestalt school/인지심리학
파)의 막스 베르트하이머(Max Wertheimer)와 볼
프강 쾰러(Wolfgang Köhler) 교수 밑에서 수학했

1930년대 전반 아른하임[32]

다. 영화에도 관심이 많아 1920년대 중반부터 1933년까지 잡지 『슈타헬슈바인』(Das
Stachelschwein)과 좌파 성향의 예술비평 전문지 『세계무대』(Die Weltbühne)에 영
화비평을 기고하고 편집을 맡았고, 영상의 시각적 인지 관점에서 무성영화의 미학을
이론화한 《예술로서 영화》(Film als Kunst, Berlin, 1932)를 출간한 후 히틀러의 유
태인 박해를 피해 1933~34년 로마와 런던을 거쳐 1940년 미국으로 건너갔다.
미국에서는 뉴욕州의 사라 로렌스 대학(Sarah Lawrence College)과 하버드 대
학 · 미시간 대학(앤 아버)에서 교수를 하며 예술심리학 이론에만 집중하여 《시각적
思考》(Visual Thinking, 1969), 《예술과 시각적 인지. 창조적 눈의 심리학》(Art and
Visual Perception: a psychology of creative eye, 1974) 등의 저서를 남겼다. 서독
에서는 1977년 그의 20-30년대 영화비평을 모은 저서 《영화비평과 이론》(Kritiken
und Aufsätze zum Film, 1977)이 출간되었고, 《예술로서 영화》도 2002년 재출
간되었다. 현재 독일 함부르크에는 그를 기념하는 루돌프 아른하임 연구소(Rudolf
Arnheim Institute)가 있다. [참조, www.rudolf-arnheim-institut.de]

---

32 사진 출처, http://pages.slc.edu/~psychology/biographies/arnheim

[참조] 아른하임의 저서에 대해

아른하임의 영화이론서로서 이 글의 주된 대상이 되는 《예술로서 영화》는 여러 판본이 나와 있어서 독자에게 혼란을 일으키므로, 간략한 설명을 첨가한다. 베를린에서 1932년 처음 출간된 《예술로서 영화》(Film als Kunst, 로볼트 출판사)는 출판 직후 판매금지되었다. 이듬해(1933)에 런던(Faber & Faber)에서 나온 영역본 《영화》(Film, 번역 L. M. Sieveking/F. D. Morrow)는 아른하임의 말에 따르면 "형편없는 번역"이었다고 한다.

그후 저자가 미국에서 직접 영어로 옮긴 영어판 《예술로서 영화》(Film as Art)는 1957년 캘리포니아 대학 출판부에서 출간되었는데(1974년 재인쇄), 이 미국판은 1932년의 독어 원서와는 내용상 다소 차이가 있지만, 30년대 후반에 쓰여진 글도 수록하여 널리 참고된다. 그후 독일어 원서는 1974년 칼 한저(Carl Hanser) 출판사에서, 1979년과 1988년 피셔(Fischer) 출판사에서 다시 출간되었고, 2002년에는 초판 당시 영화비평가 크라카우어 등의 서평을 곁들인 판본이 주르캄프(Suhrkamp) 출판사에 의해 또다시 출간되었다.

이 책 외에 1977년 서독의 칼 한저 출판사는 아른하임이 활발하게 비평활동을 하던 20-30년대 글들을 모으고 아른하임의 서문을 붙인 책 《영화비평과 이론》(Kritiken und Aufsätze zum Film)을 출간했다. 이 글에서는 《예술로서 영화》의 1957년 미국판과 2002년 독일판, 그리고 《영화비평과 이론》(1977)을 참조한다.

1932년 독어 초판   1957년 미국판   1979/1988년 독어판   2002년 독어판

아른하임의 저서 《예술로서 영화》의 여러 판본

1. 무성영화의 한계와 예술성
- 영상의 시지각적 인지와 '예술적 영화'의 가능성

루돌프 아른하임의 영화이론서 《예술로서 영화》(Film as Art/원서 Film als Kunst, 1932)는 그 제목이 시사하는 것처럼 오늘날 흔히 말해지는 '예술 영화'(art cinema)에 대한 일반적인 논의가 아니다. 그러니까 이 책은 주로 유럽에서 발전된 작가주의 계통으로 예술적 수준을 갖춘 영화에 대해 설명하고, 예술영화의 조건이나 성격에 관해 서술한 것이 아니다. 이 책은 1920년대에 독일에서 전개된 영화 경시론에 대해 반론을 제기하는 입장에서, 무성영화의 미학을 제시하며 예술성을 입증하려는 의도에서 쓰여졌다. 그러므로 이 책은 우선 1920년대 영화이론 논의의 범주에서 이해되어야 한다. 또한, 이 저서는 영화비평을 하던 예술심리학자의 영화이론이란 점을 감안해야 한다. 즉,《예술로서 영화》는 형태주의 심리학의 관점에서 쓰여졌기 때문에, 이 학파의 시지각 인지론이 내포되어 있음을 고려해야 한다. 이런 이론적 배경 하에서 아른하임의 영화이론을 이해해야 할 것이다.

아른하임의《예술로서 영화》에서는 무성영화의 예술성을 입증하려는 과정에서 저자가 처음부터 의도하지는 않았을지라도, 결과적으로 무성영화의 미학이 이론화되었다. 그러므로, 이 글에서는 먼저 영화 경시론에 대항하여 영화의 예술성을 옹호하는 아른하임이 제기한 반론은 무엇이었는가를 간략히 살펴보고, 여기서 정립된 무성영화의 미학을 되돌아보고자 한다.

당시 영화의 예술성 논의와 관련해서 아른하임이 천착하며 해명하려 했던 문제는 카메라에 의해 촬영되는 영화는 "현실의 기계적 재생"(mechanical reproduction of reality)에 불과하고, "정신적 내용과 의미가 결

강의하는 아른하임[33]

여되어 있다"라는 견해였다. 그러나 아른하임은 영화의 기술적 한계들로 인해 스크린의 영상이 단순한 현실 복사가 될 수 없다고 보며, 오히려 그로 인해 '예술적 영화'(artistic cinema)가 가능함을 20년대 영화작품들에서 그 실례를 들며 설명한다.

　　형태주의 심리학파의 예술론에 근거하는 아른하임의 예술 개념은 '현실 변형'(transformation)에 근거하는데, 그에게서 "예술작품은 현실의 모방이나 선택적 복사가 아니고, 관찰된 특징들을 주어진 매체의 형식으로 변형시키는 것"이다.[RA, Art, 3] 이에 따라 영화예술의 개념도 영화감독에 의해 원료(현실)를 가공하고 변형/조작하는 능력에 달려있다고 보는 관점에서 아른하임의 영화미학은 조형주의造形主義(formalism) 입장 혹은 제임스 모나코 같은 학자에 따르면 표현주의(expressionism) 입장으로 이해된다.[JM, 395]

33　　사진 출처, http://www.davidbordwell.net/blog/?p=956

우선, 영화 경시적인 입장의 핵심적 명제로서 "영화는 현실을 기계적으로 재생할 뿐이므로 예술이 될 수 없다"[34]는 것에 대해 아른하임은 영화가 현실의 재생산이나 복사가 아닐 수 있는 근거를 카메라 촬영과 스크린 영사에서 비롯되는 무성영화의 '기술적 한계'(technical limitations)에서 본다. 당시 무성영화의 표현 조건을 보면, 모든 물체는 특정한 위치와 각도에 있는 카메라로부터 촬영되어서 직사각형 형태의 평면 스크린에 영사되고, 화상畵像(Filmbild/film picture)은 흑백으로, 그리고 소리가 없이 나타난다. 당시 영화기술이 발달하지 못했기 때문에, 영화는 현실의 충실한 재생을 할 수 없는 것이다. 게다가 촬영에서 영사까지의 과정에서 자연에 존재하는 모든 입체적 물체는 매번 달라지는 카메라 위치와 앵글, 원근법적 시각의 차이, 4각 평면인 스크린의 한계로 인해 원래의 모습 그대로 보여지지 않는다.

입체형의 물체는 평면적인 카메라 렌즈에 찍히고, 역시 평면 스크린에 비추어지고, 이때 흑백-무성의 화상은 인간의 둥그스름한 눈 망막에 상像이 맺히고 뇌에서 인지된다. 아른하임은 이와 같은 영상의 시지각적 인지과정에서 2차원적 평면에서 3차원적 입체를 인식하고, 흑백에서 색깔을 연상해내고, 무성의 진행에서 상상력을 통해 소리를 덧붙여 이해하는 활발한 인지작용에 각별히 주목한다. 그렇기 때문에 물체가 영사된 스크린 이미지와 관객이 인식하는 이미지는 차이가 난다. 이와 관련해 아른하임은 다음과 같이 언급한다.

34　R. Arnheim: *Film as Art*, 1957, p. 8 국내에는 이 미국판에 근거한 번역본이 나와 있는데, 필자는 이 판본에서 직접 번역하여 인용한다. 참조,《예술로서의 영화》(김방옥 역, 1990).

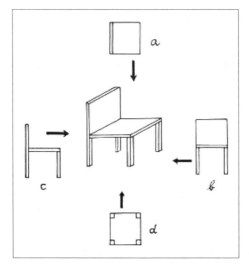

上下-左右의 네 시각에서 본 의자의 모습[35]

카메라가 현실에서 만들어내는 이미지와 인간의 눈이 보는 이미지 사이에는 의미심장한 차이가 있다. 더구나 이런 차이점들이 존재할 뿐만 아니라, 이들은 예술적 목적을 위해 현실을 묘사하는데 이용될수 있다. 다시 말해서, 소위 영화 기술상의 '결점들'(공학자들은 이들을'극복하려고' 최선을 다하는 것들이며)이라고 불릴 수 있는 것이 실제로는창조적 예술가의 도구가 되어준다.[RA, Art, 127][고딕체는 필자의 표기]

당시 영화기술의 미발달로 인해 무성영화가 안고 있는 결점들, 즉한계에서 아른하임은 오히려 영화제작에서 예술적 목적을 수행할 수 있는 도구를 보고 있다.《예술로서 영화》에서 아른하임은 당시 무성영화가

---

35 도판의 출처는 미국 영화학자 데이비드 보드웰의 블로그에서 아른하임 추모 부분. http://
   www.davidbordwell.net/blog/?p=956

갖고 있는 여섯 가지 한계 요인들을 지적하면서 영화매체의 특성과 화면의 이미지를 인식하는 인간의 시지각적 작용을 설명한다. 이 여섯 가지 요인들은 다음과 같다.

① 평면에 입체의 투영
② 깊이의 감소
③ 조명과 색채의 결여
④ 영상의 한계와 대상과의 거리
⑤ 공간·시간 연속성의 결여
⑥ 비非시각적 감각세계의 결여 [RA, Art, 9-34]

①번 '평면에 입체의 투영'이란 입체적인 물체가 평면인 영사막에 투영되면서 생기는 한계를 말한다. 본래 물체는 특정한 지점에 서있는 카메라의 렌즈가 특정한 시각(perspective)에서 특정한 크기(angle)로 포착한 이미지를 직사각형 평면의 영사막에 투영되므로, 그 물체의 입체성이 충분히 드러날 수 없게 된다.

②번 '깊이의 감소'는 인간 눈의 망막이 평면적이어서 물체의 2차원적 이미지만을 감지할 수 밖에 없는 점을 말한다.(물론, 인간은 물체를 인지할 때 그 물체의 입체성을 지각으로 인지하므로 사실상 2차원과 3차원적 이미지 사이에서 인지하게 된다.) 입체성이 감소된 이미지로 인해 물체는 크기와 형태는 본래 비율대로 나타나지 않고 원근법적으로 왜곡되어 나타난다.

③번 '조명과 색채의 결여'는 흑백 무성영화에서 모든 색채가 흑색과 백색, 또 그 중간의 다양한 회색으로 나타나는 현상을 말한다.

④번 '영상의 한계와 대상과의 거리'에서 영상의 한계는 영사막에 표현된 이미지가 우리가 현실에서 본 이미지와 일치하지 않는 점을 말한다. 대상과의 거리란 물체가 촬영되기에 따라 가깝거나(close-up 경우) 멀게 느껴질 수 있고(long shot 경우), 또한 관람자가 영사막에 가까이 혹은 멀리 위치한 정도에 따라 물체가 다르게 보이고 움직임도 다르게 느껴지며, 영사막의 좌우편에 치우쳐 앉을 때에 물체는 더 왜곡되어 보이는 점을 말한다.

⑤번 '공간 · 시간 연속성의 결여'란 영화 속에서 사건들이 시간적으로나 공간적으로 연속적인 진행 과정에 있지 않는 점을 말한다. 영화의 작은 이야기 부분들(sequence)들은 각기 다른 시간과 공간에서 벌어질 수 있다. 또한, 영화에서의 사건은 실제 사건 보다 시간상 더 짧거나 길게 보여질 수도 있고, 서로 떨어진 두 공간에서 일어난 사건이 연속적으로 보여질 수도 있다.

⑥번 '非시각적 감각세계의 결여'는 무성영화에서 시각 외의 다른 감각 요소들은 결핍되어 있음을 말한다. 무성영화에서는 소리(음성 · 음향)가 없어 청각 요소가 결핍되고, 후각과 촉각 표현도 없는 점을 말한다.

아른하임은 이런 요인들로부터 가능한 '예술적 영화'의 방법들과 실례들을 설명한다. 영화의 생산조건에서 색채와 소리 및 3차원적 깊이감이 결여되고, 입체적 물체가 직사각형 영사막에 영사되기 때문에, 영화(무성)는 "리얼리즘을 거의 남김없이 박탈당하게 된다"고 한다.[RA, Art, 26] 즉, 영화는 기술적 미비함으로 인해 자연과 현실을 있는 그대로 묘사할 수 없지만, 오히려 이런 결핍들로 인해 물체들을 자연스럽게 묘사하지 못하는 점이 아른하임에게는 매체의 특성이자 예술적 표현을 위한 가능성으로 여겨진다. 다시 말해서, 무성영화는 시각·청각적 한계들을 지니고 있어서 물체들이 자연스럽게 묘사되지 않고, 그럼으로써 영화는 '현실의 단순한 재생'에서 멀어질 수 있는 것이다. 그래서 아른하임의 영화예술론은 무성영화의 '기술적 한계들'에 근거한 이론이다.

이처럼 아른하임의 영화미학에서는 표현수단의 한계에 바로 영화의 특성이 존재하며, 또 한계를 근거로 예술적 수단들을 개발할 수 있다. 모든 물체는 촬영 때의 카메라 앵글(각도와 위치)에 따라 달라 보이고, 부분 혹은 전체가 드러날 수도 있는 현상이 있어서 물체에 상이한 물질감, 질량감을 줄 수 있고, 동일한 물체에 대해서도 그때그때 마다의 상황에 따라 다른 해석이 가능해진다. 제한된 직사각형 화면에서는 전체 혹은 부분만을 보여주면서 어떤 부분을 생략할 수도 있고, 클로즈업을 통해 강조할 수도 있다.

또한, 인간 눈의 망막은 2차원적 평면이지만, 영화 화면에 투사된 3차원적 입체를 인식할 수 있는 기능이 있으며, 다만 물체의 크기와 형태가 그 본래의 비율대로 나타나지 않고 원근법적으로 왜곡되어 나타나는 점이 있다. 여기에 렌즈나 편집기법의 도움으로 현실의 모습을 더욱더 다르게, 왜곡되게 보이게 할 수도 있다. 이처럼 영화에서는 현실상現實像이 비현실적으로, 환상적으로 인식될 수도 있다. 촬영작업을 하는 감독은 영화의 이런 본질과 특성을 이해하고, 이를 근거로 영화 촬영을 해야 하는 이유가 여기에 있다. 영화감독의 작업에 대해 아른하임은 이렇게 말한다.

영화예술가가 예술작품을 창조하기 위해서는 자기 매체의 특수성들을 의식적으로 강조하는 것이 중요하다. 하지만 이것은 재현된 물체의 특징이 그것으로 인해 파괴되지 않아야 하고, 오히려 강화되고 집약되며, 그리고 해석되는 방법으로 행해져야 한다.[RA, Art, 35]

무성영화에는 색채가 결여되어 있지만 '부분적 환상'(partial illusion) 현상으로 인해 인간의 눈은 영사막 위의 물체들을 실제 세계의 색깔을 곁들여 인식을 한다. 그래서 아른하임은 흑백에서도 "생생하고 인상적인 효과"가 창출될 수 있다고 보며, 모든 사물이 자연색으로 표현되지 않고 일차원적 회색의 시리즈로 나타나서 실제 색상 가치들이 축소되는 것은 "자연으로부터 고마운 이탈이고, 빛과 그림자를 통해 의미있고 장식적인 화상畵像의 창조를 가능하게 한다"고 본다.[RA, Art, 65, 66] 게다가 조명의 각도와 강도 차이, 명암 대비, 그림자 효과 등과 같은 조명 기법들을 통해서 상황과 물체의 상징성이 강화된다는 것이 아른하임에게는 주요한 영화미학적 가능성으로 부각된다.

영화의 스토리에서는 시간적-공간적 진행이 비연속적이고 단절적이지만, 인간의 머리는 이런 진행을 연속적으로 인식한다. 영화는 몽타쥬(montage) 기법을 이용하여 현실을 압축적·비약적으로 묘사하여 실재와 다른 현실감을 줄 수 있는 방법이 있으므로, 아른하임은 몽타쥬를 통해 현실 사건에 대해 새로운 의미를 강조하는 기능을 환영한다. 몽타쥬 기법은 현실변형적 묘사를 위해 매우 적절한 수단이므로, 그가 절대적으로 옹호하는 것은 당연하다. 미국 영화학자 더들리 앤드류는 아른하임은 특히 몽타쥬에서 압축과 상징을 통한 현실변형의 기능을 절대적으로 옹호했다고 언급한다.[DA, 88-90]

아른하임은 특히 푸도프킨으로부터 발전된 몽타쥬 이론을 전폭적으로 수용하며 영화예술가에게 몽타쥬야말로 "묘사하는 현실 사건들을 강조하고 더 큰 중요성을 부여하는 것을 도와주는 최상급의 조형적 도구(formative instrument)"라고 여긴다.[RA, Art, 89] 이처럼 아른하임의 이론은 영화의 표현적 한계와 여기에 근거한 창작방법을 중심으로 전개되며, 현실을 변형하고 재창조할 수 있는 방법들을 적극 옹호한다.

2. 관념의 시각적 형상화

무성영화에 가해졌던 또 다른 부정적인 견해는 영화의 정신적 내용과 관련되었다. 그것은 영화에서는 어떤 의미의 전달이 불가능하다는 것이었는데, 이런 입장에 대해 아른하임은 영화 장면들에서 구체적인 실례들을 들어가며 반론을 펼친다. 우선, 아른하임은 인간의 사고思考와 감정이 얼굴 표정과 손짓·몸짓과 같은 배우의 연기를 통해서, 그리고 화면에서의 상황 변화나 소품·연기 외적 요소들을 통해서 전달될 수 있는 사례를 열거한다.

〈뺨 맞은 사나이〉(He who gets slapped, 1924)에서 때를 잘못 만난 과학자와 〈푸른 천사〉(Der Blaue Engel, 1930)에서 술집 무희와 연애를 하다가 퇴출 당한 인문고등학교 교사가 각기 흰 색으로 얼굴 분장을 한 어릿광대로 나타난 모습을 통해서는 모욕당한 인간의 고뇌가 드러난다. 또한, 〈달에 간 여자〉(Frau im Mond, 1929)에서 여직원이 서류용 가위로 꽃병의 꽃을 꺾는 모습에서는 초조함이 드러나고, 〈신식 신사〉(Les nouveaux messeurs, 1929)에서 여배우가 꼼짝 않고 공손히 말하다가 찻잔을 엎지르는 행동에서는 놀라움의 감정이 표출된다고 지적하면서 내면 심리의 전달이 충분히 가능함을 예시한다.[RA, Art, 140-2] 그외에도 깨어진 유리창이나 꺼진 담배 꽁초 무더기를 보여주는 화면에서 암시되듯이, 소도구들과 주변장치의 변화도 연기처럼 심리 상태(mental state)를 전달하는 기능이 있음을 아른하임은 언급한다.

또한, '영화는 사상을 전달하지 못한다'는 견해에 대해서도 아른하임은 설득력있는 반론을 펼친다. 영화의 사상전달 불가능성이나 사상적 깊이 부재不在는 근본적으로 무성영화에서 언어의 역할이 너무 적으므로, 어떤 사상이 전달되기 어려운 점이 있다고 말한다. 그리고 문학작품에서도 지적知的인 내용이 항상 큰 부분을 차지하는 것은 아니며, 영화에서 깊은 의미를 전달하는 장면들이 있다고 아른하임은 제시한다. 여기서 가장 특징적인 실례는 〈황금광黃金狂〉(The Goldrush, 1925)에서 굶주린 채플린이 더러운 구두를 요리해 먹는 장면이다.

황금을 찾아 돌아다니다 지치고 굶주린 채플린이 기름에 쩔은 구두를 요리해서 자르고, 스파게티 국수처럼 먹는 모습이 부자가 생선과 닭고기를 먹는 모습과 시각적 유사성을 갖고 보여지는 점에서 아른하임은 이 장면이 "비교할 수 없이 독창적이고 충격적이며 생생한 방법으로 상징되어 있다"고 말하며, 여기서 묘사된 대비적 요소들로서 닳아빠진 구두-생선의 뼈, 못-닭뼈, 구두끈-스파게티를 지적한다.[RA, Art, 144] 아른

〈푸른 천사〉(Der Blaue Engel, 1930)　　　　〈黃金狂〉(The Goldrush, 1925)[36]

36　사진 출처, http://silent-movies.com/superstar

하임이 여기서 높이 평가하는 점은 예술작품에서 흔히 묘사되는 '배고 픔 대 안락한 삶' 같은 근본적이고 보편적인 인간의 주제가 진정으로 영화적이고 객관적인 방법들로써 생동감있게 묘사된다"는 데에 있다.[RA, Art, 145] 또한, 마지막 장면에서 채플린이 여자와 춤출 때 허리끈에 묶인 개를 보여주는 장면에서는 행복과 성공의 순간에도 악운으로부터 자유롭지 못함이 암시된다고 아른하임은 본다. 그가 이런 장면들에서 각별히 주목하는 것은 '영화적 언어'(filmic language)를 통해서 분명 어떤 메시지가 전달되고 있다는 점이다.

그외에도 아른하임은 추상적 관념이 구체적 형식으로 교환되어 제시되는 경우들을 언급하며, 영화도 충분히 정신적 내용과 의미·심리 상태를 전달할 수 있음을 주장한다. 채플린의 다른 영화 〈순례자〉(The Pilgrim, 1923)에서 경찰관과 채플린이 부딪칠 때 채플린이 가스등(거리를 밝히는 기능)을 경찰관(공직자)의 머리에 뒤집어 씌우는 장면, 그리고 음악당에서 개그를 보여줄 때 채플린이 피아노(클래식 음악)의 건반 뚜껑(無用)을 미끄럼틀(놀이기구)로 이용하는 장면에서는 원래의 기능이 변환(재구조화)되는 상황을 보여주는 훌륭한 착상이라고 아른하임은 본다.[RA, Art, 149-150] 이러한 도구들의 기능변환은 게슈탈트 심리학파의 용어로 '재구조화'(restructuring/Umstruktuierung)라고 한다.

정신적 내용이 전달되는 실례들은 다른 영화에서도 찾아볼 수 있다. 채플린의 영화 〈파리의 여인〉(A Woman of Paris, 1923)에서는 시골 여자와 옛 애인이 차 속에서 그냥 지나치는 장면에서 두 사람에게서 인연의 어긋남이, 푸도프킨의 영화 〈산트 페터스부르그의 종말〉(The End of St. Petersburg, 1925)에서는 희망을 찾아 도시로 가는 두 농부(인간의 고뇌)와 조용히 돌아가는 풍차(무심한 자연, 세계)가 대비적으로 묘사되고 있다고 아른하임은 지적한다.[RA, Art, 146-7]

3. 유성영화 비판

유성영화의 출현 이후 무성영화를 토대로 성립되었던 아른하임의 영화미학 이론은 새로운 문제에 부딪치게 되었다. 그것은 무엇보다도 소리(음성 · 음향)로 인해 그가 그렇게 애써 거부하려고 했던 '현실 재현'에 영화가 더 접근하고 있으며, 또 그럼으로써 화면의 영상 진행에 대한 관객의 시지각적 인지 활동은 저하되기 때문이다. 유성영화는 아른하임의 견해에서 볼 때 가능한 최대한 '자연스러움'(naturalness)을 추구하기 위해 무성영화에서 구사되던 형식들 대부분을 파괴하고 있다고 여겨진다. 그래서 아른하임은 "무성영화가 좋은 결실을 맺자마자 그 발전이 영원히 묶여버린 듯 하다"고 하며 유성영화를 불신과 회의를 갖고 바라보았다.[RA, Art, 154] 더구나 무성영화에 근거해서 이루어진 그의 영화미학 이론에 대해 유성영화의 여러 요소들은 적용되지 않았다. 이 시기에 쓰여진 비평들에서 아른하임은 유성영화의 여러 문제점들을 지적했다.

「발성영화」(1929)에서 아른하임은 유성영화에서는 환상의 영역이 소실됨으로써 영화 화면은 연극무대가 되어버리고 있으며, 영화의 인지과정에서 소리로 인해 시각적인 요소들이 지장받는 점들이 있고, 이들은 영화의 예술성을 저해시킨다고 본다.[RA, Kritiken, 59-60] 이처럼 유성영화를 전혀 달갑지 않게 보았던 아른하임은 「영화의 비극적 미래」(1930)에서 유성영화는 기술적 발전이 아니라 "진보 아닌 새로운 것"일 뿐이라고 하며, 소리의 도입과정에서 문제점들을 지적한다.[RA, Kritiken, 18] 「유성영화 혼란」(1929)에서는 소리의 기술적 문제를, 「노래하는 바보」(1929)에서는 영상과 소리의 불일치 문제를, 「폭력적인 유성영화」(1931)와 「옆길로 가는 유성영화」(1932)에서는 소리 녹음이 카메라 이동 촬영에서 지장을 초래하는 문제에 대해 말한다.[RA, Kritiken, 62, 66, 69-72]

그 외에도 마지막 글에서는 무성영화의 큰 매력이었지만 유성영화에서는 축소될 수 밖에 없는 배우의 연기술이 언급되고 있다. 아른하임은 특히 채플린이나 버스터 키튼과 같은 무성 희극영화의 명배우들의 몸짓·표정이 유성영화에서 대폭 감소되는 것을 유감스럽게 여기고, 그 때문에 수준 높은 관객에게는 유성영화가 무성영화보다 더 지루하다고 언급한다.[RA, Kritiken, 71] 대사 없이 전달되는 이들의 표정과 몸짓 연기는 관객이 그 의도를 파악하기 위해 상상력을 불러일으키게 되므로, 아른하임의 이론에는 적합한 요소다.

더 나아가서 아른하임은 소리 외에도 색채영화·입체영화로의 기술 발전이 영화의 예술적 잠재능력을 개발하는데 도움이 되지 않는다고 생각한다. 왜냐하면 색채영화에서 다양한 색의 등장으로 "영화의 뚜렷한 특성들인 카메라의 주관적이고 조형적인 능력이 점점 더 많이 제한되고, 카메라는 점점 더 단순히 기계적으로 기록하는 기계로 전락한다"고 생각하기 때문이다.[RA, Art, 156]

아른하임의 영화미학 이론에 있어서 유성영화·색채영화는 결코 발전이 될 수 없었다. 영화에 청각적 차원이 첨가됨으로써 이제 보고 듣는 요소를 갖춘 영화가 '현실성', '자연스러움'에 더욱 가까워지고 있다는 사실은 아른하임에게는 영화가 정말로 '현실의 단순한 복사'라는 점을 스스로 인정하는 것이 되며, 결국 그가 반대 논증을 펼치려고 했던 그 견해에 영화가 오히려 스스로 다가가는 셈이 된다. 따라서 아른하임은 유성영화, 그리고 색채영화·입체영화같이 영화 화면이 현실상現實像에 가까워지려는 모든 기술적 발전과정을 거부할 수 밖에 없었다.

이와 같은 영화예술론을 근거로 아른하임은 유성영화에서 보다 무성영화에서 더많은 예술적 가능성을 보고 있다. 아른하임에게서 "완벽한 영화(the complete film)는 완벽한 환상(the complete illusion)을 위한 오랜 노력의 성취"이기 때문인데, '완벽한 환상'이란 관객에게 생각과 상상의 여백을 주는 그런 것을 말한다.[RA, Art, 158] 이렇게 살펴볼 때, 필자의 생각에 아른하임은 영화를 거의 동양의 수묵화처럼 바라보고 있는 것 같이 보인다. 흑백으로 그려지고 농담과 여백이 있으며, 관람자가 활발한 상상력을 동원해서 진지하게 감상해야 하는 그런 작품처럼 영화를 보고 있는 듯 하다.

4. 아른하임 영화이론의 문제와 성과

본래 아른하임이 심리학자이자 미술이론가이기 때문에 그런지, 그의 영화미학 이론은 화면 이미지에 대한 시지각적 인지에만 집중되어 있다. 그의 이론은 카메라의 이미지 포착과 표현, 그리고 이것을 인지하는 인간 눈의 작용에만 치우쳐 있어서 그외의 다른 영화적 요소들, 특히 영화의 드라마적 요소가 함께 고려되지 못하고 있다. 그 때문에 아른하임은 서술구조(narrative)가 있는 영화의 이야기 부분에 대해서는 관심을 기울이지 않았다. 영화는 근본적으로 드라마적 구성을 바탕으로 스토리텔링이 있는 동영상매체이며, 영상 진행에는 서사방식(narrative)와 표현양식(style), 메시지 등이 포함되어 있다. 또한, 소리에 관해 아른하임은 열린 견해를 보이지 못했다. 아른하임은 영화에서 소리를 엄격히 배격하는 입장을 취했으며, '자연의 모방'을 거부하는 자신의 예술론에 충실하게 남아있음으로 인해 유성 및 색채영화의 발전에 폐쇄적이 되었다.

그래서 저명한 영화사가 제르지 퇴플리츠(Jerzy Toeplitz)도 형태주의 심리학 이론에서 출발한 예술심리학자 아른하임의 영화이론이 너무 무성영화의 미학에 집착하며 유성영화에 대해 독단적이고 완고하게 저항했고, "유성영화는 무성영화에서 관객의 상상력과 환상에 내맡겨진 것을 분명히 표현할 뿐"이라는 주장을 고수했다고 언급한다.[JT. 389f] 영화기술은 20세기 동안 영화 영상이 실재와 점점 더 가깝게 보여주는 방향으로 진전되었다. 관객은 실제 현실과 유사한 영상을 보고 싶어했으며, 영화에서 상상력과 생각을 일깨우기 보다는 감동과 환상을 느끼고 싶어 했고, 영화기술을 여기에 기여해왔다. 그래서 미국의 영화학자 제임스 모나코는 아른하임이 소리·색채·대형 화면을 원하는 관객의 욕구와 이런 방향으로의 영화기술적 발전을 전혀 받아들이지 못하고, 영화는 후기 무성영화 시대에 최고 정점에 도달한 것으로 믿고 있는 것은 문제가 있다고 말한다.[JM. 397]

사실상, 아른하임의 '한계 이론'은《예술로서 영화》(1932)이 출간되고 오래지 않아 유성영화의 기술적 발전이 이루어지고, 또 영화감독들의 실제 작업과정에서 새로운 기법들이 발견되면서 뒤로 밀쳐졌다. 그러나 아른하임은 유성영화가 일반화되고 색채영화가 도입되기 시작한 1950년대 후반에도《예술로서 영화》의 1957년 미국판의 서문에서 드러나듯이, 무성영화에 맞추어졌던 자신의 견해를 수정하지 않았다. 그리고나서 이 책이 재출간된 1974년 판의 서문에서야 비로소 아른하임도 문제점을 인정했다.

> 당시 나의 취급 방법은 영화를 주로 개별 장면들, 본질적으로 정적
> 靜的인 표현 악센트들의 매력으로서 바라보고, 이들 사이에서의 사
> 건진행들이 이행과정으로서 오직 연결을 만들어내는 가운데서 조
> 형예술 이론에서 과도기 산물을 서술했다. 오늘 내게는 말하자면,
> 전체적인 것의 교향악적 진행으로부터 출발하고, 그 모든 중요한 세
> 부들을 부분적 이야기 속에서 정거장들로 관찰하는 것이 중요할 것
> 같다.[PW. 245]

이 당시 노령(70세)이 접어든 아른하임은 이미 영화이론으로부터는 아주 멀어져버렸지만, 영화의 특성을 다른 각도에서도 이해하면서 무성 영화에만 고정되어 있던 자신의 이론을 되돌아보고 있다.

그러면, 아른하임의 영화미학 이론이 오늘날 주는 의미는 무엇인가? 무성 시대가 끝나고 유성과 색채영화가 도래하면서 아른하임의 영화이론도 끝났다고 보아야하나? 필자는 반드시 그렇지는 않다고 답하고 싶다. 이 글 처음에도 언급했듯이, 아른하임의 이론은 우선적으로 20~30년대 전반의 시대 속에서 이해되어야 하고, 다음에는 후대에 끼친 영향을 살펴보아야 한다. 본래 아른하임이 1920년대 초기 발전단계에 있는 영화에 대한 부정적인 선입견에 대항하며, 영화가 예술로서 인정받기 위해 영화의 고유한 표현방법을 찾아내고, 영화미학을 체계적으로 규명하려고 했던 점을 상기해야 할 것이다.

독일 영화학자 칼 프륌도 20~30년대에 특별한 위치를 차지하는 아른하임의 영화이론은 시대적 맥락에서 평가될 필요가 있다고 하며, 당대의 영화비평가 지그프리트 크라카우어의 평을 참고한다.[KP, 283-4] 크라카우어는 1933년《예술로서 영화》에 대한 서평에서 "지금까지 무성영화의 미학적 법칙성들이 물질적 조건들로부터 그렇게 근본적으로 도출되고, 완벽하게 상술된 적이 없다"고 높이 평가한 바 있다.[SK, 313]

결국, 아른하임의 이론은 영화가 단순한 재현주의再現主義를 극복하고 조형주의造形主義(formalism) 이론이 번성하던 시기인 30년대 초반에 나온 점을 고려해야 하며, 그의 이론은 당시 뿐만 아니라 60년대에도 영향을 끼친 점을 고려해야 할 것이다. 다시 말해서, 전통적인 리얼리즘적 묘사를 벗어나서 현실을 변형하고 재구성하는 영화들은 감독의 조형적 능력이 강화된 영화들이다.

그 때문에 칼 프륌 교수는 아른하임의 이론이 최근에도 재발견되고 재인식되며 영향을 끼치고 있는 점을 지적하며, '살아있는 이론'이라고 본다.[KP, 311-2] 특히 90년대 후반 이후 영상의 인지이론을 바탕으로 영화의 서사이론에서 형식(form)과 양식(style)을 중시하며 소위 신형식주의(Neoformalism)의 입장을 표방하는 미국의 영화학자 데이비드 보드웰은 아른하임을 각별히 존중한다. 보드웰 교수는 그의 부인 크리스틴 톰슨과 공동저술한 그의 《세계영화사》가 번역되어 있어 국내에도 잘 알려져 있는 학자인데, 아른하임이 2007년 타계한 직후 자신의 인터넷 블로그에 추모하는 뜻으로 '단순성, 명료성, 균형 – 루돌프 아른하임에 대한 헌사'(Simplicity, clarity, balance: A tribute to Rudolf Arnheim)라는 제목 하에 그의 이론과 영향을 간략히 소개하는 지면을 만들어 놓기도 했다.[37] 이에 관심 있는 독자들은 그의 블로그에 들어가 봐도 좋을 것 같다.

---

37 웹주소 http://www.davidbordwell.net/blog/?p=956

참고문헌

루돌프 아른하임, 《예술로서의 영화》(김방옥 역), 서울: 기린원, 1990.

Rudolf Arnheim: *Film als Kunst* (1932), Frankfurt am Main: Suhrkamp, 2002.

_____: *Film as Art* (1957), Berkeley/Los Angeles/London: University of California Press, 1957. [약칭, RA, Art]

_____: Die traurige Zukunft des Films (1930), in: R. Arnheim: *Kritiken und Aufsätze zum Film*, ed. by Helmut H. Diederichs, München/Wien: Carl Hanser Verlag, 1977. pp. 17-19. [약칭, RA, Kritiken]

_____: Der tönende Film (1929), in: R. Arnheim: *Kritiken und Aufsätze zum Film*, pp. 58-61. [약칭, RA, Kritiken]

_____: Tonfilm-Verwirrung (1929), in: R. Arnheim: *Kritiken und Aufsätze zum Film*, pp. 61-64. [약칭, RA, Kritiken]

_____: Der singende Narr (1929), in: R. Arnheim: *Kritiken und Aufsätze zum Film*, pp. 65-66. [약칭, RA, Kritiken]

_____: Tonfilm mit Gewalt (1931), in: R. Arnheim: *Kritiken und Aufsätze zum Film*, pp. 68-71. [약칭, RA, Kritiken]

_____: Tonfilm auf Abwegen (1932), in: R. Arnheim: *Kritiken und Aufsätze zum Film*, pp. 71-73. [약칭, RA, Kritiken]

J. Dudley Andrew: *The Major Film Theories*, London/Oxford/New York: Oxford University Press, 1976. [약칭, JDA]

Siegfried Kracauer: Neue Filmbücher (1933), in: R. Arnheim: *Film als Kunst* (1932), Frankfurt am Main: Suhrkamp, 2002, pp. 313-314. [약칭, SK]

James Monaco: *How to Read a Film. The World of Movies, Media, and Multimedia. Language-History-Theory*, New York/Oxford etc.: Oxford University Press, 2000 (3rd edition). [약칭, JM]

Karl Prümm: Epiphanie der Form. Rudolf Arnheims "Film als Kunst" im Kontext der Zwanziger Jahre, in: R. Arnheim: *Film als Kunst*, Frankfurt am Main: Surhkamp, 2002, pp. 275-312. [약칭, KP]

Jerzy Toeplitz: *Geschichte des Films*, Bd. 2, Berlin (Ost): Henschel Verlag, 1976.

Peter Wuss: Rudolf Arnheim: Materialeigenschaften des Filmbildes aus der Sicht der Gestaltpsychologie, in: P. Wuss: *Kunstwert des Films und Massencharakter des Mediums,* Berlin (Ost): Henschel Verlag, 1990, pp. 233-247. [약칭, PW]

4

리얼리즘 영화와 이론

1. 영화와 리얼리즘

'리얼리즘'(realism)은 문학과 예술에서 전반적으로 사용되는 용어로서 영화에서도 자주 사용되고, 범위가 넓어서 포함되는 작품들이 많은 개념이다. 서양 문학과 예술에서 리얼리즘은 '현실의 모방·재현'(mimesis/representation)과 관련되어 예술의 본질적인 속성을 내포하고 있으며, 또 19세기 중후반에 등장한 문예사조도 있다. 이런 리얼리즘의 이중적 의미는 영화에서도 마찬가지이다. 영화 리얼리즘(film realism)은 근본적으로 현실을 재현하는 카메라(movie camera)의 능력에 근거하여 만들어지는 영화의 본질적 속성이면서, 20세기에 몇 차례 등장했던 특정한 미학을 대변하는 양식(style)이기도 하다.

지난 20세기 영화사에서 리얼리즘 작품들이 풍미했던 때로는 1930년대 프랑스의 시적詩的 리얼리즘(poetic realism)과 40년대 후반~50년대 전반 이탈리아의 네오리얼리즘(neo-realism), 그리고 60년대 영국 등에서 나타난 사회적 리얼리즘(social realism)을 들 수 있다. 이 시기에 리얼리즘 영화의 대표작으로 여겨지는 작품들이 대거 나왔고, 이들은 리얼리즘 영화의 전범으로 여겨진다. 이외에도 1930년대 초반 이후 러시아를 비롯한 사회주의 국가들에서는 사회주의 리얼리즘(socialist realism) 영화들이 나왔으며, 이 경향은 50년대까지 이어졌다.

요컨대, 리얼리즘은 영화사 120년 동안 종종 시도된 양식이자 영화 제작에 내포된 기본 성격이다. 근본적으로 영화 카메라가 현실의 모습을 담아내는 한, 영화는 리얼리즘을 피할 수 없다. 영화가 허구적 현실인 세트장에서 촬영된다 하더라도, 그 곳도 역시 현실의 모습을 모방한 공간이므로, 이런 영화도 리얼리즘과 무관하다고 할 수 없다. 공상과학(SF) 영화나 판타지 영화, 또 컴퓨터 그래픽 등을 동원하여 실내에서의 인공적인 작업에 만들어지는 영화들을 제외한 대부분의 영화들은 리얼리즘의 속성을 다소간 포함하고 있다.

하지만, 촬영 시에 카메라가 현실을 어떤 시각으로 보고, 어떻게 묘사하느냐에 따라서, 또 편집과정에서 현실의 모습이 최종적으로 어떻게 선택적으로 보여지는가에 따라서 리얼리즘 영화에는 넓은 스펙트럼의 작품들이 생겨나게 된다. 사실, 카메라 촬영 시의 시각과 선택에서 이미 현실에 대한 감독의 입장이 포함되므로, 리얼리즘에도 여러 종류가 생겨나게 된다.(그 때문에 '객관적 카메라'는 없다는 말도 있다.)

그래서 '리얼리즘 영화'(realist film)란 용어는 흔히 사용되는 일반적인 개념이면서, 동시에 내부적으로 복합적인 내용을 지니고 있다. 그러면, 어디까지가 리얼리즘 영화이고, 어떤 작품이 리얼리즘 영화가 아닌가? 그 경계가 모호한 경우가 많이 있으므로, 여기에 리얼리즘을 구분해내기 어려운 점이 기인한다. 미국 영화학자 제임스 모나코도 리얼리즘이란 용어 하에서 다양한 양식이 존재하고 있어 '리얼리즘 영화'는 규명이 쉽지 않고, 복합적인 내용을 내포한 그 개념에도 문제가 없지 않다고 한다.[JM, 319]

그러면, 일단 시야를 좁혀서 보기 위해 기록영화는 제외하고 극영화에 대해서만 리얼리즘의 형태를 알아보자. '극영화'(feature film/Spielfilm)는 허구적 실재에 근거하는 영화이고, 드라마를 바탕으로 하는 스토리텔링이 동반된 영화이다. 이런 영화에서 현실과 비현실, 실재와 허구가 어떻게 묘사되느냐에 따라 리얼리즘의 형태가 나뉘어진다.

영국 영화학자 스티브 블랜포드 등이 공동저술한《영화학 사전》(2001)에 의하면, 리얼리즘의 두 가지 형태는 할리우드식의 환상주의적 리얼리즘과 유럽 등지에서 전개된 현실재현적 리얼리즘으로 대별될 수 있다. 첫 번째로 '환상주의적 리얼리즘'(the illusionistic realism)은 고전 할리우드 영화들(classical Hollywood films)처럼 가공의 현실이지만 창문을 통해 현실의 모습을 보여주는 것처럼 투명성(transparency)이 특징이고, 스토리 진행이 틈새 없이 보이게 하는 연속 편집(continuity editing)을 지향한다. '고전적 리얼리즘 텍스트'(classic realist text)라고도 지칭되는 영화들이 여기에 속하며, '오락으로서 영화'의 성격을 지니고, 환상 속의 현실 모습을 실재인 것처럼 묘사한다는 점에서 정치적으로는 보수·반동적이다.[SB, 195. RS, 143-4]

두 번째로 '현실재현적 리얼리즘'(the reality-representative realism)은 실제 현실을 충실히 재현하고자 하는 방법으로 제작된 영화들로 프랑스의 1930년대 시적詩的 리얼리즘, 1940~50년대 이탈리아의 네오리얼리즘, 1960년대 영국 외의 사회적 리얼리즘(social realism)이 속한다. 이것은 '사회의 거울'로서 영화라고 할 수 있으며, 여기에는 현실상現實像을 취사선택하는 감독의 능력을 인정하는 것부터 가능한 인위적 기법을 절제하며 있는 그대로의 현실을 묘사하자는 방법에 이르기까지 편차가 있다.

더구나 사회현실의 어두운 측면이나 모순과 문제들을 드러내려는 자세를 가진 시각을 취할 때에 영화는 사회비판적 기능을 수행할 수도 있다. 이렇게 현실 묘사를 넘어서 현실 폭로적인 적극적인 역할을 하게 되는 영화는 사회적 리얼리즘(social realism) 혹은 사회비판적 리얼리즘(socio-critical realism)이라고 지칭되며, 정치적으로 진보적인 성향을 띤다. 여기에는 독일에서 1920년대 프롤레타리아 영화들, 60년대 영국의 뉴웨이브(British New Wave) 영화들과 서독의 뉴저먼 시네마(New German Cinema)가 해당되며, 브레히트의 영향을 받은 영화들(Brechtian films)도 포함된다.[SB, 195, SH, 312-3]

이처럼 리얼리즘은 미학적인 내용 뿐만 아니라, 정치적으로 보수-진보적 입장처럼 상반적인 성향도 포함한 용어이다. 그리고 위의 두 가지로 구분되었지만, 실상 그 속에서 명확하게 분류되지 않는 영화들도 있다. 또한, 리얼리즘 영화라고 명료하게 이해될 수 있는 영화들이 있지만, 분명하게 파악되지 않는 영화들도 있기에, 과연 어떤 영화가 리얼리즘이고 리얼리즘이 아닌가(realist/non-realist film) 하는 문제는 실로 용이하지 않다. 그래서 "리얼리즘은 많은 사람들에게 많은 것을 의미하는 모호하고 포괄적인 용어"라고 말해지기도 한다.[JM, 319] 그래서 이론가들은 리얼리즘을 종종 조형주의(formalism) 이론과 비교하며 보다 명료한 설명을 하려고 시도하기도 한다.[38] 그러면, 여기서는 우선 영화 리얼리즘에 대한 윤곽을 잡기 위해 20세기 리얼리즘 영화들로는 대체 어떤 작품들이 있었는지 살펴본 다음에 리얼리즘 이론에 대해 더 알아보도록 하자.

---

38 조형주의 이론에 대해서는 II. 2-3. 러시아 몽타쥬와 아른하임의 이론을 참조하시오. 리얼리즘과 조형주의 이론을 비교·설명하는 이론가로는 브리안 헨더슨, 제임스 모나코, 로버트 스탐 등 많다. B. Henderson: Two Types of Film Theory (1976). J. Monaco: Film Theory: Form and Function (1981/2009), R. Stam: The Phenomenology of Realism (2000).

2. 리얼리즘 영화의 역사적 전개

그동안 120년 넘는 영화사 진행 동안 리얼리즘 영화는 거의 항상 있었고, 오늘날에도 지속되고 있다. 그만큼 리얼리즘 영화의 역사는 영화의 역사와 같이 진행되고 있다고 볼 수 있다. 영화의 시작을 알린 1895년 뤼미에르 형제의 필름들부터 리얼리즘 성격을 지닌 영화를 제시했다. 흔히 '뤼미에르 필름'이라고 지칭되는 그의 첫 영화들인 〈공장을 떠나는 노동자들〉, 〈아기의 식사〉, 〈기차의 도착〉 등은 현실의 한 토막 단면을 있는 그대로 보여주는 점에서 다큐멘터리적 리얼리즘(documentary realism)의 시초였다.

뤼미에르 형제가 보여준 다큐멘터리적 리얼리즘 영화는 1920년대에 미국의 로버트 플래허티(Roebert Flaherty)와 러시아의 지가 베르토프(Dziga Vertov) 같은 기록영화 감독들에 의해 본격적으로 시작되었다. 이어서 1930년대에는 기록영화의 발전이 영국 감독 폴 로싸(Paul Rotha)와 존 그리어슨(John Grierson)에 의해 이루어지고, 60년대 프랑스에서는 시네마 베리테(cinéma vérité) 같은 형식의 다큐멘터리로 발전되었다.

극영화에서의 리얼리즘은 이보다 후에 이루어졌다. 무성영화 초기에는 19세기의 사실주의와 자연주의 소설을 영화화한 경우가 많았고, 미국의 데이비드 W. 그리피스(David W. Griffith) 감독은 찰스 디킨스의 작품을 영화화하기도 했다. 그럼으로써 당시의 영화는 자연스럽게 문학적 리얼리즘을 따라가고 있었다. 초기 리얼리즘 영화의 주요한 작품으로 꼽히는 에리히 폰 슈트로하임(Erich von Stroheim)의 〈욕망〉(Greed, 1924)도 이러한 맥락 속에 있다.

1920년대 독일에서 나온 몇 가지 양식의 무성영화들이 리얼리즘으로의 경향을 보였다. 20년대 전반 '거리 영화'(Strassenfilm)들은 실내 스튜디오에서 제작되던 표현주의와는 달리 야외촬영을 시도하며 현실성을 살리려고 했고, 노동자 계급의 생활상을 묘사한 프롤레타리아 영화들은 감정이 배제된 '건조한' 분위기의 리얼리즘 형태를 띠었는데, 피엘 유치(Piel Jutzi)의 〈활기없는 거리〉(Freudlose Gasse, 1925), 슬라탄 두도프(Slatan Dudow)의 〈쿨레 밤페 - 세상은 누구 것인가?〉(Kuhle Wampe - Wem gehört die Welt?, 1932)가 있다. 이보다 더 분명히 리얼리즘 경향을 보인 것은 신즉물주의(Neue Sachlichkeit)이다. 게오르그 팝스트(Georg W. Pabst)의 〈서푼짜리 오페라〉(Die Dreigroschenoper, 1928)와 〈판도라 상자〉(Die Büchse von Pandora, 1929), 로버트 지오드막(Robert Siodmak)의 〈일요일 사람들〉(Menschen am Sonntag, 1930) 같은 영화들이다.

이어서 유성영화가 시작된 1930년대에는 고전 할리우드 영화의 첫 번째 황금시대가 도래하여 앞에 언급한 '환상주의적 리얼리즘' 계통의 장르 영화들이 스튜디오에서 다수 제작되었다. 당시의 장르들로는 멜로드라마 · 암흑가 영화 · 갱 영화와 추리물 · 뮤지컬 등이 있다. 여기서 수많은 작품명들을 언급할 필요는 없을 것 같고, 특히 윌리엄 와일러(William Wyler) 감독과 50년대 더글라스 서크(Douglas Sirk) 감독의 멜로물이 유명하다는 언급으로 그치겠다.

유럽에서도 1930~40년대에 리얼리즘 영화의 만개기가 왔다. 프랑스에서는 장 비고(Jean Vigo)의 〈품행 제로〉(Zéro de conduite, 1933), 〈라틀란트〉(L'Atlante, 1934) 같은 영화들에 이어서 흔히 '시적詩的 리얼리즘'(Poetic realism)으로 지칭되는 영화들이 30년대에 대거 나왔다. 이들은 장 르노아르(Jean Renoir)의 〈토니〉(Toni, 1934), 〈위대한 환상〉(La Grande Illusion, 1937), 〈게임의 규칙〉(La Regle du jeu, 1939)과 마르셀 카르네(Marcel Carne)의 〈안개 낀 부두〉(Quai des brumes, 1938), 〈북호텔〉(Hotel du nord, 1938), 〈새벽〉(Le Jour se lève, 1939), 그리고 쥴리앙 뒤비비에(Julien Duvivier)의 〈뛰어난 패거리〉(La

Belle Equipe, 1936), 〈망향〉(Pépe le Moko, 1937), 자크 페이데르(Jacques Feyder)의 〈사육제〉(La Kermesse heroique, 1935) 등으로 흑백영화의 고전에 속한다.[RA, 19, 56-9]

　　제2차대전 종전 후부터 50년대 전반 사이에는 이탈리아의 네오리얼리즘이 나타나면서 리얼리즘 영화의 전성시대를 열었다. 이 당시에는 로베르토 로셀리니(Roberto Rossellini)의 〈로마 무방비 도시〉(Rom città aperta, 1945), 〈독일 영년〉(Germania, anno zero, 1947), 비토리오 데 시카(Vittorio De Sica)의 〈자전거 도둑〉(Ladri di biciclette, 1947), 루치노 비스콘티(Luchino Visconti)의 〈흔들리는 대지〉(La terra trema, 1947) 등이 있다. 이렇게 프랑스와 이탈리아에서 리얼리즘 영화의 수작들이 많이 나왔던 1930~40년대 시기를 영화사에서는 '리얼리즘의 위대한 시대'라고 한다.

　　그리고 1950년대 후반과 60년대 전반에 걸쳐 서유럽에서는 새로운 경향으로 뉴웨이브(New Wave) 영화들이 등장했는데, 종전 후 사회현실의 모순과 문제들을 드러내는 점에서 다큐멘터리에서 출발했으나 리얼리즘 경향을 띠게 된 극영화에게 더 많은 영향을 끼쳤다. 영국에서 일어난 '프리 시네마'(Free Cinema) 운동의 영화들은 사회의 어두운 측면을 묘사한다는 점에서 '사회적 리얼리즘'(social realism)이라고 한다. 여기에는 린제이 앤더슨(Lindsay Anderson)의 〈크리스마스 외 매일〉(Everyday except Christmas,

〈안개낀 부두〉(1938)

〈로마 무방비 도시〉(1945)

1957), 토니 리차드슨(Tony Richardson)·카렐 레즈(Karel Reisz) 공동감독의 〈엄마가 허락하지 않아〉(Momma don't allow, 1956), 그리고 레즈의 〈우리는 램버스 소년〉(We are the Lambeth Boys, 1959) 등이 있다.

서독에서 60~70년대에 나타난 뉴저먼 시네마(New German Cinema) 운동도 사회현실의 모순을 고발하는 점에서 비판적 리얼리즘의 경향을 띠고, 역사와 사회비판이라는 분명히 정치적 의식을 내포하고 있었다. 이들의 리얼리즘은 종래와는 다른 방식으로, 현실의 충실한 재현과 전통적인 서사방식(narrative)를 갖춘 것이 아니라, 현실의 파편적인 단면을 보여주는 방식의 리얼리즘(realism of slice of reality)이었다. 이들 가운데에는 알렉산더 클루게(Alexander Kluge)의 〈어제와의 이별〉(Abschied von gestern, 1962)를 비롯하여 라이너 베르너 파스빈더(Rainer W. Fassbinder)의 〈불안은 영혼을 잠식한다〉(Angst essen Seele auf, 1974), 〈베로니카 포스의 동경憧憬〉(Die Sehnsucht der Veronika Voss, 1979), 〈마리아 브라운의 결혼〉(Die Ehe der Maria Braun, 1979), 폴커 슐렌도르프(Volker Schlöndorff)의 〈카타리나 블룸의 잃어버린 명예〉(Die verlorene Ehre der Katharina Blum, 1975), 〈양철북〉(Die Blechtrommel, 1979) 등이 포함된다.

리얼리즘 영화는 1950~60년대에 아시아에서도 만개했다. 종전 후 일본 사회의 궁핍한 생활상을 묘사하며 시작한 구로사와 아키라(黑澤明) 감독이 평범한 일상생활을 묘사한 영화들과 오즈 야스지로(小津安二郎) 감독의 대부분 영화들도 리얼리즘 계열이다. 여기에는 구로사와 아키라의 〈멋진 일요일〉(1947), 〈주정뱅이 천사〉(1948), 〈산다〉(生, 1952), 〈도데스카덴〉(1970)과 오즈 야스지로의 〈늦봄〉(晩春, 1949), 〈東京 이야기〉(1953), 〈가을햇살〉(秋日和, 1960) 등이 있다. 그리고 인도의 거장 감독 사트야지 레이(Satyaji Ray)의 〈아푸〉(Apu) 3부작(1952~59)도 리얼리즘 명작에 속한다.

한국에서도 리얼리즘 영화는 깊은 전통을 갖고 있으며, 특히 영화의 황금시대를 열었던 60년대 문예영화들과 6.25 전쟁 참여세대들의 경제적으로 어렵고 정치적으로 억압적인 사회현실을 배경으로 전개되는 영화들도 대부분 리얼리즘 계통에 속했다. 여기에는 신상옥의 〈지옥화〉(1958)와 〈사랑방 손님과 어머니〉(1961), 유현목의 〈오발탄〉(1961)과 〈김약국의 딸들〉(1963), 김수용의 〈갯마을〉(1965)과 〈만선〉(1967), 〈산불〉(1967), 이만희의 〈만추〉(1966)와 〈물레방아〉(1967), 이성구의 〈메밀꽃 필 무렵〉(1967) 등 외에 상당히 많은 영화들이 있었다.

그 이후로 리얼리즘 영화는 한국 영화에서 지배적인 양식이 되어 80년대에도 계속 이어졌다. 이장호의 〈바람 불어 좋은 날〉(1980)과 〈나그네는 길에서도 쉬지 않는다〉(1987), 배창호의 〈꼬방동네 사람들〉(1981), 〈그해 겨울은 따뜻했네〉(1984), 〈적도의 꽃〉(1985) 등 많은 영화들에서 리얼리즘이 계속되었다. 최근 2000년대 이후에는 이창동 감독의 영화가 대표적인데, 그의 영화들은 〈초록물고기〉(1997) 이후에도 〈밀양〉(2007)과 〈시〉(2010) 등에서 충실한 현실 묘사에 치중하며, 사회의 문제들을 예리하게 드러낸다. 이처럼 리얼리즘 영화는 영화사에서 처음부터 현재까지 계속 이어지고 있는 현상이고, 작품수는 한없이 많으며, 그 목록은 매우 길어서 간단히 소개되기 어렵다.

〈東京 이야기〉(1953)

〈오발탄〉(1961)

3. 리얼리즘 영화이론

리얼리즘 영화가 일찍이 시작된 것에 비해, 리얼리즘 영화에 관한 이론은 상당한 시간이 흐른 뒤에야 정립되었다. 1920년대에 몽타쥬 이론과 영화들이 나오면서 조형주의 이론이 활발히 전개되었던 것에 비해, 리얼리즘 이론은 40년대까지도 정립되지 못하다가 40년대 후반 이탈리아 네오리얼리즘 영화들이 나오면서 비로소 전개되기 시작했다.

리얼리즘 이론과 비평에서 대표적인 두 인물로는 비평가로 앙드레 바쟁과 지그프리트 크라카우어를 들 수 있다. 프랑스에서 1940~50년대에 영향력있는 비평가였던 앙드레 바쟁(André Bazin 1918~58)은 주로 40년대 후반부터 50년대 『카이에 뒤 시네마』(Cahiers du cinéma) 등에 집필한 영화비평과 에세이들에서 리얼리즘 영화에 대한 이론을 피력했다. 이 글들은 그의 死後 1958~62년에 출간된 《영화란 무엇인가?》(Que'-este-ce que le Cinéma?)라는 제목 하에 4권으로 출간되었다. 영역본으로는 동일한 제목(What is Cinema?) 하에 선별된 에세이들이 2권으로 각각 1967년과 1971년에 출간되었다.[국내 역서로는 《영화란 무엇인가?》(박상규 역, 2013)이 있음]

독일 출신(유태계 독일인)의 영화이론가이자 문화비평가였던 지그프리트 크라카우어(Siegfried Kracauer 1889~1966)는 1920년대에 프랑크푸르트에서 왕성한 비평활동을 하다가, 1933년 히틀러 등장 이후 파리로 갔다가 1941년 미국으로 건너갔고, 그후 리얼리즘 영화이론에 관한 저서 《영화의 이론》(Theory of Film)은 20 여년 후 1960년에 나왔다. 저자에 의해 개정된 독어판 《영화의 이론》(Theorie des Films)은 그로부터 25년 후 1985년에야 비로소 출간되었다. 이렇게 저서 출간이 늦어졌기에 그의 이론이 이해되고 평가되는 작업은 상당히 뒤늦게 이루어졌다.

이처럼 리얼리즘 영화이론에서 대표적인 두 비평가·이론가의 저술은 50년대 말 이후에야 출간되었다. 리얼리즘 영화들이 초기부터 나타나서 세계 영화를 풍미하고 있는 것에 비해, 그 미학이론은 뒤늦게 정립된 것이다. 실제로 리얼리즘 영화가 지속적으로 제작되었던 것에 비해, 리얼리즘 이론에 대한 노력은 별로 경주되지 않았던 것이다. 그래서 영화 리얼리즘은 조형주의 이론이나 후대의 다른 이론들(기호학·심리분석·페미니즘 등)처럼 이론가·비평가들에 의해 발전된 것이 아니라, 감독들에 의해 성장하고 발전되었다고 말해지기도 한다.

리얼리즘 영화이론이 연착한 이유에 대해 제임스 모나코는 영화이론에서 우선적으로 리얼리즘 보다 조형주의(그는 '표현주의'라고 지칭함) 이론이 우세했던 점을 지적한다. 일찍이 1920~30년대에는 예술의 추상화 경향에 따라 나타난 표현주의 이론이 우세했고, 이후 40년대까지도 예술의 탈실재적脫實在的인 현상이 지속되면서 대략 50년 가량 표현주의 이론이 지배적이었기 때문이라고 모나코는 말한다.[JM, 317]

그뿐만 아니라, 리얼리즘 영화이론이 뒤늦게 정립된 데에는 한 가지 이유가 더 있다. 그것은 리얼리즘 영화이론은 정립되기 어렵다는 점이다. 모든 문학과 예술이론에서도 마찬가지이듯이, 19세기 후반의 문예사조로서 사실주의寫實主義는 예술의 근본 이론으로서 리얼리즘('예술은 자연의 모방', Mimesis)과 구분되며 설명되는데, 이것은 일반성 위에서 특수성을 규명하는 것을 말한다. 그런데 영화, 즉 카메라의 뛰어난 현실모사적 기능을 처음부터 갖고 있는 영화매체에서는 이런 구분과 설명이 쉽지 않다. 무비카메라로 현실(현실을 모방한 세트 장면도)을 촬영하는 한, 그것은 이미 리얼리즘 영화의 성격을 띠고 있기 때문이다.

게다가, 리얼리즘 영화는 현실 묘사에서 어떤 이데올르기적 입장을 갖고 있느냐에 따라 보수-진보의 방향이 나뉘어지므로, 정치적인 개념도 포함하고 있다. 그 때문에 리얼리즘 영화는 여러 모로 파악하기 쉽지 않은 용어이다. 그런 연유에 이 글에서는 바쟁과 크라카우어의 리얼리즘 영화이론에 대해서만 알아보겠다.

(1) 바쟁과 크라카우어의 공통점과 차이

바쟁과 크라카우어는 각기 다른 시기에, 다른 곳에서 활동했지만, 이들의 영화 리얼리즘 이론은 공통적으로 사진적 리얼리즘(photographic realsim)을 바탕으로 출발한다. 두 사람은 모두 사진과 영화가 모두 카메라의 철저한 현실 재현력에 근거한다는 데서 리얼리즘 이론의 토대를 삼는 것이다. 먼저, 앙드레 바쟁은 비평에세이 「사진 영상의 존재론」(The Ontology of the Photographic Image, 1945)에서 "사진의 미학적 특성은 그것이 현실을 노골적으로 모두 드러나게 하는 힘을 갖고 있다는 점이다"라고 하며, 사진 영상의 본질을 '현실의 전적인 노출'('현실의 노정'露呈/드러냄 revealation of the reality)로 본다.[AB, 15] 바쟁은 이를 영화 영상의 본질적 기초로 보는데, 이것이 그의 영화 리얼리즘 토대이며, 그는 이를 근거로 비평을 했다.

지그프리트 크라카우어도 카메라에 의해 재현되는 사진 영상의 연장선 상에서 영화 영상을 이해한다. 그는 특히 '물질적 현실' 혹은 '물리적 현실'(physical reality) 개념을 강조하며, 영화 영상이 "물질적 현실의 기록과 표시라는 입장에서 출발한다면, 영화는 미학적 유효성을 요구할 수 있을 것이다"고 한다.[SK, Theory, 37] 그러면서 그는 사진과 영화의 네 가지 공통적 특성으로 "꾸밈없는 현실에의 친화성, 우연적인 것과 임의적인 것에 대한 경향, 무한성의 느낌, 불확실한 것의 선호"를 열거한다.[SK, Theory, 37]

크라카우어도 바쟁처럼 카메라의 현실 재현능력을 전적으로 신뢰

하는 점에서 영화 리얼리즘에 근거하고 있지만, 특별히 영화 영상에 대해 '우연성과 임의성, 무한성과 불확실성'을 언급하며 추상적이고 관념적인 의미를 부여한다. 그런 점에서 현실에 대해 구체적인 리얼리즘을 표방하는 바쟁과는 현저한 차이가 있다.

　이처럼 20세기의 유명한 영화비평가였던 바쟁과 크라카우어는 모두 사진적 영상의 현실성에 비평과 이론에 토대를 두는 공통점이 있으나 차이도 크다. 더구나 크라카우어는 완전히 영화 리얼리즘을 옹호하는 입장이 아니다. 그는 영화 영상에서 '대상의 현실성과 카메라의 표현성', '현실적인 경향과 구성적인 경향'을 대비적으로 보며, 전자를 인정하면서도 후자에 더 관심을 기울였다.[우에죠, 153] 또한, 그는 바쟁처럼 영화 몽타쥬를 배격하지는 않았다. 이렇게 볼 때, 크라카우어에게는 분명 조형주의적 이론도 내포되어 있음을 알 수 있으니, 그의 리얼리즘 이론은 복합적이고 관념적인 성격이 있다. 게다가, 그의 영화이론에는 철학과 사회학 등의 이론도 포함되어 있어 쉽게 이해되기 어려운 점도 있다. 그때문인지 국내에는 아직도 크라카우어의《영화의 이론》이 번역되지 않았다.

(2) 바쟁의 리얼리즘 영화론

　바쟁의 리얼리즘 영화에 대한 글은 그의 비평선집《영화란 무엇인가?》(Que'-este-ce que le Cinéma?) 중에서 특히 두 편의 에세이「영화언어의 진화」(The Evolution of the Language of Cinema, 1950/52/55)와「총체영화의 신화」(The Myth of Total Cinema, 1946)에서 찾아볼 수 있다. 바쟁은 근본적으로 몽타쥬에 근거하는 영화 형식에 반기를 들며, 특히 장 르노아르와 로베르토 로셀리니 · 오슨 웰스 · 윌리엄 와일러 같은 감독들의 영화들을 옹호

앙드레 바쟁

했다. 결국, 그가 리얼리즘 영화의 전범을 본 것은 30년대 시적詩的 리얼리즘과 40~50년대 네오리얼리즘 영화들, 그리고 몇몇 미국 거장 감독들의 영화들이었다. 근본적으로, 바쟁은 영화에서 인위적인 연출을 배제하고, 자연스러운 현실을 보여주기를 원했다. 그가 원하는 영화의 소명은 '실제 현실에 가까운 현실상現實像을 재현'하는 데에 있다.

이런 입장에 있는 바쟁은 영화 화면에서 미장센(mise-en-scène)을 중시하며, 공간의 깊이감을 주는 쇼트(shot)와 심층 초점(deep focus)을 선호한다. 영상 진행에서는 연속성을 강조하는 롱쇼트(long shot)와 롱 테이크(long take: 길게 찍기), 이들이 결합된 형태로 한번에 길게 찍는 원쇼트-시퀀스(one shot-sequence) 내지 원쇼트-원 테이크(one shot-one take)를 선호하는 반면에, 편집에서 인위적인 편집을 시도하는 몽타쥬(montage)를 거부했다.

바쟁이 공간에 깊이감을 부여하는 쇼트와 연속성을 강조하는 원쇼트-시퀀스를 선호하는 까닭은 이들이 영화적 현실에 더 많은 실재감을 부여하고, 이것이 관객의 영상 인지에서 영화의 내부적 의미를 이해하는 것과도 연관된다고 보기 때문이다. 이러한 그의 관점은 그의 여러 비평들에서 확인된다. 장 르노아르의 〈인간 야수〉(1938)와 〈거대한 환상〉(1938)과 관련하여 바쟁은 "깊이 있는 구성을 찾기 위해 빈번한 회전 쇼트들(panning shots)과 전진에 의해 실상은 몽타쥬가 부분적으로 대체되고 있다. 드라마적 공간과 그 지속의 연속성을 중시하는 것에 근거하고 있다"고 말한다.[AB, Evolution, 34]

미국의 오슨 웰스(Orson Welles)와 윌리엄 와일러(William Wyler) 감독을

〈거대한 환상〉(1938)

칭송하는 것도 특히 깊이감 있는 쇼트(shot in-depth)를 유효적절하게 사용하는 데에 기인한다. 바쟁은 오슨 웰스의 〈시민 케인〉(1941)에 대해 "카메라는 움직임 없이 남아있으면서 전체 장면들은 한 호흡으로 찍기(one take)로 덮여있다. 몽타쥬에 의존했던 극적인 효과들은 고정된 구도 내에서 배우들의 움직임들로부터 만들어졌다"라고 평한다.[AB, Evolution, 33]

이와 같은 맥락에서 바쟁은 40년대 후반 네오리얼리즘 영화들을 전적으로 옹호하는데, 여기서는 조형주의 영화들의 주요 무기였던 몽타쥬가 배격되고, 스펙타클적인 현실이 자제되고, 현실의 연속성이 강조될 수 있는 롱쇼트-롱테이크와 단일 쇼트-시퀀스 위주로 진행되기 때문이다. 즉, 네오리얼리즘에서 바쟁은 자신의 이론이 적용되는 진정한 실례를 바견했다. 그래서 로셀리니의 〈파이잔〉(1946)과 〈독일 영년〉(1948), 비토리오 데 시카의 〈자전거 도둑〉(1947)에서 다른 리얼리즘과 차이나는 것은 "모든 표현주의를 쓸어버리는 것과 특히 몽타쥬 효과를 전적으로 배격한 것"이며, 두 감독은 "스펙타클한 장면을 자제하고, 스크린을 현실의 연속성으로 전환시키는 것을 감행하고 있다"는 점을 강조

〈흔들리는 대지〉(1947)

한다.[AB, Evolution, 37] 또한, 최고의 심미주의자인 루치노 비치콘티 감독
의 〈흔들리는 대지〉(1947)는 배우들의 행위를 지루할 정도로 긴 심층 초
점(deep focus)을 회전 쇼트들(panning shots)로 보여주기 위해 거의 전적으로
단일 쇼트 연결방식(single-shot sequences)으로 되어 있음을 지적한다.

　　이렇게 바쟁이 '연속성 있는' 진행을 보여주는 원쇼트-시퀀스를 선
호하는 것은 단지 특정한 기법을 중시하는 견해에서 비롯된 것은 아니
라, 내용의 이해와 직결된다. 그것은 장 르노아르의 〈게임의 규칙〉(1939)
에 대한 비평에서 드러나듯이, 그렇게 길게 찍은 단일 쇼트로의 구성은
이 영화 속에 숨겨진 의미들을 잘게 조각내지 않고 보여주는 방법이기
때문이라고 바쟁은 말한다.[AB, Evolution, 38]

　　또한, 여기서 바쟁의 몽타쥬에 대한 견해도 분명히 드러나고 있다.
바쟁은 공간적 깊이를 얻기 위한 쇼트를 취한다고 해서 몽타쥬를 포기
하는 것은 아니라고 말한다. 정확히 말하자면, 영화감독은 화면 구성을
위한 다른 조형적인 요소들을 적절히 이용함으로써 "몽타쥬를 자신의
'조형' 요소의 하나로 통합한다"고 바쟁은 말한다.[AB, Evolution, 35] 이런

점에서 바쟁이 몽타쥬에 전적으로 배타적이라고 볼 수는 없다. 그는 몽타쥬가 영화언어에서 중요한 진보를 가져온 것은 분명히 인정하고 있으며, 다만 그는 다른 영화기술적 기법들로써 몽타쥬를 통합적으로 사용할 수 있다는 보는 것이 타당하다. 그 때문에 영화이론에서 종종 말해지듯이, 바쟁의 리얼리즘과 조형주의 이론(에이젠슈타인, 아른하임)은 서로 전적으로 배치되는 것은 아니다.[39]

미국 영화학자 로버트 스탐의 견해에 의하면 바쟁은 "편집과 미장센, 특히 길게 찍기(long take) 기법과 화면의 깊이감에 접근하는 방법을 통해 감독은 영화 이전 세계(the pro-filmic world)의 시간 · 공간적 통합을 존중하게 되었다"고 본다.[RS. 76] 스탐이 말하는 '영화 이전 세계'는 바로 영화가 만들어지기 전의 세계인 우리의 현실이라고 보면 될 것 같다. 그래서 그에게서 형식적 기법들과 영화 내용은 서로 밀접한 연관 속에 있다. 이런 점에서 바쟁이 몇 가지 영화기술(cinematography) 상의 몇몇 기법들을 선호한다 해도, 그는 영화기술적 기법들만을 중시하는 형식주의자(formalist)는 아니다. 이렇게 살펴볼 때에, 바쟁은 리얼리즘 영화를 신봉하는 단순히 종속적인 이론가는 결코 아니다. 바쟁은 영화의 본질, 특히 '영화와 현실'에 대한 고유한 생각을 바탕으로 그의 생존 시에 보고 비평했던 리얼리즘 영화들에서 자신의 생각에 맞는 전범적인 영화를 보았기에 확신을 갖고 설명하고 평했던 것이다.

비평가로서 바쟁은 영화작품들에 관련된 영화 기법과 내용에 관해

---

39 영화이론에서 리얼리즘과 조형주의는 서로 명백하게 구분되는 양식이 아니므로, 이분법적 구분도 합당하지 않다. 리얼리즘 이론에서 조형주의 이론이 나왔듯이, 반대로 조형주의 이론에서 리얼리즘 이론이 나온 부분도 있으므로, 제임스 모나코는 양자의 관계가 "이분법적이라기 보다는 오히려 변증법적"이라고 말한다. J. Monaco: Film Theory: Form and Function (Expressionism and Realism: Arnheim and Kracauer), p. 319.

구체적인 글을 쓰면서 리얼리즘을 옹호하는 입장을 견지했다. 다만, 그의 저서 《영화란 무엇인가?》에 수록된 비평 에세이들은 서로 독립적이고, 그의 주장은 파편적이어서 명료하게 파악되지 않는다.[JM, 320] 바쟁의 리얼리즘 영화론은 어떤 체계적인 이론을 제시한 것은 아니고, 자유분방하게 문필활동을 하는 비평가의 글들에서 추출된 것이다. 그것은 바쟁은 이론가가 아니라, 비평가이기 때문일 것이다.

독일 영화학자 페터 부스도 바쟁의 리얼리즘은 실제로 규정되기 어렵다고 말하며, 그에게서 리얼리즘 개념은 하나의 창조적 방식(양식, style)이라기 보다는 "여러 가지 이질적인 요소들의 종합개념"이고, "예리하게 서술되고 지속적인 연구를 위해 자극을 주는 발언들이 가득차 있는" 항아리 같은 것이라고 본다.[PW, 424] 그래서인지 실제 영화작업과 연관된 그의 구체성 있는 비평들은 영화제작자들(film makers, 감독 등)에게 이론가(크라카우어 등)의 글 보다 더 많은 영향을 끼쳤다.

(3) 크라카우어의 리얼리즘 영화이론

크라카우어는 리얼리즘 영화에 관한 체계적인 이론을 정립한 영화이론가라고 할 수 있다. 그가 1941년 미국으로 건너간 이후로는 영어로 저술을 남겨서 영어권에서도 잘 알려져 있다. 리얼리즘 영화이론에 관한 크라카우어의 주저 《영화의 이론》(Theory of Film)의 영어판은 1960년 미국에서 출간되었으며, 저자에 의해 수정된 독어판(《Theorie des Films》)은 매우 늦게 1985년에 출간되었다.

그런데, 크라카우어의 이 책을 접할 때에는 한 가지 유의해야 할 점이 있다. 그것은 책제목이 연상시키듯이, 이 저서가 영화이론의 일반적인 기본서 혹은 리얼리즘 영화이론의 총괄적인 결정판이라고 여겨서는 안된다는 점이다. 이것은 정확히 말하자면 '크라카우어의 관점에 의해 쓰여진 영화이론'이므로, 제임스 모나코가 말하듯이, 이것은 영화의 근본적이고 중심적인 이론이라기보다는 '하나의 이론'(a theory)이다.[JM, 320] 그렇지만, 크라카우어의 《영화의 이론》이 리얼리즘 영화에 관한 최초의 체계적인 이론서인 것은 사실이다. 결국, 독자들은 이 책을

지그프리트 크라카우어

보편적인 리얼리즘 영화이론이 아니라, '크라카우어의 리얼리즘 영화이론'이라고 이해하면 되겠다.

크라카우어의 영화이론은 카메라에 의해 만들어지는 현실 개념에 근거하는 점에서 사진과 영화의 공통적 미학을 토대로 리얼리즘 영화이론을 전개한다. 다시 말해서, 크라카우어는 "사진과 영화가 공유하는 리얼리즘 기능으로부터 영화의 전체적 미학을 도출하려고 시도했다".[RA, 19] 그는 사진 영상(photographic picture)에서 영화 영상(filmic picture/Filmbild)의 유사성을 보며, 리얼리즘 영화는 이런 영상이 재현하는 현실의 모습을 근거로 만들어진다고 본다. 그러므로, 크라카우어의 이론에서는 영화와 현실이 밀접한 관계에 있다.

그의 저서 《영화의 이론》에 부착된 부제 '물리적 현실의 구제'(The Redemption of physical Reality/Die Errettung der äußeren Wirklichkeit)가 말해주듯이, "영화는 '물리적 현실'을 재현하고 탐구하면서 이전에 결코 볼 수 없었던 세계, 아주 가까이 있어서 시선이 가지 않는 그런 세계를 발굴해준다"고 크라카우어는 말한다.[SK, Theorie, 388] 그리고 이런 세계는 특별히 과학적으로 발견해야 할 것이 아니라, 우리의 일상적인 물리적 주변세

계 자체를 말한다.

이런 '물리적 현실'은 우리가 보는 현실세계에서는 우리의 부지불
식不知不識 중에 간과하게 되거나, 여러 장치와 이데올르기 등으로 덮여
있고 숨겨져 있으므로, 영화카메라가 이를 가시화시키고 의식화시켜야
한다. 여기에 영화의 임무가 있다고 크라카우어는 본다.《영화의 이론》
에서 인용된 다음 부분은 '물리적 현실의 구제'와 관련하여 영화카메라
에 의한 영상의 의미와 역할에 대해 보다 분명히 이해할 수 있게 해준다.

> 영화는 우리가 이전에 못 보았던 것 혹은 한번도 볼 수 없었던 것을 가
> 시화한다. 영화는 우리가 물질적 세계를 그것의 정신적-물리적으로
> 상응하는 것들과 함께 효과적인 방법으로 발견하는 것을 도와준다.
> … 영화는 특히 물리적 현실을 구제하는 것을 촉진시켜주는 능력이 있
> 는 매체로 정의될 수 있다. 그 영상들은 물질적 생의 흐름을 결정짓
> 는 물체들과 사건들을 우리와 함께 계속 운반해가는 것을 우리에게
> 처음으로 허락해준다.[SK, Theorie, 389][고딕체는 필자의 표기]

현실에서 이런 세계들을 영화카메라가 찾아내고 보여줌으로써 우
리가 영화에서 이들을 시각적으로 인지하게 해주는 것이 크라카우어가
보는 영화의 소명이다. 그래서 영화는 "자신의 모사적 능력을 반대 방법
으로 수행해야 하는데, 현실을 재생하기 보다는 부정하고, 틀을 형성하
고, 구성하고, 형태를 부여하는 것"이다.[JM, 321] 그런데, 이와 같은 '물리
적 현실의 구제'에 관한 크라카우어의 설명은 발터 벤야민이 「기술복제
시대의 예술작품」(1934)에서 영상의 특수성과 관련하여 '시각적 무의식
성(das Optisch-Unbewußte)의 의식화'를 말한 것을 연상시키는데,[참조, I. 2.]
영화학자 로버트 스탐도 크라카우어와 벤야민은 실지로 많은 부분에서

통한다고 말한다.[RS, 77]

　이런 크라카우어의 견해에 부합되는 영화들로는 에이젠슈타인의 〈전함 포템킨〉(1925), 에리히 폰 슈트로하임의 〈욕망〉(Greed, 1925), 장 비고의 〈라탈란트〉(1934), 장 르노아르의 〈위대한 환상〉(1937), 미국의 서부 영화들과 갱영화들, 그리고 이탈리아 네오리얼리즘의 주요 작품들 등이다. 이들은 모두 "카메라에 의해 획득된 원료의 암시적 능력에 의존하기" 때문이며, 또 이 작품들은 펠리니의 주문대로 '좋은 영화'는 예술작품의 자율성을 목표로 하지 않고, 인생과 인간처럼 자체 내에 오류를 내포하고 있다는 데에 다소간 상응한다고 본다.[SK, Theorie, 391]

　크라카우어가 미국으로 건너가서 출간한 비평서《칼리가리부터 히틀러까지》(1947)와는 달리,《영화의 이론》에서 저자는 많은 영화작품들을 비평하면서 이론을 전개하지 않는다. 여기서는 그가 생각하는 리얼리즘 이론을 정립하기 위해 영화매체의 특성을 규명하고 나서, 리얼리즘 영화를 제작하는 방법들과 묘사 원칙들, 즉 '물리적 현실의 묘사' 등과 영화의 소재와 주제, 제작방법, 그리고 현실 개념에 대해 기술했다. 그렇기 때문에《영화의 이론》은 체계적인 이론이지만, 많은 부분에서 추

〈라탈란트〉(1934)

상적이고 관념적인 개념들이 내포되어 있고, 또 이를 근거로 전개되는 이론들이 있어서 이해가 어렵기도 하다. 더구나 '물리적 현실'과 크라카 우어의 '현실' 개념 자체도 쉽게 포착되지 않는다. 영화의 사명 같이 들리는 '물리적 현실의 구제'는 저자의 상세한 설명에도 불구하고, 여전히 모호하게 남아있으며, 약간 종교적으로 들리기도 한다. 이것은 크라카우어가 유태계인 것과 무관하지 않은 것 같다.[참조. III. 3.]

4. 리얼리즘 영화의 현재

이처럼 리얼리즘 영화는 영화 시작부터 지금까지, 그리고 앞으로도 계속될 것이다. 무비 카메라라는 현실모사 능력이 뛰어난 도구로서 현실의 모습을 담고 있는 영화에서 리얼리즘은 영화의 한 속성이자, 영화의 본질에 속하기 때문이다.

그런데, 실상 리얼리즘 영화는 제작되기 어려운 점이 있다. 세계 어디서나 영화 제작은 고비용을 요하므로, 영화 내용으로는 현실의 재현보다는 비현실적 환상이 더욱 필요했다. 즉, 경제적인 관점에서 볼 때에 영화제작에서는 대개 비현실적이고 환상적인 이야기가 선호되는데, 제임스 모나코의 표현에 따르면 영화는 "공포의 방과 사랑의 터널을 통과하며 달리는 롤러 코스터를 타고 있는" 경험을 관객에게 안겨주어야 하는 듯 하다.[JM, 317]

이것은 종전 후 영화사 65년(1945~2010) 동안 대성공작들을 돌아보면, 진지한 리얼리즘 영화 보다는 경이롭고 환상적인 이야기를 보여주는 영화들이(Fantasy films) 많았음을 알 수 있다. 세계 영화시장에서 대성공을 거둔 영화들인 스필버그 감독의 〈죠스〉(Jaws, 1975), 〈E. T.〉(1982)

와 〈쥬라기 공원〉 시리즈(1993, 1997), 〈인디아나 존스〉 시리즈(1984, 1989, 2008) 등과 더불어 〈반지의 제왕〉(2001, 03)과 〈해리 포터〉 시리즈(2001~09)에 이르기까지 모두 환상적인 이야기를 소재로 하는 작품들로 이를 반증해준다.

결국, 이것은 영화 시작 초에 '뤼미에르 혹은 멜리에스?' 하는 질문이 던져진 것과 동일한 성격의 문제이다. 즉, 다큐멘타리적 리얼리즘 영화였던 뤼미에르 형제의 영화들은 지속적으로 상업적 성공을 거두지 못했지만, 멜리에스의 비현실적이고 환상적인 영화들은 관객들로부터 환영받았다. 실지로, 현실을 묘사하거나, 더욱이 사회현실의 어두운 측면을 폭로하는 비판적인 리얼리즘 영화들이 상업적 성공을 거두기는 어렵다. 그래서 리얼리즘 영화의 감독들은 경제적으로나 실제 작업에서 아주 절제적인 수단을 사용하며 목표로 하는 메시지를 전달하려고 했다.

리얼리즘 영화는 20세기에 지속적으로 나왔으면서도, 특별한 시기에 집중적으로 나온 적도 있었다. 영국 영화학자 로이 암스는 대체로 리얼리즘 영화들은 '어려운 시기'에 나왔으며, 특히 명작들은 제2차대전 후 이탈리아나 사회주의 혁명 후 러시아 처럼 역사적으로 전쟁과 혁명 후 같은 대변혁기에 나오는 경향이 있다고 말한다.[RA. 20] 엄청난 변혁을 겪은 이런 시기에 리얼리즘 영화감독들은 현실의 모습을 그냥 진솔하고 직접적으로 기록하는 것만으로도 충분하기 때문이다. 우연치 않게 30년대 프랑스의 詩的 리얼리즘과 40~50년대 이탈리아의 네오리얼리즘 영화들은 모두 정치·사회적으로 혼란했고 경제적으로 어려웠던, 이른바 '궁핍한 시대'에 나온 작품들이다.

사실, 알고 보면 미국에서 고전 할리우드 영화의 황금시대였던 1933~45년 시기도 마찬가지이다. 메이저 영화사들의 스튜디오 제작방식이 절정에 이르렀던 시대였지만, 대공황(1929)을 경험한 후 경제적으로 불안정했고, 사회주의와 노조운동 등으로 인해 사회적으로 갈등과 혼란이 있었던 시기였는데, 할리우드의 고전 명작이 된 영화들이 이때 대거 나왔다. 일본에서는 종전 직후 구로사와 아키라가 궁핍한 일상생활을 다룬 영화들과 오즈 야스지로가 50~60년대 소박한 사람들의 일상생활을 묘사한 영화들도 이런 관점에서 이해될 수 있다.

그렇지만, 시대적 상황과 리얼리즘 영화와의 연관성은 논리적으로 분명히 입증되는 것은 아니다. 경제적으로 어려운 시기에는 환상을 갖거나 오락적인 내용을 즐길 여유가 별로 없으므로, 평범한 소시민과 하층민의 삶에 가까이 다가가서 그들의 번민과 애환을 진솔하게 표현하는 리얼리즘 영화들이 관객의 심금을 울렸기 때문이라고 추측된다.

물론, 당시처럼 궁핍하지 않은 오늘날에도 이런 리얼리즘의 방법과 정신으로 작업하는 감독들이 있다. 그들 중에서 세계적으로 널리 알려진 감독은 아마 영국의 켄 로치(Ken Loach)일 것이다. 켄 로치 감독은 〈레이닝 스톤스〉(Raining Stones, 1993), 〈리프-래프〉(Riff Raff, 1990), 〈레이디버드, 레이디버드〉(Ladybird, Ladybird, 1994) 같은 영화들을 통해 하층민들의 생활상을 묘사하며 영국 사회의 문제들을 드러내고 사회 제도의 모순과 문제를 고발하는 성격을 띠고 있다. 이런 의미에서 그의 영화들은 1960년대에 나온 사회적 리얼리즘의 연장선 상에 있다고 볼 수 있다. 그후 켄 로치는 국제적인 문제에도 관심을 갖으며 스페인의 프랑코 독재에 대항하는 민주세력을 돕기 위해 스페인 내전에 참전한 유럽 청년들의 외인부대 이야기를 다룬 〈나라와 자유〉(Land and Freedom, 1995), 제3세계 민중들의 운동에 관심을 보이는 〈칼라의 노래〉(Carlas's Song, 1996), 미국의 불법체류 멕시코인들을 다룬 〈빵과 장미〉(Bread and Roses, 2000) 등을 만들며 리얼리즘 영화의 정신을 유지하면서 자신의 세계를 넓혀 갔다.

한국에서도 리얼리즘 영화는 계속 이어지고 있다. 주로 80~90년대에 활동한 박광수 감독은 〈그 섬에 가고 싶다〉(1993), 〈아름다운 청년 전태일〉(1995), 〈이재수의 난〉(1999) 같은 영화에서 분명한 사회비판 의식을 갖고, 과거 한국 역사와 사회의 모순과 문제를 고발했다. 또한, 90년대 후반부터 활동한 이창동 감독의 영화들은 〈초록 물고기〉(1997)에서 〈박하사탕〉(1999)에 이어 2000년대 〈밀양〉(2007)과 〈시〉(2010)에 이르기까지 대부분 리얼리즘 계통에 속한다. 역시 90년대와 최근까지 활발하게 활동하고 있는 홍상수 감독의 영화들은 일상의 리얼리즘 영화라고 볼 수 있다. 그의 영화들은 특정한 드라마를 바탕으로 전개되는 스토리텔링을 거부하고 풀어진 내러티브 형식으로 진행되며, 장면들이 즉흥적으로 연출되기도 한다.

영화 리얼리즘에 관한 저서 《영화와 실재》(Film and Reality, 1974)를 남긴 영화학자 로이 암스는 이렇게 말한다. — "영화에서 리얼리즘은 인생을 바라보는 한 가지 방법으로, 여러 가지 중에서 하나의 양식(style)일 뿐이다. 감독이 자신에게 부과하는 원칙과 그의 영화들이 필연적으로 제기하는 사회적 이슈들이 리얼리즘을 높은 가치의 형식으로 만든다. … 리얼리즘은 아마도 영화의 모든 조류들 가운데서 가장 오래 지속되는 조류일 것이다."[RA, 20] 그것은 시대가 바뀌어도 현실을 묘사하려 하는 영화감독들이 계속 존재하고, 그것을 보고자 하는 관객도 계속 존재할 것이기 때문이다.

참고문헌

앙드레 바쟁, 『영화란 무엇인가?』, 박상규 역, 서울: 사문난적, 2013. [원전, André Bazin: *Que'-este-ce que le Cinéma?*, LES EDITIONS DU CERF, 1975]

Roy Armes: *Film and Reality. An Historical Survey*, Middlesex (UK)/Baltimore (USA)/ Ringwood (Australia)/Ontario (Canada): Penguin Books, 1974. [약칭, RA]

Steve Blanford · Barry Keith Grant · Jim Hiller: *The Film Studies Dictionary*, London/New York: Arnold, 2001. [약칭, SB]

André Bazin: The Ontology of the Photographic Image (1945), in: A. Bazin: *What is Cinema?*, Vol. 1, Essays selected and translated by Hugh Gray, Berkeley/Los Angeles/ London: University of California Press, 2005 (1st edition: 1967), pp. 9-16. [원서, A. Bazin: *Que'-este-ce que le Cinéma?*, Paris, 1958-62] [약칭, AB, Photo]

_____: The Myth of Total Cinema (1946), in: A. Bazin: *What is Cinema?*, Vol. 1, pp. 17-22. [약칭, AB, Myth]

_____: The Evolution of the Language of Cinema (1950, 1952, 1955), in: A. Bazin: *What is Cinema?*, Vol. 1, pp. 23-40. [약칭, AB, Evolution]

Susan Hayward: *Cinema Studies. The Key Concepts*, London/New York: Routledge, 2000. [약칭, SH]

Brian Henderson: Two Types of Film Theory, in: Bill Nichols (ed): *Movies and Methods. An Anthology*, Vol. I, Berkeley/Los Angeles: University of California Press, 1976, pp. 388-400. [약칭, BH]

Siegfried Kracauer: *Theory of Film. The Redemption of Physical Reality*, Princeton (USA): Princeton University Press, 1997. (1st edition: New York: Oxford University Press, 1960) [약칭, SK]

_____: *Theorie des Films. Die Errettung der äußeren Wirklichkeit*, Frankfurt am Main: Suhrkamp, 1985. (Friedrich Walter · Ruth Zellschan 번역 및 저자 감수, 초판, Frankfurt am Main: Suhrkamp, 1964] [약칭, SK, Theorie]

James Monaco: Film Theory: Form and Function, in: J. Monaco: *How to Read a Film. The Art, Technology, Language, History and Theory of Film and Media*, Oxford/New York: Oxford University Press, 1981, pp. 309-346. [약칭, JM]

Robert Stam: The Phenomenology of Realism, in: R. Stam: *Film Theory. An Introduction*, Malden (USA)/Oxford (UK): Blackwell publisher, 2000, pp. 72-83. [약칭, RS]

Peter Wuss: André Bazin. Ontologie des Filmbildes und Evolution der Filmsprache, in: P. Wuss: *Kunstwert des Films und Massencharakter des Mediums*, Berlin (Ost): Henschel Verlag, 1990, pp. 410-424. [약칭, PW]

영화미학의 기본 이론
– 감정몰입과 동일시·대리만족·시뮬라크르

[해설] 영화미학의 기본 토대

이 글은 영화미학의 기본 원리인 **감정몰입**과 **동일시**·**대리만족** 등의 개념들을 그 이론이 정립된 1930년대 상황에서 살펴본다. 이 개념과 이론은 영화미학의 기본적 토대이고, 타예술에 없는 고유한 것이지만, 국내의 많은 영화이론서들에서 적절한 설명을 찾기 어렵다. 너무 기본적인 것이어서 오히려 간과되고 누락되는 것인지 모르지만, 여기서 그 개념과 이론이 정립된 1930년대 상황에서 당대의 저명한 이론가인 발라즈와 벤야민·파노프스키의 설명을 중심으로 상술한다.

영화는 '감정의 매체'(medium of emotion)라고 한다. 영상을 매개로 하는 영화는 강한 감정 전달력이 특징으로, 배우들의 희로애락喜怒哀樂 감정, 즉 기쁨과 슬픔, 무서움과 놀라움 등의 여러 감정들을 강렬하게 전달할 수 있어서, 관객은 이를 받아들이며 배우와 유사하게 느낄 수 있다. 이런 감정 전파력을 수행하는 것이 감정몰입/동일시/대리만족 등과 같은 개념으로 다른 영상매체에서도 공통적인 미학적 원리가 되고 있다.

1. 1930년대 영화미학의 단계

영화이론의 초기 발전과정에서 볼 때, 1920년대 유럽에서는 표현주의와 초현실주의와 같은 예술영화가 출현하고, 몽타쥬 기법과 더불어 영화언어가 발전되면서 영화는 비로소 전통예술 연극 등의 미학과 차별되는 고유한 미학을 제시할 수 있었다. 그러나 30년대 초반이후 유성영화가 일반화되면서 영화의 미학적 발전은 정체되었다. 미국 할리우드의 장르 영화가 지배적인 시대에 유럽에서 영화이론은 특정한 초점 없이 개별적이고 산발적으로 진전되었으며, 더구나 파시즘 시대에 독일과 오스트리아에서는 많은 영화인들이 미국 등지로 망명가면서 영화예술의 발전은 침체되고 말았다.

이런 가운데서 유럽에서는 소수의 이론가들만이 영화미학의 문제와 대결했는데, 이들은 관객이 영상을 인지하는 과정에서 전통예술과 다른 영화의 미학을 규명하려는 시도를 했다. 주로 독일에서 활동한 영화비평가이자 이론가 벨라 발라즈(Béla Balázs)와 문예이론가 발터 벤야민(Walter Benjamin) · 미술이론가 에르빈 파노프스키(Erwin Panofsky)는 영화 제작에서 특히 카메라를 통한 촬영술(cinematography)과 이를 인지하는 관객의 수용에 관심을 갖고 "생산미학적이고 수용미학적으로 지향된 이론"을 제기했다.[FA, 10] 이것은 영화를 카메라 작업(camera work) 중심적으로 보며, 화면의 영상과 관객의 감정변화에 근거하는 영화의 고유한 미학 이론이다.[이런 관점은 훗날(20세기 후반) 영화를 '카메라 예술'(cinema as camera art)로 보는 것과 상통한다.]

2. 가변적 거리의 미학

영화가 전통적인 예술과 다른 새로운 미학을 제시한 것은 우선 '작품과 수용자 사이의 거리' 변화에 있다. 전통예술(문학·연극·음악)에서 작품(text)과 독자/관객(reader/spectator) 사이의 거리는 고정되어 있지만, 영화에서는 관객이 카메라가 대상을 촬영한 영상 쇼트(shot)의 크기와 접근 정도에 따라 대상에 대해 느끼는 거리감이 수시로 변화되기 때문이다. 영화 화면의 물체는 가까이 혹은 멀리 보여지느냐에 따라서 원근감이 달라지므로, 관객이 묘사된 대상에 대해 느끼는 거리감은 달라진다.

특히 배우의 얼굴 표정을 근접 촬영하는 클로즈업(close-up)이 사용될 때에는 그의 심리 상태와 감정이 관객에게 밀접하게 전달될 수 있으며, 이때 관객은 화면 속의 배우에게 한 동안 동일시되어 그 배우의 감정과 심리에 관객이 공감하게 되는 현상이 생겨난다. 그러면 관객은 화면에 몰입되어 스토리 진행에 따라 긴장과 흥분을 느끼기도 하고, 배우가 느끼는 기쁨이나 슬픔, 두려움이나 외로움 등의 감정을 같이 공유하게 된다. 이처럼 영화에서는 타예술에 존재하지 않는 감정몰입(empathy)과 동일시同一視(identification)의 메카니즘이 가능해진다.

반면에, 미디움 롱 쇼트(medium long shot)나 롱 쇼트(long shot)로써 화면 속의 인물들이 멀리서 보이게 되면 관객은 이들의 행위를 관망하는 시점에서 바라보게 되므로, 관객은 이때 배우들의 심리에서 다소간 이탈되며 '관찰자적' 입장을 취하며 보게 된다. 이와 같은 진행 속에서 관객은 배우와 스토리 진행에 몰입되고 이탈되는 과정을 수시로 경험하게 되는데, 이런 기법은 카메라의 이동과 렌즈 앵글의 변화 등을 이용하는 카메라 촬영술(cinematography)을 근거로 만들어지는 장치로서 영화에 고유한 '가변적 거리의 미학'(the aesthetics of variable distance)을 가능하게 해준다.

long shot

medium shot

close-up

쇼트의 크기 변화

영화역사를 거슬러 올라가면 미국의 영화감독 그리피스(D. W. Griffith)는 이미 1910년대 중엽의 영화 〈국가의 탄생〉(1915)에서 클로즈업을 사용했고(오늘날 분류에서는 close shot), 20년대 초반에는 이보다 확대된 물체의 근접 촬영이 가능했던 클로즈업이 사용되기도 했다. 러시아 영화감독 에이젠슈타인의 〈전함 포템킨〉(1924)에서 볼 때, 몽타쥬 장면으로 유명한 오뎃사 계단 장면에서는 클로즈업이(군대의 발포에 놀라는 유모차 주인의 얼굴과 이를 바라보는 대학생의 얼굴 모습) 강렬한 감정적 상승작용을 일으켰다.[참조, II. 2.]

영화미학의 이런 특성을 일찍이 알고 있던 벨라 발라즈는 20년대 저서 《가시적 인간》(1924)과 《영화의 정신》(1930)에서 상세히 설명하고 있다. 첫 번째 책에서는 당시 발라즈의 사상적 토대인 자연의 인상학人相學(physiognomy)에 근거해서 인간의 얼굴과 사물의 모습을 클로즈업과 관련하여 영상철학적으로 설명하고, 두 번째 책에서는 영화촬영술에 근거하는 영화의 전반적인 영상미학을 보다 구체적으로 설명하고 있다. 그래서 영화의 기술과 미학에 관해서는 두 번째 책의 내용이 이해하기 쉽다. 이 책에 수록된 글「생산적 카메라」(Die produktive Kamera)에서 영화는 "관객의 고정된 거리, 지금까지 가시적 예술의 본질에 속하는 그 거리를 제거했다"고 하며 발라즈는 영화미학의 획기적인 특성을 강조하면서 동일시同一視에 대해 이렇게 말한다.

> 카메라는 나의 눈을 함께 데려간다, 화면 중간 속으로. 나는 영화
> 의 공간으로부터 물체를 본다. 나는 영화의 인물들로 둘러싸여 있
> 고, 이제 내가 모든 측면에서 보는 영화 사건 속으로 휘말려들어
> 간다. … 나의 시선과 더불어 나의 의식은 영화 배우들과 일치된다
> (identifiziert/identified). 나는 그들이 자신들의 관점에서 보는 것을 본
> 다.[BB, Geist, 15][고딕체는 필자의 표기]

이런 동일시 기능은 평범한 영화들도 이용하고 있지만, 다른 예술
의 감상이나 연극 관람 시에는 없는 영화의 유일한 것이며, 같은 배우예
술인 영화와 연극을 구별짓는 영화의 특징적인 미학이다. 영화에서 관
객은 배우의 시선에 따라 수시로 변화되는 관점으로 관람하게 되고, 게
다가 대상에 대한 거리감도 롱쇼트부터 클로즈업까지 여러 가지로 변화
된다. 또한, 카메라 앵글과 카메라 자체도 상하-좌우로 부단히 움직이므
로, 관객이 화면의 물체에 대해 느끼는 거리감도 계속 달라진다.

반면에, 연극 공연에서 관객은 항상 정해진 자리에서 고정된 시선
을 갖고 극중 내용을 '관망하며' 보게 되므로, 공연과 관객 사이에는 '고
정된 거리'(fixed distance)가 존재한다. 그래서 연극 관객은 무대 위 배우
가 처한 상황에 몰입하여 유사하게 느끼기 어렵고, 단지 배우의 상황을
약간 떨어져서 '바라보게' 된다. 이러한 관객의 '제3자적 관점'(the third
viewpoint)은 전시장에서 회화나 조각 같은 미술작품을 볼 때 혹은 건축물
감상 시에는 더욱 심화된다. 발라즈는 모스크바 체류 시절에 쓰여진 글
「영화의 예술철학에 대해」(Zur Kunstphilosophie des Films, 1938)에서 영화미학
의 특수성을 전통예술의 미학과 비교하며 다음과 같이 설명한다.

인간과 예술작품 사이의 거리는 古代 희랍부터 오늘날에 이르기까지 유럽의 미학과 예술철학에서 기본 원칙이었다. 이 원칙에 의하면 모든 예술작품은 자체 내에 폐쇄적인 완결성이자 스스로를 위한 세계, 고유한 규칙들과 동질성을 지닌 '소우주'라는 것을 말해준다. 예술은 말하자면 현실의 묘사일 수는 있지만, 현실과 어떤 직접적인 연결도, 접촉도 없다는 것이다. … 이를 통해 생겨나는 거리는 공간적인 것만이 아니고, 그것은 오히려 관객의 의식 속에 있는 거리이다. … 영화는 과거 공간예술의 이런 원칙을 — 거리와 예술작품의 분리된 폐쇄성을 — 파괴했다.[BB, Kunstphil, 214-5][고딕체는 필자의 표기]

예술작품과 수용자 사이에는 '장엄한 거리'가 있다는 고전적 미학 원칙을 영화는 과감하게 무너뜨린 것이다. 즉, 영화는 연극 같은 공연예술이나 건축 · 회화 · 조각 같은 공간예술에서 작품(text)과 관람자(viewer) 사이에 엄연히 존재하는 거리를 붕괴시켰다. 영화에서 그 거리는 움직이는 카메라가 만들어내는 '가변적 거리'(variable distance)가 되었으며, 그 것은 '관객의 의식 속에 있는 거리'이다. 그래서 카메라의 이동과 앵글의 변화에 따라 관객의 몰입 정도가 변화되는 것에 대해 발라즈는 "유동적인 카메라가 나의 눈을 함께 데려가며, … 나는 등장인물들이 보아야 하는 것처럼 모든 것을 그렇게 본다"고 하며, 등장인물들에 섞여서 "영화의 사건 속으로 얽혀 들어간다. 나는 함께 걸어가고, 함께 차를 타고 가고, 함께 넘어진다"고 표현한다.[BB, Kunstphil, 215] 발라즈는 이렇게 관객이 화면상의 배우에게 동화同化되어 '사건 진행을 함께 경험하는'(miterleben) 상황을 설명하고 있다.

이처럼 영화에서는 가변적인 거리를 통해 화면의 스토리 진행을 바라보는 관객의 관점이 부단히 변화되는 것이 가능해지고, 이것은 현실을 보는 관점의 차이를 유발한다. 그래서 영화에서의 시점視點(viewpoint)은 항상 변화되며(variable), 누구의 시점에도 고정되지 않는 다시점多視點(multi-perspective)의 관점을 취한다. 또한, 화면상의 사건과 관객 사이의 심리적 거리를 조절함으로써 관객에게서 다양한 감정 효과와 관람 방식을 유발시킬 수 있다. 어떤 장면에서는 관객이 사건 진행에 감정적으로 '뜨거운 참여'를 가능하게 하고, 또 다른 장면에서는 관객이 사건 진행으로부터 멀어져서 '냉정한 관찰'을 하게 된다. 이런 영화 기법상의 장치는 바로 화면과 관객 사이의 가변적 거리가 가져다주는 영화만의 고유한 메카니즘이자 영화촬영술(cinematography)이 만들어내는 영상미학이다.

3. 마술사와 외과의사 - 관찰과 몰입

발라즈와 동시대인이었던 문예이론가 발터 벤야민도 30년대 중엽에 가변적 거리의 영화미학에 대해 언급한 바 있다. 그는 현대 예술에 관해 탁월한 통찰력을 보여준 에세이 「기술복제시대의 예술작품」(1936)에서 대상을 바라볼 때 두 가지 대비적인 방법으로 관망적 관찰과 감정적 몰입에 대해 설명하기 위해 마술사와 외과의사를 비교한다.

> 외과의사는 마술사와는 극단적으로 대조적인 입장에 있다. ··· 마술사는 자신과 환자와의 자연스러운 거리를 계속 유지한다. 더 정확히 말하면 마술사는 환자 위에 얹은 손을 통해 환자와의 거리를 약간만 줄이고, 또 그의 권위를 통하여 그 거리를 늘리기도 한다. 이에 반해 외과의사는 환자에 정반대의 태도로 접근한다. 즉, 그는 환자의 내부 속에 깊숙이 들어감으로써 환자와의 거리를 크게 줄인다. ··· 마술사

와 외과의사의 관계는 화가와 카메라맨의 관계와 같다. 화가는 작업할 때에 주어진 대상에 대해 자연스러운 거리를 유지하는데 반해, 카메라맨은 주어진 대상의 조직에까지 깊숙이 침투한다.[WB, 158][고딕체는 필자의 표기]

벤야민에 의하면 마술사/화가는 대상에 거리를 취하며 작업하는데 비해, 외과의사/카메라맨은 대상과 거리를 없애고 대상의 내부 깊이 들어가서 작업한다. 그래서 마술사/화가의 작업은 '관망적'이고, 외과의사/카메라맨의 작업은 '몰입적'이다. 그럼으로써 화가가 보는 것은 대상 전체에 대한 '총체적 영상'(total image)이고, 카메라맨은 대상을 여러 각도에서 보며 촬영하여 여러 개로 조각난 '단편적斷片的 영상'(fragmentary images)을 얻는다고 한다.

여기서 벤야민이 중요하게 보는 것은 카메라맨이 만들어내는 현실의 '영화적 묘사'인데, 카메라 장치로써 대상 속으로 집중적인 침투를 하여 얻어지는 현실의 관점이다. 카메라를 통해 얻어지는 다양한 관점과 집중적 묘사는 관객이 대상을 여러 관점에서 바라보게 하고, 묘사 대상이 배우인 경우에는 그의 심리에 몰입되는 것을 가능하게 한다. 이런 작용에 대해 벤야민도 "관객은 카메라에 몰입되면서 배우에게 몰입된다. 관객은 카메라의 관점을 취한다"라고 말한다.[WB, 151] 이를 위해 영화감독은 카메라의 관점을 종종 관객의 시선과 일치하게 만들며, 영화 용어로는 이를 '시선의 일치'(eye-line-match)라고 한다.

시선의 일치 eye-line-match

카메라의 시선 = 관객의 시선
camera eye = spectator's eye
Kamerablick = Zuschauerblick

참조 영화, 구로사와 아키라(黑澤明) 감독의 〈꿈〉(夢, 1990)[40]
무지개 뜬 날에 먼 산의 비경(秘境)을 바라보는 소년

　　이렇게 영화에서 사건이나 인물에 대해 관람자의 감정몰입과 동화
작용同化作用이 일어나는 현상을 설명하는 자리에서 벤야민과 발라즈는
거의 동일한 중국 고사故事를 비유로 들고 있다. 벤야민은 「기술복제시
대 …」에서 "옛날 중국 전설에 의하면 화가가 자기가 완성한 그림을 보
고 그 속으로 들어갔다"는 이야기를 인용하고,[WB, 166] 발라즈는 이와
유사한 이야기를 2년 후 발표된 「영화의 예술철학 …」에서 언급하는데,
여기가 더 상세하므로 인용한다.

　　옛날에 한 화가는 풍경화를 하나 그렸다. 쾌적한 숲들과 산으로 가
　　는 길이 있는 아름다운 골짜기였다. 그런데 화가는 그 그림이 너무
　　마음에 들어서 이 아름다운 길을 걸어 먼 산 속으로 유랑하고 싶은

40　구로사와 아키라(黑澤明) 감독의 영화 〈꿈〉(夢, 1990)은 여러 독립적인 에피소드들로 구성
　　되어 있는데, 전반부의 미술관 장면에서 한 젊은이는 자연풍경을 그린 고흐의 유화 작품을
　　한참 관람하다가 그 그림의 풍경 속으로 걸어 들어간다. 이것은 감독 자신이 젊은 시절에
　　미술 공부를 했던 것과 연관이 있고, 관람자가 작품에 빨려 들어가는 것(몰입)이 묘사되고
　　있다.

소망이 간절히 생겼다. 그래서 그는 그림 속으로 걸어 들어가서 먼 산 속으로 유랑을 했고 다시 돌아오지 않았다.[BB, Kunstphil, 216]

이렇게 발라즈는 영화의 미학을 동양화의 미학과 비교하고 있다. 동양에서는 수 세기 전부터 미술작품을 완결되고 접근불가능한 소우주로 관찰하지 않고, 관람자가 그림의 세계 속으로 들어갈(몰입) 수 있는 관찰(응시)의 예술철학이 존재했음을 보며, 서양에서는 영화에 와서 이런 미학이 가능해졌다고 말한다. 결국, 영화에서 카메라의 시선(Kamerablick)과 관객의 시선(Zuschauerblick)을 일치시킴으로써 작품과 수용자 사이에서 생겨나는 '거리의 소멸' 현상과 배우-관객의 동화작용을 통찰하는 것은 발라즈와 벤야민에게서 공통적이다.

4. 영화적 시간과 공간

벤야민이 유럽에서 이런 에세이를 발표할 무렵 미국으로 건너간 미술사학자이자 이론가 에르빈 파노프스키(Erwin Panofsky)는 1934년에 발표한(1947년 개정판) 에세이 「영화의 양식과 소재」(Style and Medium in the Motion Pictures)를 통해 미술 이론의 관점에서 영화의 미학적 특수성을 설명한다. 파노프스키가 영화에서 특별히 주목하는 것은 사건의 시간적 · 공간적 구성방법이다. 이때 파노프스키는 앞의 발라즈와 마찬가지로 연극과 비교하며 영화미학을 이렇게 설명하다.

연극에서 공간은 정적靜的(static)이다. 다시 말해서, 무대에서 묘사되는 공간은 무대 사건에 대한 관객의 공간적 관계는 변화될 수 없이 고정되어 있다. 관객은 자기 자리를 떠날 수 없고, 무대장치는 한 막 동안에는 변화될 수 없다. … 영화에서 상황은 역전된다. 여기서도 관객은 고정된 좌석에 있지만 물리적으로만 그렇고, 미학적 경험의 주체로서는 그렇지 않다. 미학적으로 그의 눈이 카메라 렌즈와 동일시되는 것처럼 그는 끊임없이 움직인다. 관객이 유동적流動的(movable)이듯이, 같은 이유로 그에게 묘사되는 공간도 유동적이다. 몸이 공간에서 움직일 뿐만 아니라 공간 자체도 통제된 기차와 카메라의 초점화를 통해 나타나는 것처럼 다가가고, 물러나고, 회전하고, 용해되고, 재결정화되며 움직인다.[EP, 235-6][고딕체는 필자의 표기]

카메라 렌즈에 일치된 관객의 눈은 카메라 이동에 따라 촬영되는 물체에 대한 거리와 방향이 계속 움직여지기 때문에 관객은 화면의 대상에 가까이 다가가고 회전하고 멀어지기도 한다. 그래서 화면 사건에 대한 관객의 공간 관계는 유동적(movable)이 되고, '공간의 역동화'(dynamization of space)가 가능해진다. '영화적 공간'의 특성은 이렇게 자주 변화될 수 있다.

편집에서는 다양한 영상 연결을 통하거나 회상이나 몽상적인 영상 같은 특수 효과, 또는 고속이나 저속 촬영을 통해서 시간적 진행을 과거로 회귀하거나 미래로 전진해 볼 수도 있으므로, '영화적 시간'은 진행 중인 현재에만 고정되지 않고 자유롭게 움직일 수 있는 점에서 파노프스키는 '시간의 공간화'(spatialization of time)가 가능해진다고 본다. 이러한 영화 기법은 연극에서는 불가능한 세계로서 영화의 고유한 미학을 성립시켜 주는 요인이다. 페터 부스에 의하면, 이것은 신칸트학파에게서 영향받은 미술사학자의 예술관으로서 예술작품을 존재론적으로는 형식과 내용의 논의에서 보고, 방법론적으로는 시간과 공간의 논의로 보는 관

점에서 비롯된 견해이다.[42][PW, 251]

　　이러한 파노프스키의 영화이론은 앞에 설명된 발라즈와 벤야민의
이론과 매우 흡사하다. 파노프스키가 영화관객의 눈은 카메라 렌즈에
동일시되어 관객에게는 '유동적 공간'이 존재한다는 것은 발라즈의 이
론에서, 연극과는 달리 영화에서는 '장엄한 거리의 파괴'가 이루어져서
'가변적 거리의 미학'이 있다는 것과 같은 의미이고, 벤야민이 언급한 마
술사-외과의사(화가-카메라맨)의 비유와 상통한다. 과거-현재를 자유롭게
움직인다는 '영화적 시간'에 대한 언급은 벤야민이 "클로즈업 속에서 공
간은 확대되고, 고속촬영 속에서 움직임도 연장된다"고 말한 것과 거의

41　사진 출처, https://en.wikipedia.org/wiki/Erwin_Panofsky

42　이에 대해 페터 부스 교수는 파노스키의 저술도 참조할 것을 권한다. E. Panofsky: *Aufsätze
　　zu Grundfragen der Kunstwissenschaft* (esp. Über das Verhältnis der Kunstgeschichte zur
　　Kunsttheorie), Berlin, 1974, p. 50.

같은 의미이다.[WB, 162] 결국, 세 예술이론가 발라즈-벤야민-파노프스키가 영화에서 화면과 관객 사이의 거리에 관한 이론은 서로 상통하고 있음을 알 수 있다.

5. 새로운 영상매체의 미학

위에서 살펴본 바와 같이, 영화에서는 감정이입과 동일시 기능을 통해 작품과 관객 사이에 '거리의 소멸'이란 새로운 미학이 제시되었다. 영화의 이런 미학은 일찍이 1920년대 대형 정치연극에서 전시적으로(demontrative) 활용되기도 했다. 독일에서 20년대에 선동적인 정치극의 연출가로 유명한 에르빈 피스카토르(Erwin Piscator)는 공연에서 후면 무대에 설치된 스크린에서 시사적인 사건들의 영상 장면을 보여주며 관객에게서 연극공연만으로는 얻을 수 없는 감정적 효과를 노렸다. 그가 베를린에서 20년대 중엽에 연출한 공연들인 〈그럼에도 불구하고!〉(Trotz alledem!, 1925)와 〈해일海溢〉(Strumflut, 1926), 〈술취한 배滿醉船〉(Das trunkene Schiff, 1926)에서는 정치적 사건들을 찍은 영화 필름을 통해 대규모 정치적 집회와 시위·전투 상황 등에서 격렬하고 부당한 상황이 발생되는 장면들이 보여지며, 관객(대부분 노동자 계급)에게서 격분과 분개감을 일으키게 되는 감정상승 효과가 있었다. 이런 상황에 고무된 관객들은 심지어 공연이 끝난 후 같이 거리행진(데모)을 하기도 했다.

이렇게 피스카토르의 연극공연에서 드러났듯이, 영화필름 상영을 통해 무대 공연과 관객 사이의 거리는 제거되었다. 과거 시대에 창조적 개인(작가)의 산물로서 예술작품을 개인적으로 감상할 때에, 즉 문학작품의 독서나 미술품의 감상, 연극공연의 관람에서 수용자가 작품에 대해

피스카토르 연출의 〈해일〉공연(1926, 베를린 민중 극장),
무대 뒤의 스크린에서 영상 활용

어느 정도 거리감을 갖고 대했던 것에 비해, 영화 관람에서는 화면과 관객 사이에 거리가 사라지는 것이 가능해졌다. '새로운 보기'를 제시하는 예술로서 영화미학에 대해 발라즈는(1930년) 이렇게 말한다.

> 영화가 관객과 예술 안에 폐쇄된 세계 사이의 거리를 제거한 것은 영화기술의 본질에 속한다. 연극을 둘러싸고 있던 그 제의적 재현再現의 장엄한 원거리를 이렇게 파괴한 데에는 회피할 수 없는 혁명적인 경향이 놓여있다. 영화의 시선[Blick/gaze]은 참여자의 밀접한 시선이다. 영화의 시선에는 절대적이고 영원히 유효한 관점이 없다. 왜냐하면 영화에는 변화되는 앵글과 그로 인한 의미의 상대성이 있기 때문이다.[BB, Geist, 166][고딕체는 필자의 표기]

예술작품과 수용자 사이에 '거리의 소멸'은 수용자가 작품을 대하는 관점과 인식과정의 변화를 의미하며, 영화의 수용에 있어서는 전통 예술작품과는 다른, 근본적인 차이가 있음을 말해준다. 또한, 영화 장면에서 끊임없는 카메라 시점視點(viewpoint)의 변화를 통해 수용자에게 고정된 시점이 주어지지 않고, 작품을 보는 '관점의 부단한 변화'를 가져와서 결국 다시각적 관점(multi-perspective)을 제시한 것도 기존의 예술과는 다른 점이다. 이제 감독을 포함한 다수 집단에 의해 만들어지고, 대중 관객에 의해 집단적 관람이 이루어지는 새로운 기술적 재생산 매체인 영화와 더불어 새로운 미디어문화의 미학이 생겨난 것이다.

영화에서는 카메라의 앵글과 쇼트 변화를 통해 화면에 관객의 몰입과 동일시 작용이 가능해짐으로써 작품 속의 주체와 작품을 수용하는 객체 사이에 새로운 관계가 성립되었다. 작품 속에서 묘사되는 주체(actor)와 이를 관람하는 객체(viewer)의 합일이 이루어질 뿐만 아니라, 객체(관람자)가 주체(보는 인물)와 유사한 체험을 하게 되고, 주체(그 인물)에 몰입되는 새로운 미학이 제시되었다. 이로써 예술의 감상-수용에서 주체와 객체의 경계가 모호해지고, 또 관람자의 몰입 정도에 따라 대상을 보고 감상하는 데에도 편차가 생겨날 수 있다는 점도 드러난다. 즉, '생산자(작가) 중심적인 미학'이 아니라, '수용자(독자/관객) 중심적인 미학'도 영화와 더불어 제시된 것이다.

위에서 살펴본 바와 같이, 감정몰입과 동일시에 관한 이론은 영화의 기본적인 이론이자 촬영술에 근거한 영화미학의 토대가 되었다. 또한, 이런 이론은 1970년대 후반 이후 현대적 영화이론의 토대가 되고 있다. 영화를 정신분석학적인 관점에서 관찰한 자크 라캉(Jacques Lacan)의 거울 이론(mirror theory)과 관음주의(voyeurism), 로라 멀비(Laura Mulvey)의 페미니즘 이론에서 말하는 '남성적/여성적 시선'(male/female gaze), 또 심리분석 이론에서의 대리 만족(Ersatzbefriedigung)이나 대리 체험(substitution), 장 보드리야르(Jean Baudrillard)의 시뮬라크르(simulacre) 이론, 더 나아가서 스타 숭배(star cult)와 우상화 같은 현상을 설명하는 데에 바탕이 되고 있다.

참고문헌

벨라 발라즈, 「영화의 예술철학에 대하여」, 카르스텐 비테 (편), 《매체로서 영화》, 서울: 이론과 실천, 1996, 146-166면. [원전, Karsten Witte (ed): *Theorie des Kinos*, Frankfurt am Main: Surhkamp, 1972, pp. 149-170]

발터 벤야민, 「技術複製時代의 예술작품」, 반성완 (편역), 《발터 벤야민의 문예이론》, 서울: 민음사, 1983, 219-220면.

Franz-Josef Albersmeier: Filmtheorien in historischem Wandel, in: F-J. Albersmeier (ed): *Texte zur Theorie des Films*, Stuttgart: Reclam, 1984, pp. 3-17. [약칭, FA]

Béla Balázs: *Der Geist des Films* (1930), Frankfurt am Main: Suhrkamp, 2001. [약칭, BB, Geist]

_____: Zur Kunstphilosophie des Films (1938), in: F-J. Albersmeier (ed): *Texte zur Theorie des Films*, pp. 204-226. [원전, *Das Wort* 3 (Moscow, 1938), pp. 104-119] [약칭, BB, Kunstphil]

Walter Benjamin: Das Kunstwerk im Zeitalter seiner technischen Reproduzierbarkeit (1936), in: W. Benjamin: *Illuminationen*, Frankfurt am Main: Suhrkamp, 1977, pp. 136-169. [약칭, WB]

Erwin Panofsky: Style and Medium in the Motion Pictures (1934/revised 1947), in: Gerald Mast · Marshall Cohen (eds): *Film Theory and Criticism*, New York/Oxford: Oxford University Press, 1992, pp. 233-248. [원전, E. Panofsky: On Movies, in: *Bulletin* (Department of Art and Archeology, Princeton University), 1934, pp. 5-15; revised version: Style and Medium in the Motion Pictures, in: *Critique* (New York), Vol. I/No. 3 (Jan-Feb. 1947), pp. 5-28] [약칭, EP]

영화와
비평

1

영화비평에 대해

1. 오늘날의 영화비평

영화비평이란 무엇이고, 어떻게 해야 하나? 오늘날 디지털 매체 시대에 영화비평은 과연 필요하고, 그 역할은 무엇인가? 이런 의문들이 영화비평에 대해서 우선 떠오른다. 이 글에서는 영화비평에 관한 이런 문제들에 대해 알아보고자 한다. 이를 위해 우선 비평의 본래적 의미와 역할을 살펴보고, 최근 영화비평에서의 문제들에 대해 서술한다.

'영화비평'이란 전문 비평가나 저널리스트가 영화에 대한 정보와 지식을 독자/관객에게 설명/해설하고, 영화에 대한 분석과 평가를 하면서 영화를 독자/관객에게 매개하는 글을 말한다. 보통 영화전문가(영화전문기자·평론가)는 시사회에 가서 영화를 먼저 보고, 개봉 후에 관람할 관객에게 영화의 스토리와 메시지 등을 미리 전달하는 역할을 하게 된다. 따라서 영화비평은 영화작품을 중심으로 작품 생산자(감독/스탭/제작자)과 작품 수용자(관객) 사이를 이어주는 다리 역할이라고 할 수 있다.

영화 상영 후에는 비평이 여러 방법으로 이루어진다. 디지털 매체들이 발전하기 이전, 대략 2000년 이전에는 신문·잡지나 영화전문지와 같은 종이매체들의 문화예술 비평란을 통해 비평이 이루어지곤 했다. 그러나 여러 디지털 매체들이 발전되어 종이매체들의 전달력이 많이 약화된 오늘날에는 인터넷을 통해 웹진이나 블로그, 또 영화제작사가 만든 영화 홈페이지의 게시판 등을 통해 이루어지고 있다. 더구나 20~30대 젊은 관객들은 디지털 매체를 선호하는 경향이 있으므로, 최근에는 대개 이런 매체들을 통해 비평을 읽게 되고, 또 일반 관객의 의견(評)도 접할 수 있게 되었다. '영화비평의 민주화'가 되었다고도 할 만하다.

　이렇게 2000년대 초반 이후 매체의 변화와 더불어 영화비평을 살펴볼 때, 종이매체 비평과 디지털 매체 비평에는 상당한 차이가 생겨나고 있음을 알 수 있다. 전문가들의 비평이 종이매체 시대 보다는 많이 축소-약화되었고, 일반 관객들의 반응이 영화 웹사이트의 댓글과 블로그를 통해 적극적으로 전달되거나 혹은 SNS를 통해 짧게 전해질 수도 있다. 이런 디지탈 매체들을 통한 반응은 다수 대중이 보는 상업영화의 경우에는 영화의 흥행에 직접적인 영향을 끼칠 수도 있으므로, 이제 영화제작사들은 전문가의 비평보다 이런 방법들을 더 중시하는 경향이 있다. 반면에, 가뜩이나 작가영화[1]의 비중이 미미한 한국에서 전문가의 비평이 줄어들었으니, 작가영화에 대한 비평이 거의 사라진 것은 안타까운 일이다.

1　'작가영화'(author film)란 감독이 각본을 쓰며 제작자(투자가)의 간섭 없이 감독의 주관과 의도대로 만드는 영화를 말함. 대개 소수 관객들에 의해 관람되는 비상업적 영화이며, 전문가의 비평이 필요한 경우가 많음. 한국에서는 김기덕, 홍상수 감독이 대표적이다.

2. 문예비평과 영화비평

동양이나 서양에서 비평의 역사는 예술의 역사 만큼 길다고 할 수 있다. 서양의 경우, 예술비평의 역사는 문학과 미술·음악·연극·무용 등의 예술행위에 대한 평과 해설문이 존재하던 2300년 전, 고대 그리스 시대로 올라가게 된다. 그후로부터 중세와 근대-현대에 이르기까지 시대에 따라 '예술' 개념이 달라지는 것에 따라 예술작품의 범위와 내용·미학이 달라졌고, 또 예술비평도 달라졌다.

오늘날 서양에서 사용되는 '예술비평'(art criticism/Kunstkritik) 개념은 18세기 계몽주의와 함께 발생했다. 베를린 대학의 영화학 교수 칼 프림에 의하면, 예술비평 개념이 19세기 독일 관념론 철학자들인 칸트와 헤겔의 미학에서 이론적으로 형성-발전되었으며, 그러면서 예술작품 (art work/Kunstwerk)에 대한 '미학적 판단' 이론도 전개되었다고 한다.[KP, 20] 즉, 예술작품의 평가자이자 심판자로서 비평가의 역할이 대두되었고, 예술비평의 기본 자세로 '대상에 대한 분석적 거리'(analytic distance to object)를 유지할 것이 요구되었다고 한다.[KP, 20]

여기서 비평에는 원래부터 '계몽적 기능'(Aufklärung)이 있음을 알 수 있다. 비평은 '미학적 판단'과 더불어 독자/관객에게 작품에 대한 정보와 필자의 견해를 전달하며 작품에 대한 설명을 포함하기 때문이다. 그런 점에서 비평은 계몽적이고, 교육적 성격을 내포하고 있다. 그런데, 19세기 전반 독일에서는 이러한 계몽주의적 비평과는 다른 낭만주의적 비평이 대두되었다. 이는 당시 낭만주의 예술이 계몽주의·고전주의와 다른 예술 개념을 갖고 있던 데서 연유한다.

두 사조가 내포한 다른 개념들을 간략히 비교하면 다음 〈표 2〉와 같다. 과거 계몽/고전주의와 낭만주의의 예술 개념 차이는 현대에 와서 모더니즘(modernism)과 포스트-모더니즘(post-modernism)의 관점 차이로까지 이어지는 점에서 유심히 볼 필요가 있다.

〈표 2〉 예술/예술가의 개념적 차이 비교

구분 / 문예사조	18~19세기 계몽/고전주의 (모더니즘)	19세기 낭만주의 (포스트-모더니즘)
예술가	천재 개인	재능 있는 범인
예술작품	이성적 사고를 통함 형식미 존중 객관성 중시	감성에 근거함 열정의 표출 주관성 중시

현대에 와서 문예비평은 위의 두 가지 상반되는 19세기 예술론 중에서 한 가지 입장에 의거하기 보다는 양자의 절충적이거나, 혼합적인 방식에 의해 이루어진다고 보아야 할 것이다. 비평가 개인의 성향도 있을뿐더러, 20세기 초반 이후 예술은 많은 변화를 경험하였으므로, 특정한 사조나 양식(style)에 종속되어 판단될 수 없고, 새로운 경향들도 고려해야 하기 때문이다. 그럼에도 위의 두 개념은 현대의 예술론이나 비평에서 여전히 기본적인 방향/방법으로 참고가 될 것이다.

영화는 20세기에 전성기를 맞이한 '현대적 영상매체'이므로, 영화비평에서는 기존의 문예비평과는 다른 관점과 방법 하에서 이루어져야 할 것이다. 더구나 영화에는 예술영화도 있지만, 대부분 영화는 대중문화의 성격이 강한 까닭에, 문학이나 미술 · 음악 · 연극 같은 전통적인 예술의 이론과 비평의 범주에서 다루어지기 어렵다. 게다가 영화비평은 전통예술에 비해 확고한 이론과 방법을 갖추고 있지 못하기 때문에, 영화비평은 흔히 문학과 예술의 비평론에 의지하거나, 사회학 혹은 심리학 · 문화이론 등의 인접 학문이론에 의존하곤 한다. 또한, 영화비평에 대해 흔히 '과학성 결핍' 문제도 언급되곤 했다. 이것은 비평에 객관적인 기준가 있는가에 대한 질문으로, 평자들 사이에서 확연히 다른 평가는 비평에서 주관성이 많이 작용하고 있음을 드러낸다.

그 외에도 이미 영화 초기부터 지적되었지만, '비평의 독립성' 문제가 있다. 많은 비용을 들여서 제작된 영화는 다수의 관객동원을 원하게 되므로, 상업적 성패가 상영 초기의 비평과 밀접하게 연관되는 경우가 있으므로, 제작사·감독과 비평가의 관계가 문제시되기도 했다. 비평가는 작품생산자들과 관련없이 독립적으로 글을 쓸 수 있어야 하겠지만, 그 반대로 그들과 밀접한 관계 속에서 쓰여진 비평은 작품의 홍보·선전을 하며 소위 "영화 작품의 시녀" 역할을 한다는 지적을 받게 된다.

이런 여러 문제들 때문에 일본 영상학자 우에죠 노리(植條則夫)가 일반적인 "문예비평·미술비평·연극비평과 비교할 때, 영상 전반을 포괄하는 '영상비평'은 현재 비평의 장르로 확립되어 있지 않다"고 말한 것을 부정할 수 없다.[우에죠, 162] 실제로, 영화비평이 대중적 인기가 있는 영상물에 대한 비평을 함으로써 다수의 관심을 불러일으킬 수는 있지만, 그 내적인 기준과 방법들은 확립되어 있지 않은 점은 영화비평의 심각한 취약점이라고 할 수 있다.

그렇지만, 영화는 카메라로 촬영된 현실 모습을 전달하기 때문에 그것이 제작된 사회와 시대의 상황과 문제들을 직간접적으로, 또 예민하게 포함하고 강렬하게 표현-매개하는 경우도 있으므로, 영화에 대한 평은 당대 정치사회와 문화 비평과 연결될 수 있다. 또한, 영화는 극장 상영 및 상영 후 전달매체에 따라 그 시대의 매체환경과 직결되는 점에서 미디어 비평과도 무관하지 않은 점이 특색이다. 이런 요소들은 영화가 기존의 문학과 예술과 다른 현대적 영상매체이기 때문이며, 그 시대의 정치사회문화 비평과 미디어비평이 영화 비평문에서 더 민감하게 드

러나고, 오히려 강조될 수도 있으므로, 독자들은 이런 부분들을 유심히
보아야 할 것이다.

3. 영화비평과 영상비평

영화비평이 다루는 대상은 주로 극영화를 위주로 기록영화와 애니
메이션을 포함하며, 흔히 영상매체에 대한 비평인 점에서 '영상비평'이
란 용어도 사용되고 있다. 사실, 영화 보다 먼저 출생한 사진에 대한 비
평에서는 이미 '영상비평'(영상미학)이란 용어가 사용되고 있었고, 텔레
비전 방송물과 더불어 새로 나타난 디지털 영상/미디어 예술(digital media
art) 같은 영상물에 대해서도 사용되고 있다. 그런데 이런 영상매체들 가
운데서 가장 활발하고 다양한 비평세계를 구축해 온 것은 영화이다. 그
것은 영화가 다수 대중이 보고 즐기는 매체이고, 상영 후 비디오-텔레
비전-디지털 파일 등으로 콘텐츠가 계속 순환될 수 있어서 가장 폭넓고
길게 수용되는 매체이기 때문이다.

영화비평은 드라마와 기록영화·극영화도 방영되는 텔레비전의
방송비평과 가장 가까운 관련성이 있다. 그래서 영화비평의 방법들이
텔레비전의 영상비평에서도 활용될 수 있지만, 두 매체의 콘텐츠와 수
용에는 현격한 차이가 있으므로, 비평에서는 이런 차별성을 고려해야
한다. 텔레비전 영상물은 대부분 영화처럼 2시간 가량 되지 않고, 길어
야 1시간 이내 이므로, 관람이 빠르고 짧게 이루어진다. 게다가 텔레비
전 영상물은 종종 시사성과 신속성·중계성·현장성을 띠기도 하므로,
긴 이야기(스토리, 사건)를 비교적 충분한 시간에 걸쳐 다양한 효과와 더불
어 전달하는 영화와는 달리, 텔레비전은 시대 상황에 민감하게 반응하

며 시청자에게 빠르게 내용과 메시지를 전파하는 속성이 있다.

두 매체의 수용상황에도 큰 차이가 있다. 영화는 관객이 의도적으로 선택한 작품을 넓고 폐쇄적인 어두운 공간에서 불특정 다수 관객들(집단)과 함께 대형 스크린의 영상과 소리에 집중하며 관람하게 되지만, 텔레비전 프로그램은 대개 주택의 방이나 거실 같이 작고 환한 공간에서 작은 화면을 보게 된다. 즉, 텔레비전 수용의 장소적 개방성과 시간적 우연성으로 인해 텔레비전의 수용은 영화와 근본적인 차이가 있다. 텔레비전 영상물 관람은 비교적 환하고 열린 공간에서 작은 화면을 보는 점에서 영화 관람 보다 훨씬 더 산만하고, 집중력이 떨어진 상태에서 일어난다. 게다가 관람 도중에 행동이 자유로와서 관람자는 장소를 이탈했다가 되돌아올 수도 있어서, 일관되고 집중적인 관람이 안될 수도 있다.

그러므로, 텔레비전 영상물 비평은 영화비평 보다 간단하고 빠르고 짧은 형식으로 이루어져야 할 필요가 있다. 그러면서 영화비평에서의 영상장면 분석을 위한 방법들과 내용분석 이론들은 텔레비전 비평에도 충분히 적용될 수 있다. 이렇게 텔레비전과 영화는 수용상황과 영상물의 내용에서 많이 차이나는 까닭에, 관람자의 비평 자세도 많이 달라지므로, 영화비평의 모든 방법을 TV 비평에 적용하기 어렵다.

4. 영화와 비평

영화비평은 비평하는 영화의 종류에 따라 크게 두 가지로 나눌 수 있다. 그것은 대중영화 비평과 예술영화(작가영화) 비평이다. 이 두 가지 영화는 그 성격이 크게 다르기 때문에, 비평의 방법과 내용이 달라지고, 그 비평을 읽은 독자층도 매우 상이하다. '대중영화'(popular film/movie)는 우리가 일반적인 극장에서 흔히 보는 영화들로서 오락을 위한 상업적 영화들을 말하며, 비평가는 대중관객을 위해 쉬운 비평을 쓰게 되고, 관객의 의견 및 반응도 중요시된다. '예술영화'는 과거에 작가영화(author film/cinema d'auteur) 혹은 작가주의 영화라고 불리는 것으로, 관객 동원과 관련없이 감독(작가)이 전달하려는 내용과 메시지 · 미학 등을 중점적으로 파악하고 전달-비평해야 하므로, 전문가의 비평이 필요시되고, 비평가는 영화매니아 같은 제한된 독자들을 향해 심도 있는 분석과 의견을 곁들이며 쓰게 된다.

(1) 비평의 상호관계

영화비평에는 비평행위를 중심으로 영화와 관객의 상호관계가 있다. 비평가는 관객의 일부로서 영화작품(text)의 분석과 해설 · 평가를 하며, 작품과 관객 사이의 소통을 도와주는 역할을 할 수 있다. 그러므로, 비평가는 영화의 생산과 수용에서 상호관계가 있는 삼각형 구도에 있게 된다. 게다가 비평가는 영화생산자들인 감독-스탭-제작자 등과 긴밀한 관계에 있을 수도 있다. 이를 간단히 도표로 표기하면 다음과 같다.

〈표 3〉 감독-작품-관객/비평가의 삼각관계

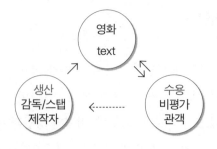

이런 진행 도식은 비평가와 제작진 사이에 긴밀한 소통이 가능한 구조이다. 비평가는 친분이 있는 감독과 스탭/제작자로부터 영화에 관한 긴밀한 정보를 입수하여 작품이해가 깊어질 수 있어, 신빙성있는 지식을 바탕으로 평을 쓸 수 있다. 비평가가 감독의 촬영현장을 방문하기도 하여 직접 연습과 촬영을 관찰하면서 영화에 대한 이해를 더하기도 한다. 또한, 드물지만 비평가로부터 감독에게 역작용(feed-back)이 가능해서 감독은 필요하다면, 비평가의 의견을 듣고서 첫 상영 이후 편집작업을 통해 작품을 약간 수정할 수 있다. 물론, 관객의 반응 때문에도 감독이 개봉 후에도 수정작업을 하는 경우도 있다.

(2) 영화비평의 성격과 기능

영화평은 시사회 같이 일반 대중에게 개봉 전이나 혹은 첫 상영 직후에 쓰여져서 신속하게 쓰여진 글이고, 타인들의 의견과 반응을 알지 못한 채 쓰여지므로, 논쟁과 논박의 소지가 많다. 그래서 칼 프림 교수는 "영화비평의 언어는 성급하고 미완성이고 열려있는 상태"라고 말한다.[KP, 11] 게다가 영화에 대한 반응은 관객들에게서 각기 다를 수 있기 때문에 비평가의 의견이 지배적이 되기도 어렵다. 그 때문에 영화비평은 언제나 "어렵고 뜨거운 글"이라고 말해진다. 영화는 다수가 관심을 갖고 보는 매체이기 때문에 그에 대한 비평도 다수에 의해 관심있게 읽혀질 수 있지만, 비평에서 객관적 평가가 얼마만큼 가능한지에 대해 의문이 있기에, 영화평은 이런 문제를 항상 안고 있다.

그럼에도 분명 영화비평의 역할과 기능이 있다. 우선, 첫 번째로 영화에 관한 '정보 전달'(information) 기능이다. 영화를 만든 감독과 작품(스토리), 배우의 연기, 제작 과정과 내용의 의미 내지 메시지 등에 대해 먼저 전달해준다. 그다음 두 번째로는 영화를 소개하는 '홍보 기능'(advertisement)이다. 영화평이 일간지나 주간지에 실리면서 다수에게 알리는 기능이다. 다만, 언론매체에서 이 홍보 기능이 너무 강조되면, 영화평은 영화 홍보를 위한 수단이 되어버릴 수도 있다. 특히 많은 독자를 보유한 강력한 언론매체일수록 영화 홍보를 위해 영화제작사와 밀접한 관계가 생길 수도 있다.

세 번째로 영화의 이해를 도와주는 기능 '설명적 기능'(explanation)이다. 이것은 평에 대해 비교적 충분한 지면이 주어지는 주간지/월간지나 영화전문지의 비평에 해당된다. 빠른 전달 보다는 내용있는 분석을 통해 영화에 대해 필자의 소신있는 평이 전달되는 것으로, 비평에 원래 내포된 '계몽적 기능'이 발휘되는 부분이다.

네 번째로는 영화에 대한 '평가적 기능'(evaluation)으로 영화의 오락적 가치나 미학적 수준, 사회적/시대적 연관성을 서술하는 부분이다. 영화는 시대적 산물로서 그것이 만들어진 사회와 시대의 반영물이므로, 비평가는 이런 요소들을 간파하고, 알려주고, 또 평가할 수 있어야 할 것이다.

영화평에는 단순히 감독과 배우, 스토리와 흥미 요소들에 대해 빠르게 전달해주는 기능만이 있는 것이 아니므로, 특히 세 번째와 네 번째 기능은 진지한 영화일수록 더욱 중요시 읽혀지게 된다. 그래서 영화비평은 "영화에 대한 번역작업"이라고도 말해지며, 비평가는 그런 점들을 얼마나 파악했느냐에 따라 비평문의 수준이 달라진다.

5. 영화비평의 문제와 한계 - 영화평 쓰기의 어려움

오늘날에는 영화평을 쓰는 시기와 평이 실리는 지면/공간이 매우 다양해졌기 때문에, 과거처럼 종이매체만을 중심으로 영화비평에 대해 말할 수 없다. 하지만, 여기서는 우선 극장에서 시사회 후에 비평을 쓰는 경우를 기본으로 영화비평 쓰기의 문제와 한계에 대해 말해보자. 영화비평을 쓰는 데에는 영화 매체의 특성에 기인하는 몇 가지 근본적인 문제와 한계가 있다. 빠르게 흘러가는 영상과 다양한 사운드들로 구성된 영화의 속성에는 다른 예술매체들과는 많이 차이점들이 있고, 이들이 비평작업에도 지대한 영향을 끼친다.

영화비평의 근본적 문제와 한계는 우선 빠른 '영상에서 문자로의 전환'이란 점에서 파악된다. 영화는 매순간 변화되는 영상이미지와 여러 종류의 사운드(대사-음향-음악)의 복합체이므로, 비평에서는 빠르게 흘러가고 변화되는 영상에 대해 언어로 표현하는 데에 어려움이 있다. 사운드는 화면 속의 상황변화에 따라 다양한 효과들로써 표현되는데, 모든 사운드들이 영상의 사건내용과 함께 파악되기 어렵다. 인간 감각의 인지능력에는 한계가 있기 때문에, 어떤 비평가도 동시다발적으로 발산되는 영상 속의 내용들과 사운드의 의미들을 모두 파악하지는 못한다. 더구나 종종 나타나는 영상의 다의성多義性과 모호성도 이해를 어렵게 한다. 영상의 특성들 중의 하나는 종종 그 지시대상이 불분명한 점이 있는데, 이는 비평에서 명료한 해석을 방해한다.

비평문에서는 이런 영화의 이미지와 사운드 요소들에 대해 문자로 표현되어야 하므로, 이 과정에서 이미지와 사운드의 빠르고 감각적인 요소들이 비평문에서는 분명한 생각을 위한 담론적이고 합리성을 요구하는 언어로 바뀌어야 한다. 즉, 보다 감정적 체험을 위한 매체의 요소들이 이성적 사고를 요하는 문장으로 표현되며 변화되는 부분들이 있게 되고, 여기서 전달의 어려움도 있다. 여기서 비평가의 난해하거나 모호한 표현은 독자에게 영화에 대한 이해를 더욱 떨어뜨리게 되므로, 명료한 언어표현이 필요시된다. 결국, 이런 문제들을 극복하며 효과적으로 전달하는 것이 좋은 비평의 과제가 된다. 이하에서 이 문제들을 더 상세히 살펴보자.

먼저, 첫 번째로 영화작품의 인지 과정에서 문제가 있다. 비평가는 빠르게 흘러가는 영상들을 보면서 동시다발적으로 발산되어 나오는 작품의 암호들을 모두 파악하기 힘들다. 사실 비평가 뿐만 아니라 모든 관객의 어려움이지만, 영화 관람 시에는 감독이 입력해놓은 여러 장치들과 이야기 진행 속에 내장된 의미들이 다양한 시각·청각적 효과들과 함께 나타나므로, 이들을 놓치지 않고 포착하기 어렵다. 특히 시사회 직후 평을 써야 하는 비평가는 앞으로만 달려가는 영상의 속성으로 인해 화면이 발산하는 많은 기호들을 선택적으로 받아들여 의미를 파악할 수밖에 없다. 비평 작성에 시간적 여유가 있어 재관람을 하거나 비디오나 DVD를 볼 수 있다면, 장면 독해가 쉬워지고, 특정한 장면으로 회귀하여 재관람도 가능하므로, 필자는 보다 확신있는 판단을 하게 된다.

두 번째로 비평이 게재되는 언론매체의 성격으로 인한 매체의 한계가 있다. 특히 대중지의 경우에는 독자의 반응을 염려하는 편집진의 성향 때문에 비평가는 자신의 의견대로 쓰기 어렵고, 또 그렇게 쓴다 해도 편집진에 의해 수정되기도 한다.[이런 대중지로는 스포츠 신문이나 패션/관광 위주의 가벼운 잡지들, 또 자극적이고 선정적인 기사들이 있는 황색 신문들(yellow papers)도 있음] 더욱이 영화 잡지라 해도, 영화 자체 보다도 스타 배우들의 이야기(촬영 중의 에피소드)에 치중하는 잡지들에서도 마찬가지다. 영화 전문지에는 다른 문제가 있을 수 있다. 흔히 잡지의 이념적인 성향 때문에 영화에 대한 판단이 달라지는 경우도 있는데, 서유럽에서는 특히 60~70년대에 좌-우 이

넘적 대립이 심했을 때, 잡지 기사들의 내용도 서로 판이하게 달랐다.

　세 번째로는 필자의 주관성(subjectivity)이 문제시될 수 있다. 영화평에는 비평가의 주관적인 평가와 감정적 판단도 포함되기 마련인데, 이때 비평가의 주관적인 생각과 감정이 매우 강한 경우, 다수 독자들이 수용하기 어려울 수도 있다. 여기서 비평가의 판단과 감정은 보편성이 있는가? ― 하는 의문이 제기될 수 있으며, 비평 자체의 보편타당성과 신빙성도 문제가 될 수 있다. 이런 경우, 비평가의 평이 설득력이 떨어지게 되고, 다수의 독자로부터 멀어지게 된다.

　네 번째로 영화의 내용/메시지 분석에서 합당한 이론의 결핍 문제가 있다. '영화비평에는 분명한 이론이 있는가'하는 문제가 제기될 수 있는데, 고유한 영화비평 이론의 부재不在로 인해 영화비평은 다른 이론에 의존적이 될 수 있다. 실제로, 서유럽에서도 지난 60년대 이후 영화비평이 종종 지배적인 담론/철학 · 미학 · 사회학 이론에 종속되기도 했는데, 영화비평이 당대의 지배적인 이론(知的 패러다임)에 영향을 받거나, 심지어 깊이 매몰되는 경우도 종종 있었다. 실례로, 지난 60년대 이후 여러 영화비평가들은 기호학 이론이나 마르크시즘 · 페미니즘 · 포스트-모더니즘 · 탈식민주의 등의 이론에 의지하기도 했다. 국내에서도 마찬가지였는데, 90년대 후반 이후 영화비평가들에게서 이런 현상이 두드러졌으며, 2000년대 이후 여성평론가들에게서는 페미니즘이 현저히 나타나기도 했다. 이런 거대 이론들에 의지하는 경향에 대해 칼 프림 교수는 "영화비평은 변화하는 유행들과 용어들, 패러다임들의 출입구이다. 또한 영화비평은 항상 일반적인 문화 논의의 반향으로서 해석될 수 있다"고 말한다.[KP, 11]

그럼에도 여기서 명백한 문제는 영화에 대한 설명이 사회 · 문화를 포괄하는 거대한 이론(grand theory, 거대 담론)에 매몰되는 것이었다. 영화 자체에 대한 분석은 결여된 채, 비평가들은 — 특히 구조주의 · 포스트-모더니즘 · 탈식민주의 이론을 원용하는 비평가들은 — 저명한 철학자 · 문화이론가의 이론과 용어들을 끌어들여 비평문이 현학적이고 학술논문같이 되기도 했다. 이런 비평들은 알기 쉬운 영화를 오히려 이해하기 어렵게 만들었고, 그래서 "영화가 안 보이고 이론만 내세운다"는 비판이 일어났다. 여기서 프랑스 철학자 롤랑 바르트가 올바른 비평을 위한 자세를 위해서는 "체계성, 일관성, 해명력"이 필요하다고 말한 것을 상기해 볼 필요가 있다.[RB, 66]

그래서 영화비평계에서는 이에 대한 대안으로 '직접적인 영화분석' 방법이 대두되기도 했다. 실제로, 1980년대에 독일(서독) 영화비평가들은 명확한 영상분석과 장면분석을 그 대안으로 제기했다. 그동안 멀어졌던 "영화텍스트에 가까이 다가가자"는 방법으로 영화 속의 구체적인 내용, 즉 사건진행에 대한 영상분석이나 주요 장면들에 내포된 여러 요소들에 대한 분석을 하는 방법이다. 영화분석에서 신뢰성있는 자료와 근거가 설득력있는 비평으로 이어질 수 있고, 또 80년대에 비디오의 출현 이후 영화의 반복적 독해가 가능해졌으므로, 신빙성있는 분석과 검증이 가능해졌다.

그러면, 영화비평에서 중시되어야 할 것은 무엇인가? 이것 또한 비평가 마다 다를 수 있겠지만, 미국에서 1950~60년대 저명한 문화평론가였던 드와이트 맥도날드(Dwight Macdonald 1906~82)의 견해를 들어보자. 그는 비평가의 주요한 임무에 대해 말하면서 "영화의 품질(quality)을 판단하는 것과 입증하는 것을 강조했다.[딕, 298] 매우 기본적인 언급이지만, 영화평에서 자주 간과되는 요소들이다. 위에서 언급된 비평의 여러 요소들을 진지하게 고려하고, 문제들을 유의하면서 비평의 기본을 유지할 필요가 있을 것이다.

마지막으로 언급될 점은 '비평에 대한 비평'도 필요하다는 것이다. 우리 독자들은 영화비평을 스스로 판단하며 읽는 자세를 가졌으면 좋겠다. 즉, 비평을 선별적으로 읽고, 또 비판적으로 읽으면서 좋은 비평과 나쁜 비평을 가려서 판단하는 자세를 말한다.

◆ 영화비평의 판단과 분석 - 좋은 비평과 나쁜 비평

- 단순 비평(review)이나 작품 소개인가, 진지한 비평인가?
- 비평이 실린 매체의 성격을 파악하자, 언론매체에 종속되는 비평문인가?
- 영화에 대한 이해가 선행되었고, 구체적인 장면분석과 영상분석이 되고 있는가?
- 필자의 주장, 견해, 비평에 신빙성 있는가? 혹은 주관적/감정적 판단에 치우쳐 있는가?
- 비판적 비평(critical comments)이 있는가? 또 그것은 설득력 있는가?

[참조] 영화비평 문헌

Warren Buckland: *Film Studies*, London: Hodder & Stoughton, 1998, pp. 124-145.

Timothy Corrigan: *A Short Guide to Writing about Film*, New York etc.: Longman, 1998 (3rd edition).

Nobert Grob · Karl Prümm (ed): *Die Macht der Filmkritik. Positionen und Kontroversen*, München: edition text + kritik, 1990.

Helmut Korte: *Einführung in die Systematische Filmanalyse*, Berlin: Erich Schmidt Verlag, 1999.

참고문헌

버나드 딕, 『영화의 해부』, 김시무 역, 서울: 시각과 언어, 1996 (제2쇄/제1쇄 1994) [원서, Bernard F. Dick: *Anatomy of Film*, New York: St. Martins Press, 1978] [약칭, 딕]

우에죠 노리오(植條則夫), 『영상학 원론』, 구종상 · 최은옥 역, 이진출판사, 2001. [원서, 『映像學原論』, 日本, 1990.] [약칭, 우에죠]

Roland Barthes: *Was ist Kritik*, in: R. Barthes: *Literatur oder Geschichte*, Frankfurt/M: Suhrkamp Verlag, 1969. [약칭, RB]

Karl Prümm: Filmkritik als Medientransfer, in: Nobert Grob · K. Prümm (ed): *Die Macht der Filmkritik. Positionen und Kontroversen*, München: edition text + kritik, 1990, pp. 9-24. [약칭, KP]

영화비평의 역사와 방법
– 미국·독일·프랑스를 중심으로

1. 초기의 영화비평

영화비평은 언제부터 시작되었을까? 영화에 대한 간략한 평이나 언급이나 해설(comments)도 넓은 의미의 비평으로 인정한다면, 영화비평은 영화의 탄생(1895년)과 함께 시작되었다고 할 수 있다. 1895년 12월 30일 파리에서 뤼미에르 형제에 의해 영화가 처음 공개상영된 직후에 파리의 신문들은 이 날의 특별한 문화이벤트에 대해 평을 실었다.[참조. I. 1.] 곧이어 '뤼미에르 필름'이 런던과 베를린·모스크바 등 유럽 각지에서 상영되자, 각 도시의 신문기자들은 새로운 필름매체가 재현하는 회색의 현실모습에 대한 놀라움과 경이로움이 섞인 어조로 관람평을 실었다. 모스크바에서는 고리키와 톨스토이 같이 저명한 소설가들도 흑백톤 속에 가시화된 현실상을 기쁨과 두려움 속에서 묘사하는 평을 기고했다.[참조 I. 1.] 이같은 당시의 평들은 필름관람에 대한 인상을 기록하는 정도였다.

이보다 진지한 영화평의 시작은 흑백 무성영화의 첫 황금기가 도래했던 1908년경부터라고 할 수 있다. 그때 유럽과 미국에서는 일간지에 비평이 실리기 시작했고, 1910년경부터 신문과 잡지를 통해 영화에 대한 본격적인 비평이 수록되었다. 미국에서는 1904년『필라델피아 인콰이어러』(Philadelphia Inquirer)지가 영화평을 싣기 시작했는데, 당시 흥행을 거두었던 에드윈 S 포터(Edwin S. Porter)의 〈대열차강도〉(The Great Train Robbery, 1903)에 대해 "촬영 분량이 대단하다"고 간략하고 피상적인 언급을 했다.[딕, 294] 그후 1909년『뉴욕 타임즈』(The New York Times)는 처음으로 데이비드 W 그리피스(David Wark Griffith) 감독의 〈피파 패스〉(Pippa Passes, 1909)에 대해 단평을 수록했는데, 그후 이 신문에서 영화평은 고정란으로 자리를 차지했다. 그런데, 당시의 영화평은 전문성이 없어서 미국 영화학자 버너드 딕에 의하면 "당시 영화평은 누구라도 쓸 수 있었다"고 한다.[딕, 294]

영화의 발생지 파리에서도 본격적인 영화평이 1910년대 초반부터 시작되었다. 영화에 대해 '제7예술 선언'(1911)을 했던 리치오토 카뉴도(Riciotto Canudo)를 비롯하여 루이 델룩(Louis Delluc)과 제르멘 뒬락(Germaine Dulac)처럼 '순수영화'(cinema pur)를 주장했던 영화감독들도 언론매체에 영화론을 기고하면서 감독-평론가 역할을 했다. 베를린에서도 1910년대 초반 무렵 지면 상에서 영화에 대한 논의가 전개되었는데, 당시 무성영화의 저급성과 교육적 유해성에 근거한 비판적 입장에 대해 새로운 매체로서 영화의 표현가능성을 옹호하는 입장 사이에 뜨거운 논쟁(Kino-Debatte)이 일어나기도 했다.

2. 1920~30년대 독일 영화비평

유럽에서는 1920년대에 저널리즘의 발달과 더불어 영화비평이 활발하게 시작했다. 이 시기에는 출판문화도 발달하여 수많은 신문·잡지 종류들이 등장했고, 영화가 대중문화로서 자리잡게 됨으로써 다양한 잡지들을 통해 영화비평 활동도 전개되었다. 이 무렵 무성영화(표현주의·신즉물주의 영화 등)의 황금기를 맞이한 독일에서는 베를린을 중심으로 비평이 활발하게 이루어졌다. 문학작가·비평가들과 더불어 이제 본격적인 영화이론가이자 비평가인 필자들이 등장하여 여러 언론매체들에 영화평을 기고했다. 그러면서 학식과 영화에 대한 식견을 갖춘 필자들이 영화비평에 참여하여 비평의 수준도 매우 높아졌다. 당시 이들의 평론에서는 훗날 영화비평의 기본적 방법들, 즉 비평의 주요 유형들을 찾아볼 수 있는 점에서 검토해볼 필요가 있다.

헝가리 출신으로 시나리오와 오페라 작가이자 영화이론가·비평가이며 모스크바 영화학교 교수를 역임했던 벨라 발라즈(Béla Balazs 1884~1949)는 젊은 시절에 비엔나와 베를린에서 활동하며 영화작품 자체의 미학적 분석에 근거한 비평을 했다.[2] 그는 원론적 비평가로 여겨질 수 있는데, 1924년 "비평가는 영화에 대해서만 서술할 것"을 주장하며, 영화배급자나 극장주의 입장을 배려하지 않는 자세를 갖었다. 영화작품에 집중하며 전문 지식으로 영화를 분석했던 그의 입장은 '작품 중심적 미학적 비평'(text-oriented aesthetic criticism)으로 불릴 수 있다.

당대의 저명한 연극비평가이자 문화비평가였던 허버트 예링(Herbert

---

2 발라즈의 영화비평서(독어)로는 《가시적 인간 혹은 영화의 문화》(Der sichtbare Mensch oder die Kultur des Films, 1924), 《영화의 정신》(Der Geist des Films, 1930)이 있다.

Jhering 1888~1977)도 발라즈와 유사한 입장으로 '예술비평으로서 영화비평'(film criticism as art criticism)의 관점을 견지했다. 그는 "비평은 예술의 내적 법칙성들과 논의하는 강제성"이라고 말하듯이, 예술비평을 하는 관점에서 영화비평을 시도했다. 이들은 문학과 연극 등에 관한 지식을 바탕으로 주로 수준있는 영화들에 대한 비평을 했다.

이와는 달리, 빌리 하스(Willy Haas 1891~1973)는 보다 넓은 독자들에게 영화를 쉽게 이해시키는 방식을 보여주었다. 그의 비평문들은 주로 영화작품의 창조적 요소들을 소개하고 설명하는 것으로서 영화와 관객의 거리를 좁히는 방식이란 점에서 그의 비평은 '실제적 비평'(practical criticism)으로 지칭될 수 있다. 이런 방식의 그의 비평들은 대중 관객과 독자들에게 널리 읽혀질 수 있었으므로, 후대의 비평가들에게 유익한 참고가 되었다.

루돌프 아른하임(Rudolf Arnheim 1904~2007)은 심리학자면서 20~30년대 영화에 깊은 관심을 갖으며 잡지에 활발히 영화평을 기고하고 무성영화의 미학이론(조형주의 이론, 참조 II. 3)을 정립했다. 그는 당시 사회주의적 경향의 지식인이 아니었음에도 영화평을 주로 베를린의 좌파 성향 잡지인 『세계무대』(Die Weltbühne)와 『슈타헬슈바인』(Stachelschwein) 등에 기고했다.[3] 아른하임은 학자답게 영화의 기술적 방법들과 미학에 대해 전문 지식을 갖고 영화에 대해 넓게 분석하고 평가하기를 요구했다. 아울러 그는 에세이 「전문적 영화비평」(Fachliche Filmkritik, 1929)에서 비평가는 영화의 제작이나 정치·경제적 주변 여건에 대한 정보들에 치우치지 말 것을 요구했는데, 이들로 인해 오히려 작품에 대한 객관적 판단을 해

---

3   아른하임의 영화비평서로는 주로 1927~34년 사이에 쓰여진 비평 선집으로 《영화비평과 논문》(Kritiken und Aufsätze zum Film, 1977)이 있다.

칠 수 있다고 보기 때문이다.[RA, 169] 요컨대, 그는 '미학적 비평'이 여전히 유효하다는 입장이면서, "중요한 건 한 영화를 여러 요소들 가운데서 개별적인 성과로 간주하지 말아야 하고, … 연기 혹은 스토리 · 장치만 평가하지 말아야 한다"고 하며, 작품 전체를 볼 것을 요구했다.[RA, 171] 이런 점에서 아른하임의 비평은 영화작품의 미학과 기술적 부분들을 두루 살피는 '총체적 분석 비평'(total analytic criticism)이라고 할만하다.

하지만, 아른하임의 이런 작품중심적 비평 관점은 유성영화 출현 후 변화가 있었다. 그는 에세이 「내일의 영화비평가」(Der Filmkritiker von morgen, 1935)에서 그는 영화를 현 시대에서 가장 종합적이고 특징적인 표현수단이자 영향력있는 수단들 중의 하나라고 보며, 그런 까닭에 영화에서는 개별적인 인간의 모습이 아니라, 민족 · 계급 · 국가형태를 보며 넓게 판단할 것을 요구했다. 이런 변화로 인해, 아른하임은 과거의 비평에서 영화의 내적 요소들(작품의 모티브, 쇼트, 조명 효과, 새로운 시각적 언어 등)을 강조할 것을 주장했지만, 오늘과 내일의 비평에서는 영화를 경제적 산물로 보고, 영화에 내재된 다양한 정치적-철학적 의미들을 파악할 것을 요구했다.[RA, 174, 176] 그럼으로써 아른하임은 시대상황과 사회문제가 표현되는 매체로서 영화에 내포된 여러 정치 · 경제 · 사회적 요소들을 총체적으로 보고, 심도있게 평가하는 것을 비평의 임무라고 보았다.

다음으로, 사회문화비평적인 입장을 견지했던 지그프리트 크라카우어(Siegfried Kracauer)의 방법이 있다. 본래 건축학과 사회학을 공부하고, 문학평론과 소설을 쓰기도 했던 크라카우어는 1920년대에 주로 프랑크푸르트에서 일간지(『Frankfurter Zeitung』)에 기고하며 영화비평 활동을 했다.[4] 그의 기본적 관점은 1932년 에세이 「영화비평가의 과제에 대해」에

---

4   당시 그의 비평들을 모은 비평집(독어)으로는 《대중의 장식》(Das Ornament der Masse,

서 "수준급의 영화비평가는 오직 사회비평가로서만 생각할 수 있다"고 말하는 데서 확연히 드러난다.[SK, 11]

크라카우어는 예술영화 보다도 대중영화("평균치 영화")에 주목하는데, 대중영화들 속에서 그 사회의 '숨겨진 의식'(내재된 대중의 욕망, 꿈들)을 더 잘 파악할 수 있다고 보기 때문이다. 대중영화들은 자본주의적 산업사회에서 대형 영화사들에 의해 생산되는 소비상품으로서 그 시대와 사회에서 민중의 백일몽이나 억압된 욕망·잠재의식 등을 매개하며, 대중 관객에게 대리만족을 선사하기 때문이라고 크라카우어는 생각한다. 그래서 그는 "영화비평가의 과제는 평균치 영화들에 숨겨져 있는 사회적 의도들을 끄집어내서 분석하고 드러내주는 것이다"라고 말한다.[SK, 10]

이렇게 대중영화에 표현된 사회적 표상들과 이데올르기 분석에 치중하는 그의 영화비평은 사회비평만이 아니라, 문화비평도 포함하는 점에서 '사회문화비평적 비평'(socio-cultural critical criticism)이다. 이런 관점 하에서 그는 20년대 독일 대중영화들에 대한 비평을 하며 관객의 의식/무의식 분석을 했다. 그후 1941년 그는 미국으로 건너가서 20년대 독일 중소시민 관객들이 선호했던 영화들에서 관객의 심리적 성향을 분석한 비평서 《칼리가리에서 히틀러에게로》(From Caligari to Hitler. A Psychological History of The German Film)(1947/독역본, 1958, 1979)를 제시했다. 이 비평서는 영화를 통한 사회심리 분석에서 후대에 귀감이 되는 저서로 여겨진다.

1963), 《영화관》(Kino, 1974), 《금지된 시선》(Der verbotene Blick, 1992) 등이 있다.

3. 1950~60년대 서유럽 영화비평

제2차대전 후 서유럽에서 영화비평은 더 많은 전문지들이 생겨나서 활성화되면서 전문화되었고, 일간·주간지 같은 언론매체를 통한 문예란 비평과 구별되었다. 그래서 미국도 마찬가지였지만, 미국과 유럽에서 영화 저널리즘은 크게 두 가지 형태로 분류될 수 있는데, 보편적 언론매체를 통해 대중 전달력을 중시하는 '저널리즘 비평'(journalistic criticism)과 전문지에서 학문적 이론과 분석에 기반을 두며 소수에게 전달되는 '아카데믹 비평'(academic criticism)이다. 이런 분류는 오늘날까지 이어지고 있는데, 비평이 어떤 매체(저널)에 실리는가에 따라 비평의 성격과 내용이 달라지고 있다.

저널리즘 비평은 나라 마다 많은 발행부수를 갖고 있는 유력한 일간·주간지를 중심으로 그 매체에 따라 영화평의 위력도 수반된다. 이런 매체들로는 런던에서 발간되는 『더 타임즈』(The Times), 『가디안』(The Gurdian), 『파이낸셜 타임즈』(Financial Times), 파리에서는 『르 몽드』(Le Monde), 『렉스 프레스』(L'Express), 『피가로』(Figaro) 등이 있다. 독일(서독)에서는 여러 도시에 분산되어 있는데, 프랑크푸르트의 『프랑크푸르트 알게마이네』(Frankfurt Allgemeine), 『프랑크푸르터 룬트샤우』(Frankfurter Rundschau), 함부르크의 『디 차이트』(Die Zeit), 뮌헨의 『쥐드도이체 차이퉁』(Süddeutsche Zeitung) 등이다.

전문지를 중심으로 이루어지는 아카데믹 비평은 영화비평가와 감독을 비롯한 영화전문가들이 기고하면서 심도있는 분석과 평, 또 영화에 대한 견해와 전망을 제시하며 동시대 영화와 영화관객에 대해 적지 않은 영향을 끼쳤다. 대개 월간으로 발행되는 이런 전문지들로는 프랑스에서 『카이에 뒤 시네마』(Cahiers du cinéma), 『포지티프』(Positif), 독일에서는 『필름크리틱』(Filmkritik), 『필름딘스트』(Filmdienst), 영국의 『무비』(Movie), 『월간 영화회보』(Monthly Film Bulletin), 『사이트 앤 사운드』(Sight and Sound), 이탈리아의 『시네포룸』(Cineforum) 등이 있었다. 이하에서는 이런 전문지를 중심으로 서유럽에서의 비평활동을 알아본다.

(1) 『카이에 뒤 시네마』와 작가주의

1950년대 이후 서유럽에서 영화비평은 새로운 차원으로 접어들었다. 작가주의 영화(cinéma d'auteur/auteur film)의 전개와 더불어 비평에서도 작가 감독들을 중시하고, 진지하게 탐구하는 경향이 일어났다. 이런 경향은 프랑스에서 감독이자 비평가였던 장-룩 고다르(Jean-Luc Godard)와 프랑소와 트뤼포(Française Truffaut)가 선도했고, 영화 전문지 『카이에 뒤 시네마』(Cahiers du cinéma)가 그 중심에 있었다. 이들의 움직임은 50년대 후반 이후 유럽 다른 나라들의 영화와 비평에 큰 반향을 일으키고 영향을 끼쳤다.

『카이에 뒤 시네마』 창간호 1951년 4월호 표지(사진은 ⟨Sunset Boulevard⟩)

젊은 고다르는 50년대 초반부터 "영화비평이 고유한 자율적인 영상 언어적 담론(cinematographic discourse)을 형성하는 대신에, 당대 철학에 내맡겨져 있음"을 비판했는데, 여기서 '당대 철학'이란 실존주의였다.[KP, 12] 그러면서 고다르는 영화비평을 지배적인 철학 이론의 웅덩이에서 구해내려고 노력했다. 이와 더불어 『카이에』의 비평가들은 프랑스의 영화 전통을 비판하고, '창의적인' 작가 감독을 발견하고 높이 평가하는 노력을 했다. 이때 인정된 작가 감독들로는 쟝 르노아르 · 잉그마르 베리히만 · 알프레드 히치코크 · 빌리 와일더 등 같은 유럽 감독들과 오슨 웰스 · 하워드 혹스 같은 미국 감독들도 있었다.

『카이에』(월간, 1951~현재)는 시네필(cinephile, 영화애호가, 映畵狂)에서 출발한 감독-비평가들에 의해 1951년 창간된 이후 세계에서 가장 많이 알려지고, 가장 영향력 있는 영화 잡지로 여겨진다. 앙드레 바쟁(Andrè Bazin) 같은 저명한 영화평론가가 50년대에 잡지를 주도했고, 고다르와 트뤼포 · 에릭 로메르(Eric Rohmer) · 클로드 샤브롤(Claude Chabrol) 같은 누벨 바그의 감독들이 참여하며 작가 영화를 발전시켰다. 프랑스에서 『카이에』와 경쟁지라고 할 수 있는 잡지 『포지티프』(Positif, 월간, 1952~현재)는 자유주의(liberalism) 경향이 있었는데, 작가 영화를 지지했지만 당시의 새로운 영화운동에 동조하지는 않았다. 게다가 이 잡지의 평론가들은 감독이 아니었다.

『카이에』의 비평가들 중에서 가장 선배격인 앙드레 바쟁(Andrè Bazin 1918-58)은 영화 리얼리즘의 옹호자로 널리 알려져 있는데, 그는 특히 40년대 후반 이탈리아의 네오 리얼리즘(Neo realism)을 선호했다.[5] 이를 근거로 그는 영화에서 특히 롱 쇼트(long shot)와 롱 테이크(long take) · 딥 포커스(deep focus) 같은 기법들을 매우 중시했는데, 현실을 이음새없이, 또 깊이감 있게 보여줄 수 있는 기법이자 리얼리즘의 실현이라고 여겼기 때

---

5   앙드레 바쟁의 영화평론은《Qu'est-ce que le cinéma?》(4권, 1959-62)에 수록되어 있고(신판본, 2003), 영역본은《What is Cinema?》(translated & edited by Hugh Gray, Vol. 1-2, 1967-71, Berkeley: University of California Press)가 있다.

문이다. 그런 연유로 미국 감독 오슨 웰스(Orson Welles)를 극찬했다.[딕, 274-277] 또한 그는 미국의 작가 감독들과 미국으로 이주한 유럽 감독들을 재발견했는데, 존 포드(John Ford)와 윌리엄 와일러(William Wyler)·프리츠 랑(Fritz Lang, 독일 출신)·프레드 치네만(Fred Zinnemann, 오스트리아 출신) 등이다.

『카이에』에서 활발히 활동하던 다른 비평가이자 누벨 바그의 주도적 감독이었던 프랑수와 트뤼포(François Truffaut 1932~84)의 입장은 1954년 글「프랑스 영화의 어떤 경향」에서 잘 드러났다. 그는 과거 프랑스 영화에서 '질적 전통'(tradition of quality)을 공격하며 지나치게 심리적 리얼리즘이 강조되는 것과 고전문학이 영화로 각색되는 관행을 비판했다. 그 대신에 영화에서 미장센(mise en scéne)과 자율적 창조성, 즉 영화를 문학과 다른 것으로 만들어내는 능력을 강조했는데, 결국 작가 영화를 말하는 것이었다.[6]

트뤼포가 지향한 작가영화론은 흔히 '에세이 시네마'(essay cinema) 혹은 '만년필 영화'로 지칭되는데, 그 기본 개념은 문학적인 대본 혹은 잘 짜여진 대본을 거부하고, 감독이 직접 쓰고 마음대로 만드는 영화를 말하는 것이었다. 그도 바쟁처럼 세계의 감독들을 분류하며 모범적인 미국(세계) 감독으로 윌리엄 와일러·하워드 혹스·존 포드·니콜라스 레이·엘리아 카잔과 더불어 프리츠 랑·프레드 치네만·오토 프레밍어같이 유럽에서 미국으로 이주한 감독들을 들었다.[홀, 71-72] 또한, 모범적인 프랑스 감독으로는 아벨 강스·장 르노아르·자크 타티·장 콕토·로베르 브레송·막스 오퓔스(오스트리아 출신) 등이 있다.

---

6   홀, 70. 참조, F. Truffaut: A Certain Tendency of the French Cinema (Une certaine tendance du cinéma français), in: B. Nichols (ed): *Movies and Methods*, 1973, pp. 224-236.

서유럽에서 68운동 이후 『카이에』는 마르크시즘 영향으로 70년대 후반까지 이념적 경향이 농후해지면서 영화의 마르크시즘적 심리분석 경향이 두드러졌다. 이 시기에는 특히 프랑스 철학자 루이 알튀세(Louis Altusser)·미셸 푸코(Michell Foucault)·쟈크 라캉(Jacques Lacan) 등의 영향이 강했는데, 이런 경향은 영국의 전문지 『스크린』(Screen)에 영향을 주었다. 그러나 70년대 말 이후 시대변화에 따라 『카이에』에는 강한 정치적 성향이 감소되었으며, 90년대에는 다시 시네필로 회귀했다. 아울러 영화의 위협에 직면한 당시의 『카이에』는 영화와 텔레비전의 관계 및 작가의 위상에 대해 재고하고, 새로운 영화 이미지에 대해 논의하였다.

『카이에』는 초기 50년대 이후 현재까지 시대에 따라 영화를 보는 시각에 크고 작은 변화를 경험해왔으며, 서유럽과 미국의 영화잡지들에 많은 영향을 주었다. 특히 50~60년대에 지대한 영향을 끼쳤는데, 영국의 『무비』(The Movie)와 서독의 『필름크리틱』(Filmkritik), 미국의 『필름 컬쳐』(Film Culture) 같은 잡지에게는 영화에 대한 관점과 비평에 있어 직접적인 자극을 주었다.

(2) 『필름크리틱』과 사회비판적 영화비평

서독에서도 50년대 후반부터 영화비평이 활발하게 전개되었으며, 누벨 바그의 영향으로 작가 영화에 대한 논의와 작업도 활성화되었다. 당시 주도적인 영화잡지 『필름크리틱(영화비평)』(Filmkritik, 월간, 1957-84)은 사회비판 철학·사회학 이론을 전개한 프랑크푸르트 학파의 이론에 근거하여 사회문화 비판적 비평을 지향하면서 50년대 말부터 70년대 말까지 서독의 다른 잡지들에게 많은 영향을 끼쳤다. 『필름크리틱』이 전범(典範)으로 여긴 이론가들은 발터 벤야민(Walter Benjamin), 막스 호르크하이머

(Max Horkheimer), 테오도르 W 아도르노(Theodor W. Adorno)였고, 전범적인 비평가들로는 지크프리트 크라카우어와 로테 아이스너(Lotte Eisner)였다.

『필름크리틱』의 평자들은 특히 벤야민의 현대예술 비평에세이「기술복제 시대의 예술작품」(1934)과 호르크하이머/아도르노의 저서《계몽의 변증법》(Dialektik der Aufklärung, 1944)을 이론적 토대로 삼고 영화 속에 내재된 이데올르기 비판적인 비평을 전개했다. 영화비평가로는 크라카우어의 20~30년대 비평을 모범으로 여기며 그가 중시했던 개념들인 대중의 집단무의식과 백일몽 분석, 소시민의 억눌린 욕망과 도피적 심리(도피주의) 분석 등을 바탕으로 크라카우어가 시도했던 비평들처럼 평범한 대중영화에 내재된 '사회적 의도' 내지 숨겨진 이데올르기, 정치적 함의 등을 분석하는 비평을 시도했다.

『필름크리틱』, 1971년 7월호 표지

특히 『필름크리틱』의 비평가들이 당시 문학비평 보다 먼저 프랑크푸르트 학파의 이론을 영화비평에 적용한 것은 주목을 받았다. 이들의 문화산업 비판과 더불어 대중문화의 시민의식 조작적 기능을 비판하고 경계하려 했던 것은 50~60년대 철학과 사회학 등에서 야기된 자본주의 사회의 문화에 대한 비평과 동일선 상에 있었다. 특히 영화는 대중문화에서 대표적인 장르로서 다수 대중이 관람하는 매체였으므로, 영화를 대상으로 프랑크푸르트 학파의 이론을 적용한 것은 60년대 서구에서 자본주의 사회문화 비판과 학생운동의 시기에 분명 시의성(時宜性)이 있었다. 그러한 연유에서 『필름크리틱』의 비평적 관점은 서유럽과 미국의 지식인들(특히 좌파)과 영화 저널에도 영향을 끼쳤다.

그러면, 프랑크푸르트 학파의 '문화산업 비판'은 무엇인가? 호르크하이머/아도르노의《계몽의 변증법》은 자본주의 사회에서 형성된 문화산업의 대중 기만적 성격을 고발하고 비판했다. 문화산업은 대중매체에 의한 '의식의 조작'(manipulation of consciousness)을 기도하기 때문이며, 이 결과로 대중매체의 수용자 시민/관객은 그 매체의 생산자(제작자) 집단에 정치적으로 이용되기 때문이다. 그러므로, 이들은 대중문화 속에 숨겨진 생산자/제작자의 이데올르기를 비판하여 시민 독자/관객의 정치적 의식을 깨우고자 했다.

프랑크푸르트 학파의 학자들에 의하면, 영화 제작은 자동차 생산과 유사한 것으로, 기존의 틀에 정해진대로 조립과 생산 공정(생산 라인)을 거쳐 '제조되는' 것이었다.[홀, 42-43] 더구나 다수 대중의 수준과 취향에 맞게 만들어진 그 결과물, 대중 영화는 단순하고 오락적인 내용으로 현실비판 의식을 잠재우며 현실망각적 기능을 수행한다. 대중 영화의 이런 기능 속에서 관객은 수동적 반응만 가능하게 되고, 작품에 대한 독자적인 사고 기능과 개인적 해석의 여지는 없어져서 정치사회 비판적 사고는 마비되고 사라진다. 이러한 방식으로 문화산업은 대중의 의식을 조작하고, 비판적 기능을 마비시킴으로써 지배체제에 '순응적 이데올르기'(system-affirmative Ideologie)를 생산해낼 뿐이다. 결국, 영화는 문화산업의 일부이므로, 영화의 미학은 어떤 이데올르기적 목적, 즉 관객을 소비자로서 재생산하려는 목적을 지닐 뿐이고, 게다가 영화는 대량 생산과 대량 배급에 의해 전달-소통되므로, 이데올르기적이고 경제적인 지배를 유지시켜준다고 믿었다.[홀, 45]

이러한 가운데서 호르크하이머와 아도르노는 예술, 특히 아방가르드 예술에서 문화산업에 함몰되지 않는 가능성을 보았고, 같은 맥락에서 아방가르드 영화(60년대)를 구원의 유일한 희망으로 보았다. 60년대의 아방가르드 예술가들은 자신들의 작품이 상품화되는 것을 거부했고, 그래서 미학적·정치적 자유를 유지했기 때문이며, "문화산업의 획일적인 통제를 벗어날 수 있는 유일한 길은 아방가르드 예술과 그 예술을 관람하는 것"이라고 말한다.[홀, 44] 여기서 아방가르드 예술의 수용자는 결국 교육받은 시민계층인 지식층 관객을 말하는데, 호르크하이머/아도르노는 이들이야말로, 소위 '계몽된 아웃사이더' 관객들(즉, 엘리트 관객들)로서 쉽게 소모되기를 거부하고, 예술작품의 의미를 찾기 위해 싸울 준비가 되어있었다고 보았다.

그런데, 아방가르드 예술이나 영화는 일반 대중에게는 쉽게 이해되지 않고, 다수 대중이 접근하기 어려운 종류의 문화이며, 아방가르드 예술(영화)의 생산자도 역시 대부분 지식층 출신의 작가-예술가임을 고려해볼 때, 프랑크푸르트 학파 철학자들의 문화비평은 최상급의 문화를 대상으로 하고 있음을 알 수 있다. 그 때문에 프랑크푸르트 학파의 문화비판 이론에는 몇 가지 문제점이 있었다. 첫 번째 문제는 '문화산업의 산물로서 영화는 모두 부정되어야 하는가?' 하는 것이다. 영화 가운데에는 유럽의 예술영화·작가영화도 있는데 간과되고, 대안적 영화·정치적 영화는 고려되지 않고 있다. 그것은 프랑크푸르트 학파의 학자들에게서는 영화에 대한 근원적 무시 내지 대중 문화에 대한 원천적 무시가 있기 때문이며, 고급 문화만 인정하는 엘리트 문화적 태도가 있다. 따라서 이들의 주장 속에는 좋은 영화가 끼어들 자리가 없다. 두 번째로, 호르크하이머/아도르노의 대중문화 비판은 구체적이지 않고 추상적이다. 이들의 비판은 대중문화 작품들을 상세히 살펴보지 않은 채 이루어졌다는 데에 문제가 있는데, 이들은 찬찬히 볼 필요와 가치가 없다고 생각했고, 영화도 마찬가지였다.

4. 40~70년대 미국 영화비평

(1) 40~50년대 비평

다양하고 많은 종류의 잡지들이 발간되는 미국에서 영화비평은 많은 영화들과 더불어 50~60년대에 매우 활발하게 이루어졌다. 미국에서의 저널리즘 비평은 특히 뉴욕과 시카고 · 로스 앤젤레스 등과 같은 대도시를 중심으로 발간되는 유력 일간지와 주간 · 월간지들에 의해 이루어졌다. 특히 많은 발행부수를 갖고 있는 주간지『타임』(Time)과 일간지『뉴욕 타임스』(The New York Times), 『시카고 선 타임스』(Chicago Sun-Times), 『시카고 트리뷴』(Chicago Tribune) 등과 같은 언론매체에 실리는 영화평들은 영향력이 컸다. 또한, 대중적 잡지들인『버라이어티』(Variety, 주간, 1905~현재), 『뉴요커』(The New Yorker, 주간, 1925~현재), 『파티잔 리뷰』(The Partisan Review, 계간, 1934~2003)와 대안적 저널『빌리지 보이스』(The Village Voice, 주간, 1955~현재) 등도 자신들의 고유한 관점과 더불어 영화평에서 영향력이 있었다. 이런 저널리즘 비평과는 달리, 상세히 분석적이고 이론적인 비평문이 게재되는 학술적 저널로는『계간 영화』(Film Quarterly, 계간, 1945~현재), 『필름 컬처』(Film Culture, 1954~96), 『필름 커멘트』(Film Comment, 격월간, 1962~현재), 『시네아스트』(Cineaste, 계간, 1967~현재), 『점프 컷』(Jump Cut, 1974 창간 ~2001 후 온라인 저널) 등이 있다.

위와 같은 유력 대중잡지들에서는 오랫동안 비평을 기고하며 필명을 얻고 영향력이 있던 비평가들이 생겨났다. 지난 40년대 이후 40년 이상 활동하며『뉴요커』, 『파티잔 리뷰』, 『정치』(Politics) 등 여러 잡지에 기고했던 저명한 대중문화와 영화 평론가이자 사회평론가였던 드와이트 맥도날드(Dwight MacDonald 1906~82)는 프랑크푸르트 학파의 문화산업론에 영향받기는 했으나, 영화를 본질적으로 부정적으로 바라보지 않았다. 그는 좋은/나쁜 영화를 구분하고, 아방가르드 영화와 대중영화를 구별했다.

그에게서 '좋은 영화'는 '수준있는 영화'로서 유럽의 예술영화나 작가영화처럼 천재들인 거장 감독들의 영화, 또 미국의 명작 영화를 의미했다. 이런 관점에서 그는 고전 시대의 거장들로 데이비드 W 그리피스 · 세르게이 에이젠슈타인 · 프리츠 랑 등을 들고, 사운드 도입 시기에(1930~55) 영화는 퇴행했지만, 거장으로 오슨 웰스와 에른스트 루비치, 그후 50~60년대 감독들로는 잉그마르 베리히만 · 페리데리코 펠리니 · 미켈란젤로 안토니오니 · 프랑소와 트뤼포 · 루이 브뉘엘 · 구로사와 아키라 등을 열거했다.[홀, 53] 반면에, '나쁜 영화'는 상업 영화를 말하는데, 이들은 산업체제 속에서 기술자들이 만들어냈기 때문이고, 관객이 원하는 오락물에 맞추어 조정되어 있기 때문이다. 그런 관점에서 맥도날드는 할리우드의 장르 영화를 비판하는 입장에 서있었으며, 유럽의 작가/예술영화를 옹호하는 『카이에』를 비롯한 서유럽의 60년대 비평가들과 동일한 선상에 있었다.

이와는 달리, 로버트 워쇼(Robert Warshow 1917~55)는 미국의 장르 영화를 옹호하는 입장이었다. 1940~50년대에 주로 『파티잔 리뷰』, 『커멘터리』(Commentary, 월간, 1945~현재) 등에 기고했던 워쇼는 할리우드 영화와 예술/작가영화를 명확히 구분하는 이분법을 지양하고, 할리우드와 유럽의 장르 영화에서도 긍정적인 점들을 찾아 강조했다. 그는 장르 영화를 옹호하며 창조적이고 정치적으로 진보적인 할리우드 영화를 찾아낼 수 있다고 하고, 영화 장르가 특정한 관습들에 지배되지만 고급문화의 형식이며, 미학적인 장점이 있음을 강조했다. 즉, 몇몇 갱스터 영화들과 느와르 영화(film noir)들은 〈스카페이스〉(Scarface, 1932) 하워드 혹스의 갱스터 영화들처럼 관습을 이용하지만, 삶의 비극적이고 절망적인 측면을 표현하는 진지성이 있으며, 이들이 단순히 환상의 제시는 아니라고 워쇼는 여겼다.

그 외에 워쇼는 1940~50년대의 멜로드라마나 공포영화들도 당시 현실 비판을 담고 있는 측면을 발견하며 높이 평가했는데, 이것은 70~80년대에 와서 후대 비평가들에게서 인정되었다. 실례로, 〈텍사스 전기톱 살인〉(Texas Chainsaw Massacre, 1974) 같은 공포영화는 부르조아적 가족제도의 끔찍함을 암시하고, 공포가 타자에 의거하고 있음을 제시한다는 점에서 이런 공포영화는 '진정한' 예술의 비판정신을 담고 있는 '묵시록적' 텍스트이며, 대중적 상업영화/급진적 영화로 구별되었다.[홀, 55]

(2) 60~70년대 비평

미국에서 이 시기는 서유럽과 마찬가지로 자본주의 사회를 비판하는 것과 더불어 기존의 문화에 저항하는 反문화운동 · 反戰운동 등이 거세게 펼쳐졌던 격동의 시대였다. 이런 상황에서 영화비평도 서유럽의 좌파 이론과 프랑크푸르트 학파의 영향이 있었지만, 서유럽과 다른 점이 있었다. 이런 점은 당시 활발히 활동했던 세 명의 평론가들인 앤드류 새리스 · 존 사이몬 · 폴린 케일을 중심으로 검토해볼 수 있다.[딕, 298]

앤드류 새리스(Andrew Sarris 1928~2012)는 컬럼비아 대학을 졸업한 후 주로 『빌리지 보이스』(The Villiage Voice), 『뉴욕 영화회보』(New York Film Bulletin), 『필름 컬쳐』(Film Culture)에 기고하면서 작가주의를 지지하고 널리 알렸다. 그는 프랑스의 누벨 바그 감독들과 『카이에』 잡지와 긴밀한 관계가 있었을 뿐만 아니라, 60년대 초반부터 이들의 영화를 미국에 전파했다. 영화를 보는 그의 관점은 작가주의를 옹호하는 유럽 비평가들과 드와이트 맥도날드와 대동소이한데, 그가 높이 인정한 감독들로는 미국의 데이비드 W 그리피스 · 오슨 웰스 · 하워드 혹스 · 존 포드 등과 미국에서 활동한 유럽 감독들인 찰리 채플린 · 버스터 키턴 · 알프레드 히치코크와 독일/오스트리아계 감독들인 에른스트 루비치 · 프리드리히 W 무르나우 · 프리츠 랑 · 빌리 와일더 · 조셉 스턴버그(요셉 폰 슈테른베르크)와 유럽 감독들인 쟝 르노아르 · 막스 오퓔스 등이다.

존 사이몬(John Simon 1925~)은 하바드 대학에서 공부하고 비교문학으로 박사학위를 받은 후 연극과 영화 · 음악 비평과 서평 등 폭넓게 비평 활동을 했다. 주로 『뉴욕』(New York)과 『뉴리더』(The New Leader), 『내셔널 리뷰어』(National Reviewer) 등에 기고하며, 작가영화와 예술영화 비평에 집중했다. 사이몬은 예술로서 영화를 믿고, 학문적 바탕 위에서 비평을 했다고 평가된다.

반면에, 여류 비평가 폴린 케일(Pauline Kael 1919~2001)은 이들과는 달리 작가주의를 혐오하며, 오락으로서 영화와 대중영화를 적극 지지하는 입장이었다. 캘리포니아-버클리 대학 졸업 후 그녀는 『뉴요커』(The New Yorker)에 오랫동안 기고하면서 대중의 예술형식으로서 영화를 옹호하고, 영화에 대한 지나친 학문적 접근이 영화들을 질식시킬 것이라고 보았다.[딕, 300-302]

5. 70~90년대 서유럽 영화비평

70년대 이후 서유럽 저널들에서는 정치적인 성향이 대폭 감소되고, 작품에 대해 접근하는 방법이 대두되었다. 서독에서 영향력있던 잡지 『필름크리틱』의 비평가 에노 파탈라스(Enno Patalas)는 이미 1966년 "작품의 구조 속으로 심화될 것"을 요구하며 영화비평에서 입장의 변화를 촉구했다. 다른 비평가 페터 나우(Peter Nau)는 1978년 비평의 개혁을 지향하려는 의미에서 비평을 일간지 문예란의 비평을 판단의 강요로부터 해방시키고, 묘사의 형태를 다시 획득하는 것, 즉 경험과 움직임·성찰·세부 장면에서 즐거움의 직접성에 몰두하기를 기대한다고 말했다. 이와 같은 맥락에서 서독의 비평가들 클라우디아 렌센(Claudia Lenssen)과 요헨 브루노브(Jochen Brunow), 노베르트 요훔(Nobert Jochum)도 1979년 "영화적 체험을 글쓰기 과정으로 생산적 변형"을 하는 자신들의 실천을 지적하고, 20년대 비평가 빌리 하스의 '실제적 비평'을 다시 상기시키며, 비평을 영화 제작과정과 연관짓고 '미학적 가까움'과 영화의 창조적 요소들과의 밀접한 협력을 할 것을 주장했다.

70년대 영화비평에서 또다른 큰 변화는 사회문화 분석을 위한 철학·사회학·문화학의 이론들이 영화분석과 이론에 유입된 것이었다. 기호학과 구조주의를 필두로 정신분석학/심리분석(욕망 이론)·마르크시즘·페미니즘 등과 같은 거대 담론이 영화분석의 이론적 토대를 제공하여 70~80년대는 '거대 이론'(grand theory)의 시대'라고 불렸다. 또한, 영화 전문지가 더욱 활성화되어 영화학의 발전에도 기여했다. 이런 경향은 90년대까지 지속되었는데, 영화기호학이 제시되고, 프로이트와 라캉의 정신분석 이론에 근거하는 심리분석(욕망 이론)·페미니즘·마르크시즘 이론이 영화분석에 활용되었다.

80년대 후반 이후에는 거대 담론의 변화가 있었다. 70년대에 나온 이론들이 결합된 구조주의적 마르크시즘이 제시되었고, 새로운 이론으로 신화비평적 방법·페미니즘과 性연구(gender studies)·문화연구(cultural studies) 및 대중문화와 매체 연구(media studies)·후기식민주의(post-colonialism)와 제3의 영화(Third cinema) 등과 같은 이론과 방법이 제기되었고, 영화 분석에 수용되었다.

또한, 종래의 작가(감독) 중심적인 관점에도 변화가 일어났다. 종래의 방법은 감독과 스탭·배우를 포함하여 생산자-작가로 대하며 그들의 생산물인 작품(text)을 연구-분석하고, 관객은 수동적 수용자(소비자)로 받아들여 연구-분석하는 것이었으나, 이런 전통적인 작품이해의 구도에 변화가 있었다. 그것은 80년대에 문학이론에서 제기된 수용미학의 영향으로 작품의 해석/독해 과정에서 주체가 되는 것은 관객(독자)이므로, 관객(독자)이 작품(text) 만큼 중요하다는 것이다. 그러므로, 수용자 '관객이 작품을 어떻게 받아들이고 판단하는가' 하는 관점도 중요성을 띠게 되었다.

이 이론의 배경에는 지난 60년대 후반 제기된 학설이 있다. 프랑스의 철학자이자 문학이론가 롤랑 바르트(Roland Barthes 1915~80)는 1967년 에세이 「작가의 죽음」[7]에서 생산자-작가 중심으로 작품을 관찰할 것이 아니라 수용자-독자 중심으로 해독할 것을 주장한 바 있다. 이런 주장은 문학이론계에서 큰 반향을 일으켰고, 그야말로 '독자의 탄생'을 알리고, 수용자 중심의 미학(수용미학)이 제기되는 계기가 되었다. 또한, 동시대의 프랑스 철학자 미셸 푸코도 같은 맥락에서 쓰여진 에세이(강연) 「작가란 무엇인가?」(1969)[8]를 통해 작가에 대한 재평가를 요구했다.

위와 같은 거대 담론과 밀접하게 결부된 저널로는 영국의 계간 잡지 『스크린』(Screen, 계간, 1959~현재)을 들 수 있다.[9] 『스크린』은 60~80년대에 여러 거대 이론들을 받아들이며 한동안 영화이론 논의의 주요 학술

---

7   R. Barthes: La mort de l'auteur (1967/영역본, "The Death of the Author")

8   M. Foucault: Qu'est-ce qu'un auteur? (1969/영역본, "What is an Author?")

9   유사한 명칭의 영국 잡지 『Screen International』(1975~현재)은 이와는 다른 잡지다.

지가 되었다. 『스크린』은 60년대 중반 이후 프랑크푸르트 학파의 비판 이론을 수용했다가, 70년대 초반 이후에는 마르크시즘을 수용한 후 알 튀세의 구조주의적 마르크시즘(structualistic marxism)으로 옮겨갔고, 80년 대 중반 이후에는 라캉의 정신분석학 이론에 근거하는 심리분석 이론을 수용했다.

이와 더불어 『스크린』에는 영화이론의 발전을 가져오는 분석도 있었다. 그 중에 장르 연구를 들 수 있는데, 특히 서부 영화 장르를 분석하며 미국 영화를 보는 새로운 시각을 제공했다. 또한, 『스크린』은 『카이에』를 비롯한 여러 서유럽 전문지들이 지향했던 작가주의(auteurism)에 반발하며, 작가중심적 의사소통 모델을 넘어서려고 시도했다. 이것은 영화에서 한 '부분'이 아니라 '전체'를 다루고자 한 것으로 영화의 특정한 측면, 즉 감독을 중심으로 하는 관찰을 지양하고, 또 작가주의와 장르·스타(auteur vs. genre)를 대립적으로 구별하지 않고, 영화 자체의 고유한 형식을 분석하고자 한 것이었다.

더 나아가 『스크린』은 텍스트로서 영화와 관객 사이의 소통관계에도 주목했다. 즉, 영화의 의미가 텍스트-관객 사이에서 어떻게 생성되는가에 관심을 갖고 영화 텍스트의 형식과 그 의미화 과정에 주목한 것이었다.[홀, 189-192] 『스크린』의 이런 방법은 정치적 관점에서의 관찰이라는 견해도 있었으나, 실제로 정치적인 것은 아니었고, 오히려 영화의 서사(narrative)와 인물(character)에 더 초점을 맞춘 것이었다. 이렇게 『스크린』지가 이론 중심적인 저널이 되면서 '스크린 이론'(screen theory)라는 말도 생겨났는데, '스크린 이론'은 종종 추상적이라는 비판도 제기되었다.[홀, 224]

〈표 4〉 최근 세계의 주요 영화전문지

국가	저널	발행간격
미국	Variety, Box Office American Cinematographer Film Comment Movie Maker	주간 월간 격월간 계간
프랑스	Cahiers du cinema, Positif, Premiere	월간
영국	Sight and Sound, Screen International	월간
독일	epd Film, Filmdienst	월간
일본	Kinema 旬報(키네마 준포)	격주

6. 디지털 매체시대의 영화비평

2000년대 초반 이후 인터넷 매체가 출현하고 활성화되면서 기존의 종이매체를 중심으로 이루어지던 영화비평에는 지각변동이 일어났다. 일간 · 주간 · 월간지를 비롯한 종이매체의 위력은 점차 감소되고 폐간되는 경우도 생겼으며, 반면에 인터넷을 이용하는 온라인 매거진 형태들이 등장했다.

더구나 관객의 반응을 표현하는 방식들이 자꾸 생기면서 전문비평가의 역할도 줄어들게 되었다. 2000년대 이후 전세계적으로 대형 대중영화의 대성공에 비해, 작가주의 계통의 영화 관객은 줄어들고 있는 것도 전문비평가의 역할을 축소시키고, 대중 관객의 목소리가 커지는 데에 일조했다. 그럼으로써 이제 전문가의 비평이나 해설이 필요한지 의문시되고, 문화를 즐기는 '대중의 시대'가 도래한 것이고, 전문가의 역할이 보이지 않게된 듯하다.

전문비평가의 영향력이 대폭 줄어든 오늘날의 디지털 매체시대에서는 비평의 위기가 아니라, 차라리 '비평의 소멸'이라고 할 것이다. 이런 현상은 한국에서 더욱 심하다. 영화 저널은 거의 사라졌고, 개봉 영화의 웹사이트에 올리는 댓글이나 SNS를 타고 전해지는 입소문이 더욱 효력을 발하고, 유명 인사나 대중 스타들의 발언 등이 영화의 성패에 큰 영향을 끼친다. 원래 작가영화의 비중이 미미한 국내 영화문화의 특성도 비평의 불필요성에 일조하고 있다. 미국과 유럽에서도 종이매체 저널이 폐간되거나 온라인 저널로 변형되기도 하지만, 여전히 존재하는 일간/주간지와 영화전문지를 중심으로 지면을 통한 영화비평은 계속 이루어지고 있다.

참고문헌

조안 홀로우즈 · 마크 얀코비치 (편), 『왜 대중영화인가』, 문재철 역, 서울: 한울출판사, 1999 [원서, Joane Hollows · Mark Jancovich (eds): *Approaches to Popular Film*, Manchester: Manchester University Press, 1995] [약칭, 홀]

버나드 딕, 『영화의 해부』, 김시무 역, 서울: 시각과 언어, 1996 [원서, Bernard Dick: *Anatomy of Film*, New York: St. Martin's Press, 1978] [약칭, 딕]

Rudolf Arnheim: *Kritiken und Aufsätze zum Film*, ed. by Helmut H. Diederichs, München: Hanser/Frankfurt am Main: Fischer Verlag, 1977. [약칭, RA]

Siegfried Kracauer: *From Caligari to Hitler. A Psychological Study of German Films 1919-32*, Princeton (USA), 1947. [독역본, *Von Caligari zu Hitler. Eine psychologische Geschichte des deutschen Films*, Frankfurt am Main: Suhrkamp, 1979]

_____: *Kino. Essays, Studien, Glossen zum Film*, Frankfurt am Main: Suhrkamp, 1974. [「Über die Aufgabe des Filmkritikers」, in: 『Frankfurter Zeitung』, 23.5.1932) [약칭, SK, Kino]

Karl Prümm: Filmkritik als Medientransfer, in: Nobert Grob · K. Prümm (eds): *Die Macht der Filmkritik. Positionen und Kontroversen*, München: edition text + kritik, 1990, pp. 9-24. [약칭, KP]

크라카우어의 사회문화비평적 영화비평

"수준급의 영화비평가는 사회비평가로서만 생각할 수 있다"
- 크라카우어, 「영화비평의 과제에 대해」(1932)

1. 1920년대 독일 사회와 영화비평

독일의 영화이론가이자 비평가 지그프리트 크라카우어(Siegfried Kracauer 1889~1966)는 유명한 영화비평서《칼리가리로부터 히틀러에게로》(From Caligari to Hitler, 1947)[10]와 리얼리즘 영화이론을 정립한《영화의 이론》(Theory of Film, 1960)의 저자로 널리 알려져 있다. 영화비평의 금자탑 같은 업적으로 여겨지는《칼리가리…》는 저자가 20년대 독일에서 성공적인 영화들을 비평하며 중소 시민계급의 집단적 무의식과 심리 성향을 분석하는 방법을 제시함으로써, 후대의 영화비평에 많은 영향을 끼쳤다.

---

10 《From Caligari to Hitler. A Psychological Study of German Films 1919-32》, Princeton University Press (USA), 1947. 이 영어본에는 두 가지 독역본이 있음.《Von Caligari bis Hitler. Eine psychologische Geschichte des deutschen Films 1919-32》, Hamburg: Rowohlt Verlag, 1958 (200 pages).《Von Caligari zu Hitler. Eine psychologische Geschichte des deutschen Films 1919-32》, Frankfurt/M: Suhrkamp Verlag, 1979 (Siegfried Kracauer: *Schriften Band 2*, 632 pages, 번역 Ruth Baumgarten · Karsten Witte).

지그프리트 크라카우어(Siegfried Kracauer)
1889 프랑크푸르트 ~ 1966 뉴욕

프랑크푸르트 출생의 유태계 독일 영화이론가 ·
비평가 · 작가. 다름슈타트 · 뮌헨 · 베를린에서 건
축학과 철학 · 사회학을 공부하고(건축학 박사/베
를린 공대), 1922년부터 프랑크푸르트에서 당시 유
력 일간지였던 『프랑크푸르터 차이퉁』(Frankfurter

1920년대 전반 크라카우어[11]

Zeitung) 문예란의 문학 · 영화부문 편집에 참여하고, 베를린에 가서 통신원 역할을
수행했고, 창작활동도 했음. 이 당시 20년대 대중문화 비평과 관련된 소설 〈긴스터〉
(Ginster, 1928), 〈사무직원〉(Die Angestellten, 1930) 집필.
1933년 히틀러 집권 후 파리를 거쳐 1941년 미국으로 이주하여 구겐하임과 록펠러
재단의 후원으로 뉴욕 현대미술관(MOMA)의 위촉을 받아 독일영화를 연구하여 〈칼
리가리부터 히틀러까지 – 독일영화의 심리학적 연구 1919-32〉(From Caligari to
Hitler. A Psychological Study of German Films 1919-32, 1947) 출간. 콜롬비아
대학 사회연구소 등에서 연구와 저술활동 계속함. 주저로는 〈영화의 이론〉(Theory
of Film, 1960)과 영화비평서로 〈대중의 장식〉(Das Ornament der Masse, 1963),
〈영화〉(Kino, 1974) 등이 있음.

  본래 크라카우어는 대략 1921년부터 1933년까지 주로 프랑크푸
르트와 베를린에서 비평활동을 하며 유력 일간지였던 『프랑크푸르터 차
이퉁』(Frankfurter Zeitung)[12]에 기고하며, 영화와 영화관 · 관객에 대해, 그리
고 영화와 사회의 관계에 관한 폭넓은 비평을 보여주었다. 특히 20년대

---

11 사진 출처, http://upload.wikimedia.org/wikipedia/commons/4/4d/Siegfriedkracauer.jpg

12 『프랑크푸르터 차이퉁』(Frankfurter Zeitung)은 1856~1943년 동안 지속된 권위있는 일간
지였으며, 특히 문예란에는 당대의 저명한 학자 · 비평가들이 기고했음. 히틀러가 1943년 폐
간시켰으나, 1946년 『프랑크푸르터 알게마이네 차이퉁』(Frankfurter Allgemeine Zeitung)
으로 재창간되어 오늘날까지 발간되고 있고, 주된 독자층은 온건보수 성향의 지식인층이다.

후반 그의 영화비평들은 중소 시민계급의 영화문화를 주의 깊게 관찰한 것으로서 현대사회의 대중문화에 대한 사회학적 비평에 가까우며, 오늘날 '문화사회학적 비평'이라고 여겨진다. 이 글에서는 영화비평을 통해 사회문화 비평을 시도한 크라카우어의 관점과 방법을 살펴보고자 한다. 이를 위해 먼저 그가 활동했던 시대적 배경을 파악하기 위해 1920년대 독일영화의 상황을 잠시 알아보자.

세계영화사에서 1920년대는 영화가 예술적 매체로 인정받을 수 있는 작품들이 나타나고, 영화 관객이 대폭 증가된 시기였다. 독일은 영화 발전에서 프랑스나 이태리 보다 늦었지만, 제1차대전 패전 후 탄생한 바이마르 공화국(Die Weimarer Republik 1919~32) 시대에는 예술적으로나 산업적으로 폭발적인 성장을 했다. 이 시기에는 표현주의 영화를 비롯하여 거리 영화(Strassenfilm)·신즉물주의(Neue Sachlichkeit) 등이 나와서 영화의 황금시대를 열었을 뿐만 아니라, 영화산업은 독일에서 세 번째로 큰 산업 부문으로 성장했다. 특히 20년대 초반에는 매년 200여 편 가량의 영화가 제작되고, 매일 100만명의 관객이 전독일에 있는 3000개 영화관에서 영화를 관람했는데, 당시 독일은 유럽에서 영화문화가 가장 폭넓게 확산된 나라가 되었다. 이 시기에 영화 관객은 중산계급 및 지식인까지 관객층이 확대되어 영화 매체는 시민계급을 포함한 대다수 대중의 문화이자 오락으로 자리잡았다.

이 당시 독일에서는 출판문화도 만개하여 수많은 언론매체들이 발간되어 저널리즘이 발달하고 예술 전문지들이 나타났다. 문화예술 잡지와 일간지의 문예란에서는 영화비평을 위한 고정란이 마련되었으며, 영화 전문지(『Kino-Kurier』 등)도 생겨나서 전문적인 영화비평과 이론이 다루어지기 시작했다. 그래서 이때에 영화 저널리즘(film journalism)이 문예비평의 한 부분으로 확립되었다고 말해진다. 영화학자 자비네 하케는 독일에서 20년대는 영화가 "가장 영향력있는 대중매체이자 대중문화의 중심"에 자리잡게 된 시기이며, 독일 영화사에서 "20년대처럼 영화에 대해 그렇게 많은 비평과 논쟁·논문들이 나온 시대는 없었다"고 말한다.[SH, 25] 이처럼 독일에서 1920년대는 영화의 황금기이자 영화비평의 만개기로서 수도 베를린을 중심으로 여러 비평가들의 활약이 두드러졌다. 영화학자 하인츠 헬러는 당시 뛰어난 비평가들 가운데 특히 크라카우어를 '진지하고 독립적인 비평'을 실천했던 비평가들의 반열로 올려 놓는다.[HH, 26, 38]

2. 크라카우어의 사유방식과 영화비평

지그프리트 크라카우어의 영화문화 비평들은 독일 영화사에서 중요시되는 20년대 영화와 사회문화에 대한 예리한 관찰이란 점에서 주목할만하고, 또 문화사회학적 비평의 선구적인 시도인 점에서 오늘날에도 읽혀질 가치가 있다. 그런데, 그의 저술이 높은 가치를 갖고 있으면서도 전공자들과 후학들에게 쉽게 읽혀지지 않는 점이 있는데, 그 이유는 그가 문학이나 예술이론을 근거로 문필활동을 하는 일반적인 비평가들과는 달리, 상당히 복합적이고 깊이있는 사상적 배경을 갖고 문필활동을 했기 때문이다.

그것은 주로 크라카우어의 독특한 정신적 배경에서 비롯된다. 그의 정신세계에는 고전 미학을 근거로 칸트와 헤겔의 관념론에서 비롯되는 형이상학적 사유와 베를린 시절 사회철학자 게오르그 짐멜에게서 영향받은 문화현상학적 사고가 자리잡고 있으며, 유태계로서 그에게는 유태교의 구원 사상도 은근히 포함되어 있다. 또한, 크라카우어는 건축학과 철학·사회학을 공부한 후 20년대에 프랑크푸르트에서는 프랑크푸르트 학파에 속하는 테오도르 아도르노·레오 뢰벤탈·막스 호르크하이머·에리히 프롬 같은 철학자와 문예이론가·사회심리학자와 교류했고, 베를린에서는 발터 벤야민과도 교제했다. 다만, 이들과 크라카우어 사이에 사상적 공통부분은 많지 않고, 비교적 가까웠던 아도르노(Theodor W. Adorno)와 레오 뢰벤탈(Leo Löwenthal)과는 연관성이 있다. 아도르노에게서는 철학적 사고에서 영향받은 부분이 있고, 레오 뢰벤탈에게서는 대중문화 비평, 특히 대중문화 매체들의 의식 조작적 기능에 대한 비평에서 상통한다.[GK, 60]

크라카우어는 대략 1923년경부터 영화에 적극적으로 관심을 갖기 시작한다. 그런데, 그의 비평은 영화미학이나 문예이론에 근거한 일반 비평과는 달리, 문학과 철학·사회학과 건축학 지식에 근거하며 사회의 시대 경향과 역사 진행을 관찰하려는 데에 주된 목적이 있다. 더구나 크라카우어가 자본주의 사회비판적 이론에 영향을 받은 20년대 후반에 쓰여진 글들은 관념론적이고 종교적인 관점을 넘어서 구체적인 사회문화 비평적인 관점이 우세하게 나타난다. 당시나 훗날에도 크라카우어가 사회주의에 심하게 경도된 적은 없지만, 그의 정치적 입장은 대략 자유주의적 좌파(liberal left)의 관점을 견지했다고 볼 수 있다.

영화에서 그는 20년대 독일 자본주의 사회의 문제들과 보수적 이데올르기를 간파하기 위해 사회의 '표면 현상'을 관찰하며, 영화라는 매체가 사회에 내재된 이데올르기와 구성원의 의식을 매개하는 속성이 있으므로, 관심을 갖는 것이다. 여기서 그가 말하는 '사회의 표피적 현상'에는 사진과 영화·영화관과 더불어 패션, 유행음악 같은 대중문화 현상들이 포함된다. 크라카우어는 대중문화 현상들에서 드러난 사회의 표피적 현상들을 관찰하면서 이들 속에 내재된 의미를 보려고 하기 때문에, 아도르노는 크라카우어가 "사회적 경향들의 암호로서 영화"[13]를 보고 있다며 말한다. 즉, 크라카우어는 사회문화 현상을 읽어내고 비평하기 위한 대상으로 영화를 택한 것이다. 이런 연유에서 크라카우어의 영화비평은 포괄적인 영화문화 비평이자, 비평을 통해 사회의 내부를 읽어내려는 '문화사회학적' 비평 혹은 '사회비평적 에세이'들이라고 볼 수 있다.

3. 사회문화비평적 관점의 영화비평

(1) 대중의 백일몽

근본적으로 크라카우어는 카메라의 현실-재현 기능에 근거하여 영화의 현실묘사 능력을 인정하는 데서 영화이론의 출발점을 삼는다. 그는 재현된 현실의 진실성을 받아들이지는 않지만, 영화적 현실이 시대의식과 사회상을 우회적으로, 비유적으로 드러낸다고 보며 영화 속에 묘사된 현실과 당대 사회와의 연관성을 찾는다. 그래서 "영화는 현존하는 사회의 거울이다"라는 크라카우어의 단언은 영화가 있는 그대로의 현실을 반영한다는 것이 아니라, 묘사된 표면적 현실 뒤에 숨어있는 진정한 현실을 매개한다는 뜻으로 이해되어야 한다.[SK, Orna, 279] 이런 생각을 근거로 크라카우어는 평범한 대중 영화들의 우습고 환상적인 사건과 이야

---

13 D. Thommen: Der Gesellschaftkritiker als Filmkritiker, in: A. Volk (ed): *Siegfried Kracauer*, p. 185. [원전, *Theodor W. Adorno: Siegfried Kracauer tot* (1966), in: *Frankfurter Allgemeine Zeitung*, 1. 12. 1966]

기들이 전개되는 비현실적 과정 속에서 사실상 현실로부터 도피하려는 소망들이 드러난다고 본다. 크라카우어가 『프랑크푸르터 차이퉁』에 기고한 「작은 여점원이 영화관에 간다」(1927) 에세이 시리즈, 「1928년 영화」(1928) 등이 이런 생각을 근저로 쓰여진 영화비평들이다.

이런 비평을 위해 크라카우어가 주목한 것은 '평균치 영화들'이다. 그 이유는 대중들이 꿈꾸는 환상은 수준 높은 예술영화나 사회현실의 문제를 묘사하는 진지한 영화에서가 아니라, 바로 수준 낮은 영화들 속에서 드러나기 때문이다. 크라카우어는 대중적 오락영화 속의 환상적이고 비현실적인 이야기 속에서 역설적으로 현실도피적인 꿈들이 있다고 보며, 이런 것들이야말로 '대중의 백일몽白日夢'(daydream)들로서 영화에서 황당한 이야기나 모험담·괴담 혹은 코미디를 통해 우회적으로 묘사된다고 본다. 이렇게 영화 속의 현실 묘사에서 표면과 본질의 역설적인 관계에 대해 크라카우어는 다음과 같이 말한다.

> 그렇지만, 대부분 오늘날 영화들이 비현실적으로 진행된다는 것을 논박해서는 안된다. 그들은 가장 검은 장치들을 붉게 칠하고 빨강색을 덧붙여 장식한다. 그 때문에 그들이 사회를 반영하는 것을 포기하지는 않는다. 오히려 그것들이 표면을 올바르지 않게 묘사할수록 그들은 더 올바르게 묘사하게 되고, 그 속에서 사회의 은밀한 메카니즘이 더 분명하게 나타난다.[SK, Laden, 280][고딕체는 필자의 표기]

이런 이유로 크라카우어는 오히려 저질 삼류 영화들에서 보여주는 가난하고 권력없는 사람들의 백일몽들 속에서 하층민의 꿈과 희망, 즉 그 '사회의 억압된 꿈'을 파악할 수 있다고 본다. 결국 "유치하고 비현실적인 영화의 환상들도 그 '사회의 백일몽'이고, 이 속에서 그 사회의 실질적 현실이 나타나고, 게다가 그 사회의 억압된 소망들이 형상화된다"고 그는 생각하기 때문이다.[SK, Laden, 280]

이런 관점 하에서 크라카우어가 비평한 영화들로는 다음과 같은 작품들이 있다. 〈거지 대학생〉(Der Bettelstudent, 1927), 〈황태자의 연인〉(Die Geliebte seiner Hoheit) 같은 오페레테 영화들은 "관객들에게 경박하지만 사랑스러운 왕자들, 요정의 城들과 무미건조한 풍자 노래들을 퍼부어 대고", 〈희생〉(Opfer), 〈경박한 기사도〉(Leichte Kavallerie, 1927) 같은 전쟁영화들은 "'현재'가 묘사되는 경우에서도 그것은 시야에서 사라진다."[SK, Laden, 297] 다만, 당시의 이런 삼류 영화들은 오늘날 영상자료로 남아있지 않아서 영화들을 다시 볼 수 없고, 그때문에 필자와 독자들은 크라카우어의 비평을 이해하는 데에 어려움이 있을 수 있다.

환상과 비현실을 보여주는 영화들은 소시민의 백일몽들을 드러내며, 이들의 근본은 사회 전복顚覆을 목표로 하지 않는 위험하지 않은 짧은 꿈들로서 사회의 보수적인 이데올르기들이다. 더구나 실제 현실과 유리된 모험담이나 범죄물·로맨스 등이 보여지는 평균치 작품들, 대중적 상업영화들은 사회현실의 문제들을 회피하고 있고 짤막한 꿈을 제공하는 점에서 크라카우어는 '도주의 시도'라고 여기며 도피주의(escapism) 경향을 본다. 그래서 현실 묘사와 문제들을 의도적으로 회피하고 치장하여 나타나는 오락영화들에서 대중의 짤막한 꿈을 해석하려는 크라카우어의 시도, 즉 영화 속에 숨겨진 의미 내지 "영화의 '진정한' 발언을 읽어내려는 크라카우어의 영화비평은 일종의 번역작업을 필요로"했다.[DT, 186]

할리우드 장르영화의 제작방식에 따른 대중영화들을 비평한 실례는 「1928년 영화」(1928)에서 분명히 드러난다. 이 글에서 크라카우어는 대중의 취향에 맞추어 제작되는 '영화의 전형화' 혹은 '표준

〈거지 대학생〉(1927)

화'(standarization) 경향을 비판하며, 영화 속의 주제와 모티브(Motive/ motif)·이데올르기·사회적 메카니즘들을 분석한다. 여기서 그가 특히 유심히 관찰하는 것은 '전형적 모티브들(typische Motive)'인데, 영화 스토리에서 자주 나오는 모티브들은 결국 그 사회가 희구하는 것을 말해주기 때문이며, 그래서 그는 "영화 모티브들의 본질은 사회적 이데올르기의 총합이며, 이 모티브의 해석을 통해서 사회적 이데올르기들은 마법에서 풀린다"고 말한다.[SK, Laden, 282]

이처럼 크라카우어의 비평은 평범한 오락영화들 속에서 대중의 비현실적 환상·꿈을 파악하고, 사회에 내재된 이데올르기나 숨겨진 정치적 메시지를 읽어내려고 했다. 이에 따라 그는 비평가의 과제는 "평균치 영화들 속에 잠재된 사회적 의도들을 끄집어내서 분석하고 드러내는 데에 있다"고 보며, 그런 의미에서 "수준급의 영화비평가는 사회비평가로서만 생각할 수 있다"고 분명히 말한다.[SK, Aufgabe, 10, 11]

(2) 역사영화 비평

백일몽을 보여주는 대중영화들의 오락적 기능 뒤에 숨은 것은 보수적 이데올르기이다. 이런 보수적 이데올르기는 건전한 사회비판을 억압하는 기능이 있고, 후에는 비판기능을 마비시키게 된다. 크라카우어는 대중영화들이 사회비판성을 띠기 어려운 이유를 무엇보다도 영화가 자본주의 생산체제의 구조에 철저히 종속된 상품인 점에서 찾는다. 영화는 대중의 꿈에 봉사하는 오락물로 생산되는 소비상품으로서 대다수 관객인 소시민 계층과 하층민의 취향에 맞추기 위해서 부유층 및 사회 상류층을 비난하고 비판하기도 하지만, 그 비판이 영화 제작비의 제공자인 자본가의 존재를 위협할 정도까지 가지는 못하는데, 그것은 영화의 제작과 상영을 가능하게 하는 사회 체제와 그 기본 질서는 손상될 수는 없는 부분들이기 때문이다. 크라카우어는 영화에서 생산과 사회비판의 한계에 대해 이렇게 말한다.

> 관객은 분명히 상층 부류들의 상태에 대해 불평하는 노동자들과 소시민들로 구성되어 있고, 제작자는 소비자들의 사회비판적인 욕구들을 충족시켜야 사업 이익이 발생된다. 그러나 결코 제작자는 사회의 토대를 아주 미미한 것에서도 공격하는 묘사들로까지 유혹되지는 않을 것이다. 그렇지 않으면 그는 자본주의적 기업가로서 자신의 실존을 망가뜨릴 것이다.[SK, Laden, 279]

대자본가의 돈으로 만들어지는 영화들은 그들을 심각하게 공격하여 지배계급의 밑둥아리까지 흔들어 놓는 비판은 가능하지 않으므로, 영화에서는 약간의 비판이 허락될 뿐이다. 이렇게 회피할 수 없는 영화의 체제-긍정적인(system-affirmative) 속성으로 인해 크라카우어는 수많은 독일과 미국의 오락영화들은 생산 구조적으로 보수적 성격을 지닐 수밖에 없는 매체로 이해한다. 그 실례로서 크라카우어는 채플린의 〈황금광黃金狂〉(The Gold Rush, 1925)에서 주인공(채플린)이 명확한 해결없이 백만장자로 끝나는 결말을 '타협'이라고 본다.[SK, Laden, 279]

　이와 같은 관점으로 역사영화(historical film)을 볼 때에 보수성은 명백하게 파악된다. 역사영화에서는 '역사적 의미의 현재화'가 중요시된다고 크라카우어는 생각하지만, 역사를 배경으로 하는 대부분의 의상영화(Kostümfilm)나 스펙타클 영화들은 이런 의미가 결여된 채 과거 사건에서 눈요기만을 확대하여 제공할 뿐이기 때문이다. 이런 경향은 혁명적 사건을 다루는 영화에서도 마찬가지일 수 있다. 이런 영화들은 과거의 시간 · 공간으로 돌아가서 인물들이 역사적 의상을 입고 혁명의 승리를 보여줄지라도, 자유의 투쟁은 관객에게 이론상의 정의감을 만족시킬 뿐이고, 과거로의 단순한 회귀가 되어 혁명적 사건의 의미가 과거에만 갇혀 있는 경우가 되어 버리기 때문이다.(이런 사례는 한국의 TV 역사드라마에서도 찾을 수 있다.)

　대규모 제작이었던 미국 영화 〈벤허〉(Ben Hur, 1925)가 이에 대한 좋은 실례이다. 로마 시대를 배경으로 하는 이 영화에는 엄청난 제작비가

〈황금광〉(1925)

〈벤허〉(1925)

투입되어서 거대한 장비에 수많은 인원이 동원되어 화려한 오페라 같이 되었지만, 군중 장면들과 마차 경주 같은 장면들이 시각적 스펙타클을 위해 강조됨으로써 오로지 관객의 시각적 쾌락에만 봉사하고 내용은 빈약한 점을 크라카우어는 비판한다. [SK, Ben Hur, 164-5]

〈벤허〉에 대한 반대 경우로서 크라카우어는 에이젠슈타인의 〈전함 포템킨〉(The Battleship Potemkin, 1925)를 드는데, 여기서는 역사적 소재를 통해 현재적 의미가 전달된다고 보기 때문이다.[SK, Kino, 74-5. Orna, 279] 이런 이유에서 크라카우어는 "〈전함 포템킨〉은 '진실을 의미하고' 현실이 문제시되지만, 〈벤허〉에서는 세계사적 소재에 근거하여 소소한 私的인 사건이 크게 그려지고 있다"고 대비적으로 평가한다.[Kra, Ben Hur, 164-5] 이런 관점은 15년 후인 1940년에 쓰여진 「역사영화」(Der historische Film)에서도 재차 확인되는데, 크라카우어는 대형 장치와 화려한 의상을 근거로 하는 연극적인 분위기를 피하고 역사적 진행과정을 관객이 찬찬히 보게 만드는 칼 드라이어의 〈잔 다르크의 수난〉(La Passion de Jeanne d'Arc, 1932)과 프랑크 로이드의 〈기마행렬〉(Cavalcade, 1932) 같은 영화를 옹호한다.[SK, Historie, 43-4]

〈전함 포템킨〉(1925)

(3) 정신분산의 의식

　– "베를린의 대형 영화관들은 정신분산의 궁전들이다."

　크라카우어는 대도시의 영화관과 대중관객의 영화 관람행위에 대해서도 문화비평적인 글을 남겼다. 여기서 그가 자주 사용하는 중심 개념은 '정신분산'精神分散(Zerstreuung/distraction)으로 대중의 오락영화 수용방식을 특징짓는 용어이다. 당시의 에세이 「정신분산의 의식儀式」(Kult der Zerstreuung, 1926)에서 크라카우어의 표현에 따르면, '정신분산'은 우리 세계의 "지배되지 않는 혼돈의 반영"으로 그가 20년대 영화문화를 비판하는 핵심적 키워드이기도 하다.[SK, Kult, 316]

　영화가 20년대에 대중문화의 중심 차리를 차지하면서 베를린 같은 대도시에서는 화려하고 요란한 장식이 붙은 대형 영화관들이 생겨났다. 이런 영화관들은 집단관람의 형식으로 수용되는 영화 매체의 특징적 공간이다. 이런 대중 영화관에서 오락영화·삼류 영화들을 보여주며 중산층·노동자 관객에게 매일밤 싸구려 여흥을 제공하는 현상에 대해 크라카우어는 여기서의 영화들은 집단적 오락물로서 관객의 정신분산에 호소한다고 한다. 이제 이상주의 문화는 유령처럼 기웃거리기나 하고, 매일의 노동에 지친 소시민·노동자들은 힘든 일과로부터 해방되기 위해 정신분산적인 오락을 추구하기 때문이다. 크라카우어에게서 "'정신분산'은 사회질서 속에 확고하게 정착하지 못한 부류에게 욕구와 사회행위로서 해당된다"고 볼 수 있으며, 여기서 이런 부초浮草 같은 부류는 청소년과 여성·사회의 아웃사이더들, 또 사회의 계급구도에 명백하게 포함되지 않는 사무직원들을 말한다.[GK, 63]

　자본주의 산업사회에서 이런 대중의 영화관람 행위를 크라카우어는 '정신분산의 의식'이라고 보며, 이런 현상은 지방에서 보다 대도시 베

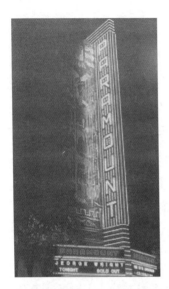
1920년대 베를린의 대형 영화관

를린의 관객에게서 더욱 심하다고 말한다. 그리고 이제는 세계 어디서나 유사한 취향을 가진 관객층이 형성되어 회사 사장부터 여점원까지 폭넓게 포함되는 "동질적 세계도시 관객"이 공유하는 틀에 짜여진 생각과 지향성에서 '대중적 취향'이 생겨나고 있음을 지적한다.[SK, Kult, 313]

심리적 욕구 해소를 위해 영화 관람을 하는 관객들이 가는 곳은 주로 대도시의 대형 영화관들이다. 대개 시내 중심지에 있는 이런 영화관 건물들은 화려하게 장식되어서 대중들을 꿈과 환상의 궁전으로 유혹한다. 크라카우어는 이런 영화관 건축물 자체에서 자본주의적 상품생산과 정신분산적 소비의 연결고리를 보기 때문에, 영화관에 이미 '반동적反動的 경향'이 내포되어 있다고 보았다. 더구나 이런 극장에서 상영되는 대부분의 대중적 오락영화들은 '현실도피적'인데, 관객이 현실과 대결하게 하지 않고 현실에 대해 눈을 감게 하기 때문이다. 이렇게 크라카우어는 대도시 영화관의 보수적 이데올르기를 비판하는데, 미하엘 슈뢰터는 현대의 대도시인들이 경험하게된 "혼돈의 반사작용이 정신분산적 도피"로 이어지게 되었다고 설명한다.[MS, 35-6]

4. 크라카우어 영화비평의 의미

영화와 영화관, 그리고 관객에 대한 사회학적 관찰이라고 할 수 있는 크라카우어의 영화 에세이들은 20년대 자본주의 사회에서 취향의 변화를 추적하고, 대중영화에 내재된 보수적 이데올르기를 간파하고 있다. 산업사회에 살고 있는 대중 집단의 욕구와 사회 행위가 오락과 소비를 원하는 점에서 크라카우어에게 영화는 '정신분산의 문화'이다. 정신분산을 원하는 이들에게 영화가 당대의 일상 문화로 받아들여지는 현상을 보면서 크라카우어는 그 특징으로 일회적이고, 소비적이고 反사고적이며, 현실로부터 도피주의 성향이 있음을 본다.

크라카우어의 20년대 영화비평들은 "시대의 진단(Zeitdiagnose)으로서 영화비평"으로서 현대 자본주의 사회현상에 대한 통찰력과 문화에 대한 폭넓은 안목으로부터 비롯된 선구적인 비평으로 인정받는다.[GK, 62] 특히 영화 자체만이 아니라 수용자인 관객에 눈을 돌린 점은 훗날 수용미학과 문화연구에서 수용자 분석으로서 중요시되는 '관객 연구'(audience research)를 앞서 시도한 것으로 여겨진다.

그러나 문화연구(cultural studies)의 관점에서는 크라카우어의 에세이들에 대해 비판적인 견해가 있다. 노동이 분업화되고, 인간이 노동으로부터 소외된 현대 자본주의 사회에서 일하는 기계가 된 인간들에게서 정신분산의 심리적 필요성을 인정하지 않고, 잠시의 '현실 망각적인 백일몽'이란 점을 근거로 "영화의 보수성을 지적하는 크라카우어의 견해도 역시 보수적"이라는 비판이 있다. 대규모 조직과 체제 하에서 반복적 노동을 하는 현대 대도시인들에게는 현실로부터의 이탈 욕구와 정신분산적 오락의 필요성이 인정되어야 하기 때문이다. 실제로 대중영화의 현실도피적 기능은 전세계적 현상이고, 할리우드 영화에서 더욱 현저하다.

또한, 오늘날 독일의 여성 영화학자들이 제기한 크라카우어에 대한 비판에는 페미니즘 관점까지 포함되어 매우 날카롭게 들린다. 크라카우어의 중심 개념으로서 '정신분산'에 대해 게르투르드 코흐는 그의 보수적인 사고와 문제점을 언급하며, 고급 엘리트로서 크라카우어는 대중의 사회적 욕구와 행위에 대한 이해와 사회적으로 뿌리없는 자들에 대한 이해도 부족하다는 점을 코흐는 비판한다.[GK, 60, 64] 더구나 크라카우어의 비평에서 관객은 영화의 이데올로기를 단순히 받아들이는 역할로만 여겨지는 점이 있는데, 여기서 그가 관객을 문화의 수동적 수용자로서만 보는 입장이 드러난다. 그런 이유로 하이데 쉴뤼프만도 크라카우어가 관객의 생산적 힘을 인정하고 있지 않으며, 그것은 「정신분산의 의식」 보다 「작은 여점원이 영화관에 간다」 에세이에서 더욱 심하다고 언급한다.[HS, 160]

그러나 필자는 위의 문화연구 관점과 두 여성 학자들의 비평이 잘못된 지적은 아니지만, 후대의 관점으로 과거의 저술을 재단해서는 곤란하다고 본다. 왜냐하면 80년대 이후 발전된 문화연구와 페미니즘 이론을 근거로 20년대 저술을 비평하는 것은 무리가 있다고 생각하기 때문이다. 모든 글은 특정한 사회와 시대에서 나온 산물이므로, 그 글이 쓰여진 당대 시대상황을 고려하지 않고, 오늘날의 눈과 잣대로 평가하는 것은 신중해야 한다.

게다가 그런 비판들 때문에 크라카우어의 비평이 남긴 공적을 간과하고, 제대로 평가하지 못한다면, 더욱 큰 문제이다. 크라카우어가 20년대 영화 속에 내포된 이데올르기를 분석하며 대중의 의식을 파헤치려는 의도는 40년대 후반에 커다란 결실을 맺었다. 히틀러 등장(1933) 이후 미국으로 이주한 유태인 크라카우어는 제2차대전 중에 뉴욕 현대미술박물관(Museum of Modern Art)의 연구 위촉을 받아 독일 영화에 대한 연구를 하게 되었고, 이 과정에서 바이마르 공화국 시대(1919~32)의 영화들과 주된 관객이었던 중소 시민계급의 의식과 심리적 성향(mentality)을 분석하여 유명한 영화비평서《칼리가리로부터 히틀러에게로. 독일 영화의 심리학적 연구 1919-32》(From Caligari to Hitler. A Psychological Study of German Films 1919-32)를 내놓았다. 이 비평서에서 저자는 20년대 성공적인 독일 영화들 속에서 정치적 마비 상태에서 히틀러라는 악마적 지도자에게 끌려간 독일 중소 시민계급의 의식을 분석했는데, 영화에 내재된 이데올르기와 특정한 영화들을 선호했던 수용자의 취향을 사회심리학적으로 분석한 훌륭한 실례로 여겨진다.

이 비평서와 더불어 크라카우어의 영화 에세이들은 60~70년대 이후 서독의 영화비평에 지대한 영향을 끼쳤으며, 유력한 영화 전문지였던『영화비평』(Filmkritik)과 영국의 『스크린』(Screen)은 방향 설정을 위해 프랑크푸르트 학파의 대중문화 비판론과 더불어 크라카우어의 영화비평을 진지하게 받아들였다. 이렇게 볼 때 영화비평 분야에서 크라카우어의 공로와 흔적은 매우 크다고 하겠고, 국내에도 알려질 필요가 있다.

그러면, 현 시대의 영화비평에서도 크라카우어의 관점과 방법은 여전히 유효할까? 독일 영화학자 다니엘 톰멘이 크라카우어의 비평에 대해 쓴 글「영화비평가로서 사회비평가」(1996)에서 강조하듯이, 크라카우어의 영화비평 방법과 관점은 오늘날에도 결코 낡은 것이 아니다.[DT, 186] 그렇지만, 그의 비평론은 계승되지 않아 오늘날에는 크라카우어 같은 비평가가 없다. 즉, 문학과 철학 미학 · 사회학을 바탕으로 시대문화 현상으로서 영화를 관찰하고 비평하여, 그 비평이 '문화사회학적 혹은 예술사회학적 에세이'라는 가치를 부여할만한 글을 쓰는 영화비평가는 한국 뿐만 아니라 세계적으로도 찾아보기 힘들다. 그것이 오늘날에는 크라카우어의 관점이 불필요하기 때문은 아닐 것이다. 필자의 생각에는 오늘날의 비평가들이 영화를 보는 눈이 많이 협소해진 데에 주된 원인이 있는 것 같다. 크라카우어의 관점과 방법을 토대로 활용하며 한국의 대중영화를 비평하고, 또 한국 사회에 내재된 이데올르기를 비평하는 것도 충분히 가능할텐데 말이다.

참고문헌

Sabine Hake: Filmpublizistik der Weimarer Jahre, in: Nobert Grob · Karl Prümm (ed): *Die Macht der Filmkritik: Positionen und Kontroversen*, München: edition Text + Kritik, 1990, pp. 25-36. [약칭, SH]

Heinz Heller: Massenkultur und ästhetische Urteilskraft. Zur Geschichte und Funktion der deutschen Filmkritik vor 1933, in: N. Grob · K. Prümm (ed): *Die Macht der Filmkritik: Positionen und Kontroversen*, pp. 25-43. [약칭, HH]

Anton Kaes: Film in der Weimarer Republik. Motor der Moderne, in: Wolfgang Jacobsen · Anton Kaes · Hans Helmut Prinzler (eds): *Geschichte der Deutschen Films*, Stuttgart/Weimar: Metzler, 1993, pp. 39-100. [약칭, AK]

Gertrud Koch: *Kracauer zur Einführung*, Hamburg: Junius, 1996. [약칭, GK]

Siegfried Kracauer: Kult der Zerstreuung, in: S. Kracauer: *Das Ornament der Masse*, Frankfurt am Main: Suhrkamp, 1977 (1st edition: 1963), pp. 311-317. [원전, *Frankfurter Zeitung*, 4. 3. 1926] [약칭, SK, Kult]

_____: Die kleinen Ladenmädchen gehen ins Kino, in: S. Kracauer: *Das Ornament der Masse*, Frankfurt am Main: Suhrkamp, 1977 (1st edition: 1963), pp. 279-294. [원전, *Frankfurter Zeitung*, 1927. 3. 11~19. [약칭, SK, Laden]

_____: Ben Hur, in: *Kino. Essays, Studien, Glossen zum Film*, Frankfurt am Main: Suhrkamp, 1974, pp. 163-165. [원전, *Frankfurter Zeitung*, 23. 10. 1926] [약칭, SK, Ben Hur]

_____: Über die Aufgabe des Filmkritikers, in: *Kino*, pp. 9-11. [원전, *Frankfurter Zeitung*, 23. 5. 1932] [약칭, SK, Aufgabe]

_____: Der historische Film, in: *Kino*, pp. 43-45. [원전, *National-Zeitung* (Basel), 9. 5. 1940] [약칭, SK, Historie]

_____: *From Caligari to Hitler. A Psychological Study of German Films 1919-32*, Princeton (USA): Princeton University Press, 1947 [독일어판, *Von Caligari zu Hitler. Eine psychologische Geschichte des deutschen Films*, Frankfurt am Main: Surhkamp, 1979]

Heide Schlüpmann: Phenomenology of Film: On Siegfried Kracauers Writings of the 1920s, in: *New German Critique* (Ithaca, USA), No. 40 (Winter 1987), pp. 97-114. [약칭, HS]

Michael Schroeter: Weltzerfall und Rekonstruktion. Zur Physiognomik Siegfried Kracauers, in: *Text + Kritik* (Muenchen), H 68 (Okt/1980), pp. 18-40. [약칭, MS]

Daniel Thommen: Der Gesellschaftskritiker als Filmkritiker, in: Andreas Volk (ed): *Siegfried Kracauer. Zum Werk des Romanciers, Feuilletonisten, Architekten, Filmwissenschaftlers und Soziologen*, Zürich: Seismo, 1996, pp. 185-196. [약칭, DT]

영화산업과
정책

유럽 영화와 미국 영화 1895~1945
– 영화 유럽(Film Europe)과 영화 아메리카(Film America)의 대립

1. 유럽과 미국의 영화 경쟁

영화의 출현(1895)부터 2000년까지 약 100여 년 동안 유럽과 미국의 관계를 살펴보는 것은 영화경제와 영화산업의 관점에서 중요한 의미가 있다. 오늘날까지 양 대륙의 영화는 세계 영화의 발전을 도모해왔을 뿐만 아니라, 세계 영화시장을 지배해 왔기 때문이다. 양 대륙에서 영화는 상품이자 문화적 매체로서 서로의 시장에 진출하고 경제적인 이익을 창출하고 문화적 영향을 끼쳐왔다. 이런 관계에서는 할리우드(Hollywood)라는 강력한 영화산업을 소유한 미국이 통합되지 않은 유럽 여러 나라들의 영화산업에 비해 항상 우월한 상업성과 문화적 영향력을 행사해왔다. 유럽 국가들은 이에 대항하고 자국 영화산업을 보존하기 위해 여러 가지 대응 조치와 영화 보호정책을 시행해오고 있다.

영화 수출입을 통한 외국시장의 점유와 지배 현상은 미국과 유럽 사이에 이미 영화 초기부터 문제로 떠오르기 시작했으며, 강력한 영화산업을 구축하고 세계 시장을 지배하려는 미국 영화에 대항하기 위해 유럽에서는 보호주의적인 주장이 일찍이 제기되었고 최근(2000년대 초반)까지도 논쟁이 되고 있다. 유럽은 '문화의 범주에서' 영화를 이해하면서 영화를 자국 문화의 보호 차원에서 자주 미국 할리우드 영화에 대항해 왔다. 유럽에서 문화를 근거로 영화를 보호하려는 노력은 영화의 역사만큼 오래된 것으로서 역사성을 갖고 있으며, 각 시기에 따라 다른 양상으로 나타났고 미국과 종종 첨예한 대립을 보이기도 했다.

영화의 수출과 수입의 관점에서 볼 때, 미국 영화(할리우드 영화)는 미국 바깥에서 세계 최대의 시장인 유럽에 진출하고 시장 점유를 높이려고 했다. 미국은 '자유 경쟁'을 외치며 잘 조직화된 영화 배급망과 뛰어난 오락성을 지닌 영화들을 대량으로 수출함으로써 경제적 이익을 높이고, 미국식 대중문화를 전파하려고 했다. 그때문에 미국의 자유무역(free trade) 주장과 유럽의 보호주의(protectionism) 정책은 영화사 100년 동안 자주 충돌이 일어났다.

반면에, 미국 영화에 대항해서 자국의 영화문화와 산업을 보호하려는 유럽의 영화정책들 가운데에는 다양한 조치들이 생겨났다. 이런 조치들 가운데서 널리 알려진 방식이 '스크린쿼터제'(screen quota system)이다. 유럽에서 1920년대 중엽 처음 시작된 이 영화 보호장치는 90년대 초반에 이르기까지 변화를 겪으며 시행되었고, 90년대 중반에는 세계무역 상황의 변화와 더불어 논란 속에 문제가 다시 떠오르기도 했다.

그런데, 영화를 둘러싼 논쟁에는 유럽과 미국의 경제적 · 문화적 여건만이 아니라, 서로의 정치적인 상황과 관계도 작용하고 있어서 표면적인 경제 통계로만 파악되지 않는다. 더구나 90년대 말이후 유럽에서는 동유럽 사회주의 붕괴 이후 유럽 연합(EU)가 결성되고, 화폐 통합이 추진되었고, 문화적인 차원에서도 '유럽 문화'에 대해 다시 생각하게 되면서 '유럽 영화'(European Cinema)에 대한 의식이 새롭게 일깨워졌다. 그

때문에 유럽–미국간의 영화 경쟁과 논쟁에 대해서는 경제적인 관점만이 아니라, 정치적·문화적 관점을 포함하여 복합적으로 이해해야할 필요가 있다.

이 글에서는 시장지배적인 미국 영화와 이에 저항하는 유럽 영화의 100년사를 돌아보며, 유럽(프랑스·독일·영국)에서 시행되었던 영화보호장치들을 살펴보고자 한다. 미국의 막강한 할리우드 영화에 대항하는 유럽의 영화보호장치들과 제도들의 성패에 관해 검토하는 것은 유사한 문제를 경험하고 있는 한국 영화정책을 위해 도움이 될 것이다.

2. 초기부터 제1차대전까지 1895~1918
– 프랑스와 이탈리아 영화산업의 성장과 외국 진출

영화를 먼저 상업적으로 이용하기 시작한 것은 영화가 탄생된 나라 프랑스였다. 영화의 초창기 발전을 주도했던 프랑스에서는 뤼미에르 형제의 영화사映畫社와 죠르쥬 멜리에스를 비롯한 영화사들의 짧막한 영상 쇼들이 관객 동원에 성공하자, 스튜디오를 만들어 제작을 확대하며 다양한 영화들을 내놓았다.

뤼미에르 영화사는 시네마토그라프 기구를 짊머진 촬영기사들을 전세계에 파견하여 세계의 풍물·사건·행사 등을 필름에 담아왔다. 이들은 아프리카·인도·중국·일본까지 와서 유럽과는 색다른 풍습과 생활상을 촬영해갔다. 그런데, 미국에 건너가서 촬영 중에는 촬영기사가 체포되는 사건이 일어나기도 했다. 1897년 1월 뉴욕 거리에서 눈싸움 장면을 촬영하던 뤼미에르 영화사의 기사는 '허가증이 없다'는 이유로 경찰서에 연행되었다. 곧이어 6월에는 해외 영화기구들이 불법적으로 반입된다는 이유로 세관이 개입하기 시작했고, 프랑스제 영화기구에 대한 압류조치가 시행되었고, 뤼미에르 영화팀은 미국에서 더이상 촬영을 중지하고 돌아왔다.[톨레, 22] 이 사건의 배경에는 당시(1896~97) 뤼미에르의 영화기구가 미국에서 발명된 영화기구들 보다 더 인기가 높았던 데에 있다. 이렇게 볼 때, 세계 최초로 영화보호 조치를 취한 나라는 미국이었다.

프랑스에서는 1900년대 초부터 영화제작이 활발해지고, 영화산업적으로 성장했다. 당시 생긴 영화사 파테(Pathé)와 고몽(Gaumont)은 스튜디오와 극장들을 소유하고, 프랑스 내에서 영화 배급체계를 장악했을 뿐만 아니라, 파테 영화사는 1910년경 영화제작사들의 수직 통합(제작-배급-상영)[1]을 시도했다. 이 두 영화사를 필두로 프랑스는 1900년대 초반부터 제1차대전(1914~18) 발발 전까지는 유럽 뿐만 아니라 미국에도 영화를 수출했다.

이탈리아는 프랑스 다음 가는 영화생산국으로서 대형 역사·서사 영화들을 제작하여 유럽 나라들과 미국에 적극적으로 수출했다. 이와는 달리 영국에서는 영화산업이 발달되지 못했는데, 이것은 향후 영국 영화시장이 외국 영화산업에 장악되는 토대를 제공하게 되었다. 제1차대전 전까지 영국에 배급되는 영화들 가운데에는 미국 영화들이 30%를 차지했던 것에 비해, 프랑스의 파테 영화사는 단독으로 40%를 차지하면서 지배적인 위치를 차지했고, 이탈리아 영화사들은 17%를 차지했다.[터너, 29] 이처럼 제1차대전 전까지 프랑스와 이탈리아의 영화산업은 발달된 시설을 바탕으로 적극적으로 해외판매를 시도하고 있었다.

---

1 '수직 통합'(vertical integration)이란 영화 경제에서 세 중심축이 되는 〈제작-배급-상영〉 부문을 한 영화사가 총괄적으로 운영하는 것을 말한다.

영화산업 기반이 취약한 독일에서도 프랑스의 파테와 고몽 영화사가 배급을 장악하고 있었다. 그 외에 덴마크의 노르디스크(Nordisk)와 몇몇 미국 영화사들이 영화를 공급하고 있었으며, 독일 영화는 자국 시장에서 불과 15%를 넘지 못했다.[HH, 54] 그러자 독일 정부는 제1차대전 중에 국내의 프랑스 영

독일 우파 영화사 로고 1917~91[2]

화사 지국들을 모두 폐쇄시켜 버렸다. 그리고 독일 정부는 군인들에게 보여줄 자국 영화가 절대적으로 부족함을 파악하고, 또 영화의 군사적이고 교육적인 역할을 인식하면서 영화산업의 육성을 절감했다. 그래서 제1차대전 중이었던 1917년 말 정부 주도로 노르디스크 영화사를 포함하여 몇몇 군소 영화사들을 통합하여 대형 제작사 우파(Ufa: Universum-Film-Aktiengesellschaft, 우주영화주식회사)를 탄생시켰다. 게다가 1차대전 종전 직후에는 수십 개의 소규모 독일 영화사들이 생겨나며 영화산업적 성장이 이루어졌다.

제1차대전 발발이후 프랑스와 이탈리아에서는 영화제작이 현저히 축소되었던 반면에, 미국에서는 서부 지역 로스 앤젤레스(Los Angeles)에서 1910년대 후반부터 수직과 수평 통합을 통해 대형 영화제작사들이 조직되면서 할리우드(Hollywood)가 형성되기 시작했다. 이제 할리우드에서는 제1차대전 이후 점차적으로 대규모 영화제작사들이 스스로 배급을 맡고, 영화관들과 연결 조직(극장 체인)을 형성하며, 소위 '메이저 영화사'들(majors)이 탄생하여 세계를 향해 영화를 생산해낼 준비를 갖추었다.

---

2   이미지 출처 https://en.wikipedia.org/wiki/UFA_GmbH

이 영화사들은 이미 제1차대전 중에 유럽에서 영화산업이 위축되거나 미발달된 상태에 있는 나라들로 적극 침투해 들어갔으며, 라틴 아메리카와 일본 등지도 파고 들어갔는데, 이미 제1차대전 끝무렵에 미국 영화는 세계 영화 총생산의 85%를 차지했다.[HH, 54] 이렇게 제1차대전을 고비로 세계 영화시장의 주도권은 프랑스·이탈리아에서 미국으로 완전히 넘어갔다.

3. 1920년대 할리우드의 유럽 진출과 유럽의 대응

(1) 독일의 보상제도

제1차대전 동안 유럽의 영화산업은 파괴되고 많은 손실을 입었던 반면에, 미국 영화는 1910년대 중반부터 산업적으로 성장하여 10년대 후반에는 유럽 시장에 적극 진출했다. 프랑스와 이탈리아에서 영화제작이 감소되자, 1918년 프랑스의 파테 영화사는 극장에서 25%는 프랑스 영화를 상영하자는 쿼터제를 제안하기도 했다. 그후 1920년대 유럽에서 프랑스·이탈리아·영국 등의 국가들은 모두 미국 영화에 압도적으로 지배되었다.

이와는 달리 뒤늦게 영화산업이 발전된 독일은 한동안 미국과 경쟁을 하기도 했다. 독일에서는 제1차대전 중에 영화의 정치적·군사적 선전 효과를 목도하고서 종전 직전 1917년부터 정부가 나서서 영화산업을 육성하기 시작했다. 이 시기에 정부와 독일 중앙은행의 금융 지원을 받아서 1918년 탄생한 우파(Ufa) 영화사는 곧 영화 제작과 배급을 시작했고, 대도시에 극장 체인망을 구축하면서 빠르게 독일 최대 영화사로 성장했다. 다른 독일 영화제작사들도 성장하여 1920년대 초반 독일은 우파를 중심으로 미국에 경쟁상대가 될 정도로 연간 200편 내지 500편 가량의 영화를 제작하고 수출했다.

당시 20년대에는 독일만이 미국과 경쟁하고 대항하는 유일한 유럽 국가였다. 독일 영화 〈마담 듀바리〉(Madame Duvary/미국 제목 〈Passion〉)와 〈칼리가리 박사의 밀실〉(Das Kabinett von Dr. Caligari)은 미국에서 예상 외로 성공을 거두었는데, 이것은 미국에서 독일 영화에 경계심을 보이는 계기가 되었다. 이 무렵 1921년 일간지 『뉴욕 타임즈』에 실린 다음의 글은 이런 입장을 드러내준다.

> 독일 영화를 두려워하지 말라. 독일의 많은 주요 영화들은 미국 관객에게는 너무 무시무시하다. 많은 영화들에 나오는 여배우는 젊지도 아름답지도 않아서 미국인들을 충분히 만족시킬 수 없다. 독일 영화감독들은 여러 미래파적인 효과들을 만들어내고 있다. 이런 영화들 중의 약간은 뛰어나게 만들어졌으나, 주제는 대개 음울하여 미국인들이 원하는 성격이 아니다.[AK, 74. 원전, 『The New York Times』, 1921. 5. 21.]

이렇게 1920년대 전반 독일 영화는 미국 영화와 경쟁관계에 있는 듯 했으나, 실제로 이런 경쟁은 오래 가지 못했다. 이미 20년대 중반부터 독일에서는 인플레와 실업 등으로 인해 경제 위기가 오면서 영화시장은 미국 영화에 크게 잠식당했다. 통계를 보면, 1923년 독일에서 영화 제작은 253편에 비해 미국 영화 상영은 102편에 불과했지만, 1926년에는 완전히 역전되어 독일에서 영화 제작은 185편에 미국 영화 상영은 216편이었다.[AK, 71] 더구나 20년대 중반이후 재정적으로 어려움을 겪던 독일의 영화사들에게 미국 자본이 투입되기도 했고, 열광적으로 성공적이었던 채플린 영화를 비롯하여 미국 영화의 점유율은 증가했다.

한편, 영국에서 영화산업은 중요하지 않은 산업으로 인식되어 발전될 기회를 얻지 못했고, 영국의 영화시장은 계속해서 외국 영화들에 의해 지배되었다. 영국인들은 극장만 소유했고, 상영되는 대부분 영화들은 미국과 프랑스 · 이탈리아 · 독일에서 왔다. 이 당시 영국에서 영화의 시장점유율을 보면, 20년대 초반 영국 영화는 15~20%에 불과했는데, 그것도 1926년에는 5%으로 하락했다.[터너, 30]

미국의 대형 영화사(메이저)들은 일괄 판매방식(block booking, 일명 '끼워 팔기') 같은 전략을 앞세워서 이미 20년대 초반부터 영국 뿐만 아니라, 프랑스 · 이탈리아에서도 지배적인 위치를 차지했다. 통계에 의하면, 20년대 초반 미국 영화는 영국과 이탈리아 시장의 80% 이상을 점유했으며[GN, 3], 1925년에는 영국에서 95%, 프랑스에서 77%, 이탈리아에서 66%를 차지하고 있었다. 그럼으로써 미국 영화는 전세계 시장의 65%를 차지하는 유럽 시장을 장악하고 있었으며[이/김, 72], 1926년 "전세계에서 매일 상영되는 영화의 평균 75%가 미국 영화"였다.[조엣/린튼, 170] 다음 〈표 5〉는 1920년대 중반부터 30년대 초반까지 독일과 프랑스 · 영국에서 상영된 자국 영화와 미국 영화의 작품 편수를 비교해준다.

〈표 5〉 1926~31년 유럽-미국 영화 상영작품 비율[KT, 64]

	독일 獨:美 영화	프랑스 佛:美 영화	영국 英:美 영화
1925 美영화 점유율	42%	77%	95%
1926[3]	202:229 (39:45%)	55:444 (10:79%)	36:620 (5:84%)
1929	192:142 (45:33%)	52:211 (12:48%)	87:495 (13:75%)
1931	148:80 (52:28%)	139:220 (31:49%)	139:470 (22:73%)

앞의 〈표 5〉에서 보이듯이, 독일을 제외하고 프랑스와 영국에서는 미국 영화가 압도적인 편수로 상영되고 있다. 게다가 독일에서 자국 영화 편수는 미국 보다 많았지만, 실지로 독일 관객들은 채플린의 영화에 열광하고 다른 미국 영화들에도 선호도가 높았던 점을 생각해 볼 때 관객점유율에서는 결과가 상반될 것이라고 추측된다.[당시의 관객점유율 통계 자료 없음]

그 때문에 20년대 중반 무렵 독일의 많은 문필가·지식인들은 미국 영화의 문화적 영향에 대해 비판적인 언급을 가하곤 했다. 독일의 지식인들은 특히 1924~29년 동안 독일 사회의 현대화가 가속화되고 美國化되는 데에 주요한 원인들 중의 하나로 미국 영화를 지적했는데, 할리우드는 "현대적이고 소비지향적인 매혹적 삶의 양식을 생산했고, 이런 이미지들은 유행, 社交, 이상적인 아름다움, 에로틱한 태도, 여가 선용에 대해서 지속적인 영향력을 행사했으며, 신세계에 대한 환상"을 심어주었다고 말한다.[AK, 70] 당시의 저명한 문화비평가인 허버트 예링(Herbert Jhering)은 1926년 이렇게 썼다.

> 그들은[영화관객]은 모두 '미국적 취향'에 예속되었고, 동일해졌고 획일화되었다. 미국 영화는 새로운 세계군국주의가 된 것이다. … 미국 영화는 프로이센의 군국주의보다 더 위험하다. 그것은 개인들을 삼켜버리는 것이 아니라, 민족 전체를 삼켜버린다.[AK, 70]

---

3   독일의 1926년에 대해서는 다른 통계도 있다. 〈독일영화사〉에 의하면, 1926년 독일 영화와 미국 영화의 상영은 185편:216편이다. A. Kaes: Film in der Weimarer Republik, in: *Geschichte des Deutschen Films*, 1993, p. 71.

사실, 이러한 미국 영화의 문화지배적인 현상은 20년대 초반부터 인식되고 있었지만, 20년대 중반을 넘어서 그 현상은 더욱 심화된 것이다. 미국 영화는 미국의 가치관 · 생활방식(life style) · '미국적 꿈'(American dream)을 유럽에 쉽고도 재미있게 전달하는 통로가 되고 있었고, 그럼으로써 유럽 문화에 미국식 문화를 심어놓는 가장 강력한 수단이 되었다.

이런 상황 속에서도 독일은 1920년대 초반 무렵 유럽에서 공격적으로 팽창하는 미국 영화산업에 대해 제작 뿐만 아니라, 법적으로도 저항을 했던 유일한 나라였다. 이러한 영화 관련 법규로는 '수입할당법'과 '보상제도'가 있었다. 이미 1920년대 초반부터 시행된 '수입할당법'(Kontingenzgesetz)은 수입된 영화편수 만큼 독일 영화가 수출되어야 한다는 것인데, 이 규정에 따라 미국 영화를 몇 편 수입하고서 독일 영화도 미국에 수출되었지만, 뉴욕에서 상영되는 독일 영화에는 관객이 적어서 상영이 취소되곤 했기 때문에, '수입할당법'은 실효가 없었다.[AK, 71]

그다음으로, 독일에서 1926~27년부터 실시된 '보상제도'(Kompen-sationssystem)는 일종의 1 : 1 규정으로서, 자국 영화 한 편 제작 후 외국 영화 한 편 수입이 가능하다는 규정이었다. 여기서 '외국 영화'란 대개 미국 영화를 겨냥하는 것이었고, 이 규정은 독일 영화시장에서 미국 영화의 범람을 막고 자국 영화의 제작을 보장하려는 목적이 있었지만, 곧 문제점이 드러났다. 왜냐하면, 흥행이 보장된 미국 영화를 수입하기 위해 싸구려 독일 영화가 양산되는 결과를 초래했기 때문이다.[AK, 71]

(2) 영국의 스크린쿼터제

프랑스와 이탈리아에서는 자국 영화의 상영시간을 보장하기 위해 '반대급부제'(quid and quo condition)와 미국 영화의 수입 제한, 관세 부과 등의 조치를 실시했으나 별 효과를 거두지 못했다.[GV, 132] 영국에서는 '스크린쿼터제'(screen quota system)가 최초로 도입되었다. 20년대 전반 영국의 영화시장은 미국과 프랑스 영화에 의해 지배당하고, 1926년 자국 영화 점유율이 5%까지 떨어지게 되자, 영국 의회에서는 1927년 영화역사 처음으로 '영화 헌장'(The Cinematograph Films Act)을 택하며 외국 영화에 대해 쿼터제를 부과하는 규정으로 스크린쿼터제를 도입하기로 의결했다.

이 법규는 영화의 상영시간(screen time)에 적용되는 것으로서 자국 영화의 일정량을 의무적으로 상영하게 하는 규정이었다. 당시 영국 정부는 모든 극장에서 매년 5%의 영국 영화를 상영할 것을 규정했고, 또한 '끼워 팔기'(block booking)[4]를 금지시켰다.[상영시간에 규제를 가하는 이 '스크린쿼터제'는 훗날 세계 여러 나라들에서도 시행되어 자국 영화의 보호장치로 유명하게 되었다.]

한편, 미국 영화사들은 '스크린쿼터제'가 시행되자, 이 규정을 피해가기 위해 영국에 子會社를 설립하여 미국 영화가 영국의 영화사를 통해 만들어진 것처럼 보이는 편법을 사용했다. 또한 미국 영화를 상영해서 이익을 얻으려는 영국의 극장들로 인해 소위 '쿼터 속성판'(quota quickies)들이 만들어졌는데, 이 극장들은 영국 자본으로 제작된 싸구려 영화들을 상영하여 스크린쿼터제에 따른 의무상영일을 채워버렸다. 결과적으로 당시 스크린 쿼터제도 별로 효과를 거두지 못하고 말았다.(이런 현상은 한국에서도 70~80년대에 있었다.)

더구나 1920년대 중부 유럽의 독일 · 오스트리아 · 헝가리 등지에서 등장하고 있던 파시즘으로 인해 이 국가들에서 활동하던 우수한 영화인들은 할리우드로 도피했고, 할리우드는 우수한 영화인력을 자연스

---

4   '끼워 팔기'(block booking)란 상업성이 높은 영화를 상업성이 약한 영화들과 함께 묶어 파는 방식을 말한다. 실례로, 1 + 4 해서 5편 혹은 1 + 9 해서 10편을 한 번에 파는 방법이다.

럽게 끌어들였던 까닭에, 유럽 영화산업은 적지 않은 인력 손실을 입었다.[5] 20년대 후반에 이르러 유럽 영화는 할리우드에 경쟁하기 더욱더 어려워졌다.

4. 영화 유럽(Film Europe) 운동 1924~32

(1) 영화 유럽의 전개

유럽에서는 20년대 중반 무렵부터 영화인들이 위기의식을 느끼고, 할리우드에 대항하여 유럽 영화가 협력해야할 필요성을 느꼈다. 이런 생각은 독일에서 먼저 제기되었다. 독일에서는 영화인들, 즉 영화감독·제작자·대본작가 등에게서 '유럽 영화'에 대한 우려가 일깨워졌고, 유럽 영화인들간의 공동제작과 투자·교류 등이 논의되었다.[6] 그런데, 이때의 '유럽 영화' 아이디어는 단순히 관심있는 유럽 영화사들의 협력만을 의미하는 것이 아니었고, 유럽의 정치적 자의식과 문화적 연대감을 바탕으로 도출되었던 점에서 상당히 복합적인 배경과 넓은 역사인

---

5 이런 유럽 영화인들로는 감독으로 에른스트 루비치, 파울 레니, E. A. 듀퐁, F. W. 무르나우, 루드비히 베르거, 연기자로는 에밀 야닝스, 콘라드 바이트, 폴라 네그리, 1933년 히틀러 등장 이후에는 프리츠 랑, 빌리 와일더, 오토 프레밍어, 프레드 치네만, 마이클 커티스(미하엘 쿠티츠), 더글라스 써크(데틀레프 지르크)와 같은 감독들과 그레타 가르보, 마를레네 디트리히 등 수많은 배우들이 있었다.

6 본래 영화에서 유럽 국가들간의 협력은 1910년대 초반부터 있었다. 덴마크 출신의 감독 우르반 가드(Urban Gad)와 스타 배우인 아스타 닐젠(Asta Nielsen)이 1910년대 초반부터, 그레타 가르보(Greta Garbo) 등은 20년대 중반 베를린 근교 포츠담의 우파 스튜디오에서 여러 편 영화제작을 했다. 그렇지만, 이때의 협력은 개별적인 영화작품을 위한 것이었고, '유럽 영화'에 대한 구상이 있던 것은 아니었다.

식을 내포하고 있었다.

근대 이후 20세기 초반까지 제국주의적 충돌과 제1차 세계대전을 경험한 유럽 대륙에서 독일과 프랑스의 좌파 정치인들은 1922~24년 유럽 문화의 공통적인 토대를 다시 의식하고 서로 정치적 이해와 경제적 협력의 필요성을 인식하고, '유럽합중국'(United States of Europe)에 대해 종종 언급함으로써 '유럽국가'(European Nations)에 대한 생각이 퍼지게 되었다. 그후 독일의 대형 영화사 우파(Ufa)의 대표로서 영화제작자이던 에리히 폼머(Erich Pommer)는 1924년 유럽 영화의 제작과 배급을 위해 유럽 국가들간에 협력의 필요성을 말했고, 1926년 파리에서 이를 재차 역설했다.[7] 실제로, 이 무렵 독일의 우파(Ufa) 영화사와 프랑스의 오베르(Aubert) 배급사는 협약을 맺으며 '영화 유럽'(Film Europe)을 위한 협력의 첫 걸음을 내딛었다.

1929년의 에리히 폼머
(1889~1966)[8]

영국 영화학자 힉슨·몰트비에 의하면 '영화 유럽'이란 용어는 독일 언론에서 먼저 사용되었고, 국내 시장의 확장과 더불어 미국 배급업자들에게 도전하기 위해 "국제 합작을 하는 활력있는 범유럽적인 영화 산업의 이상을 표현하기 위한 것"이었다고 한다.[AH, 2] 이처럼 다분히 유럽적인 의식에서 발생된 영화 유럽은 유럽주의(Europeanism)의 소산으로 유럽의 문화적 정체성과 밀접하게 연결되어 있고, 범유럽적인 협력을 포함하는 것이었다. 이처럼 20년대의 영화 유럽 운동은 정치적·경

---

7   에리히 폼머는 1926년 할리우드의 파라마운트에서 2년간 일하다가 1928년 우파로 되돌아왔다.

8   사진 출처 https://www.pinterest.at/pin/769130442591921316/

제적·문화적 배경으로부터 생겨났던 점이 기억될 필요가 있다. 그러면, 당시 왜 이런 복합적인 배경에서 영화 유럽의 필요성이 대두되었는지 20년대 유럽 영화와 문화의 상황을 잠시 살펴보자.

제1차대전(1914~18) 후 유럽의 영화산업은 상당 부분이 파괴되고 많은 손실을 입고, 프랑스와 이탈리아는 세계 시장에서 영화 생산과 수출을 주도하는 나라로서의 지위를 상실했다. 이때 미국의 메이저 영화사들은 유럽 시장에 적극 진출하여 대부분의 유럽 국가들에서 지배적인 위치를 차지했다. 통계에 의하면, 이 시기에 미국 영화는 영국과 이태리 시장의 80% 이상, 프랑스 시장의 70% 이상을 점유했으며, 당시 강력한 영화산업을 보유하고 있던 독일에서만 25~45%를 차지했다.[GN, 3] 그러자 유럽 국가들에서는 미국 영화의 점증하는 문화적 영향력을 우려하면서 "할리우드 영화를 통한 유럽의 植民地化"[AH, 9]를 지적하는 의견이 대두되었다. 독일의 영화비평가들은 위에서 언급한 바와 같이, 사회의 현대화와 더불어 美國化에 대한 주요 원인들 중의 하나로서 미국 영화를 지적하며 미국 영화가 아메리카니즘(americanism) 수출의 전위대 역할을 하고 있으며, 미국의 가치관·생활방식·아메리칸 드림을 유럽에 쉽고 재미있게 전달하는 통로가 되면서 미국 영화가 문화제국주의(cultural imperialism)의 첨병 역할을 수행하고 있음을 비판하기도 했다.[AK, 70]

이처럼 미국 영화는 유럽에서 경제와 문화 침입의 상징적인 대상으로 인식되었지만, 유럽 국가들에서는 "이 경제적 敵이자 이 문화적 他者와 맞부딪치는 것"이 힘겹게 느껴졌다.[VG, 20] 그래서 독일과 프랑스를 비롯한 유럽의 영화사들은 20년대 중엽 '영화 유럽'(Film Europe)이란 명칭 하에서 서로 협력하며 '영화 아메리카'(Film America)에 대항하는 방법을 강구하기 시작했다. 이것은 유럽의 대형 영화사들이 연합전선을 펼치며 미국 영화의 헤게모니에 도전하려는 시도로서 그 주된 목적은 제작과 배급에서 서로 협력하며 자국 시장을 보다 넓은 단위로 연결하는 것, 즉 유럽 영화의 "제작을 위해 보다 넓은 토대를 형성하는 것"이었다.[KT, 59]

그래서 20년대 후반(1926~29)에 걸쳐 실현된 영화 유럽 운동은 주로 제작과 배급의 두 가지 측면에 관련되었다. 첫 번째 차원은 유럽 국가들 간에 공동제작의 활성화이고, 두 번째 차원은 유럽 배급사들간의 상호 협정으로서 유럽을 국내 시장처럼 통합시켜 "장기적인 관점에서 집단적인 시장 점유를 보장하기 위해 범유럽적인 토대 위에서 배급을 합리화하려는 노력"이었으며, 주로 배급사들의 협력이 우세하게 진행되었다.[AH, 3] 몇 가지 실례를 보면, 독일의 우파(Ufa) 영화사는 1924년 프랑스의 배급사 오베르(Aubert)와 상호 배급협정을 맺었고, 1926년에는 북유럽의 스벤스카(Svenska)와 투자 및 상호배급협정(1926)을 맺었다. 독일 푀닉스(Phoenix)는 1926년 러시아 영화사 소브키노(Sovkino)와 제작-배급에서 협력하는 데루사(Derussa)를 만들었고(1929년 파산), 1927년 프랑스의 고몽(Gaumont)과 영국의 BIP(British International Pictures)는 배급에서 협력관계를 맺었고, 1928년 독일의 테라(Terra)와 프랑스의 시네로망(Cinéroman), 우파(Ufa)와 이태리의 루체(LUCE)가 배급에서 상호협력하기로 했다.[KT, 62]

배급 만큼 활발하지는 않았지만, 공동제작을 위한 협력도 이루어져서 영국의 젊은 알프레드 히치콕(Alfred Hitchcock) 감독이 독일(베를린)로 와서 〈환락의 정원〉(The Pleasure Garden, 1925)과 〈산독수리〉(The Mountain Eagle, 1925)를 만들었고, 독일 감독 에발트 뒤퐁(Ewald A. Dupont)은 영국에서 〈물랭 루즈〉(Moulin Rouge, 1928)와 〈피카딜리〉(Picadilly, 1929)를 만들었으며, 프랑스의 젊은 장 르노아르(Jean Renoir) 감독은 독일과 합작으로 〈나나〉(Nana, 1926)를 만들었다.[9] 게다가 이때의 '영화 유럽'에는 국경을 초월

9 　G. Nowell-Smith (1998): Introduction, p. 7. Enno Patalas (1999): *Alfred Hitchcock*, p.

한 상영을 위한 연합영화사를 만드는 시도도 포함되어 있었다.

이렇게 영화 유럽은 여러 야심찬 계획들을 포함하고 있었지만, 내적인 구성에는 문제를 안고 있었다. 영화 유럽은 사설 영화사들간에 자발적으로 결성된 영화연맹(Film Alliance)으로서 국가적 지원이 없는 순수 민간조직의 성격을 지니고 있었고, 당시 유럽에서 영화산업을 주도하던 나라들의 대형 영화사들이 참여하기는 했으나, 대부분 2개국간에 협정을 맺은 것이 다국적인 집단조직으로 확대되지는 못했다. 또한, 우파를 비롯한 독일 영화사들이 이 운동을 주도했을지라도, 그들이 전체 영화 유럽 운동에서 중심축을 형성하지는 못했다는 데에 구성상의 한계가 있다. 그때문에 영화 유럽은 몇몇 영화사들간의 신축성있고 열린 구성체이기는 했지만, 구속력이 약하고 안정된 기반 없이 중심축이 존재하지 않는 파편적이고 유약한 조직이었던 점이 내부 결점이었다.[AH, 4]

〈환락의 정원〉(1925)[10]

〈나나〉(Nana, 1926)[11]

〈피카딜리〉(Picadilly, 1929)[12]

152. G. Vincendeau (1995): *Encyclopedia of European Cinema*, p. 122.

10 사진 출처, https://silverinahaystack.wordpress.com/2017/10/16/the-pleasure-garden-1925/

11 사진 출처, https://www.themoviedb.org/movie/66812-nana?language=ko-KR

12 사진 출처, https://offscreen.com/view/peccadillo_piccadilly

(2) 영화 유럽의 산업적 효과

영화 유럽이 비교적 대형 영화사들간에 느슨한 형태로 맺어진 영화 카르텔(film cartel)이었지만, 결과적으로 볼 때에 스크린쿼터제와 더불어 1926~29년 동안 미국 영화의 유럽 진입을 감소시키는 역할을 한 것은 사실이다. 독일은 20년대 중반 45%였던 미국 영화의 점유율을 1930년경에는 20년대 초반처럼 30% 내외로 떨어뜨리고 자국 영화는 50%를 약간 넘는 상태로 끌어올렸으며, 프랑스는 20년대 중엽 무려 80%나 되던 미국 영화의 시장 점유율을 1930년 무렵 50% 이내로 떨어뜨리고 자국 영화의 점유율은 30%까지 상승시켰고, 영국도 80%가 넘었던 미국 영화의 점유율을 1927년을 고비로 70% 내외로 감소시키고 자국 영화는 조금씩 증가되어 1932년 24%까지 상승시켰다.[참조, 위 〈표 5〉 KT, 64]

그러나 1928년 전세계적으로 불어닥친 경제불황은 독일의 영화산업에 큰 타격을 주어서 영화사들의 도산과 합병이 일어났고, 영화 협력을 주도하던 독일에 치명적인 피해를 끼쳤다. 그럼에도 불구하고 독일 영화사들은 1920년대 말~30년대 초반에 시작된 유성영화의 도입기에 재차 미국 영화에 대한 장벽을 설치했다. 독일은 사운드 도입에서 다양한 유럽 언어가 미국 영화에 대해 장벽으로 작용할 것이라고 생각하며 네덜란드 영화사와 1929년 토비스-클랑 필름(Tobis-Klangfilm)을 설립하여 미국 영화의 유럽상영 허가에 대한 독점권을 행사했다. 사실, 유성영화 초기에는 미국도 영어를 유럽 언어로 더빙할 기술이 없었으므로, 토비스-클랑 필름은 미국 영화의 사운드 녹음과 복제에 대한 허가권을 통제하면서 1929~30년 사이에는 유럽 시장을 보호했다. 그러나 수년 후, 30년대 중엽에 더빙 기술이 발전되자 언어 장벽을 이용한 이런 보호장치는 효력을 상실했다.

결국, 20년대의 '영화 유럽' 운동은 단명한 프로젝트가 되고 말았다. 그 주된 이유는 위에서 언급한 내부 구성상의 문제와 더불어 외적으로는 20년대 후반 전세계적으로 발생한 경제위기에 있었다. 힉슨 · 몰트비는 경제공황으로 인해 각 나라들이 유럽주의 보다는 국가주의로 회귀하는 경향을 보였으므로, 프랑스가 1930년에 제창한 제안들이 국가주의의 부활 속에 파묻혀버렸다고 지적하며, 이것도 '영화 유럽'을 약화시킨 요인으로 본다.[AH, 15] 게다가 20년대 초반 이탈리아와 20년대 말엽 독일에서 대두된 파시즘이 유럽 국가들을 분열시켰던 점도 있다.

미국 역사학자 빅토리아 드 그라치아는 영화 유럽의 문제점을 당시의 시대상황과 함께 폭넓게 관찰하며 여러 정치사회적인 배경 때문에 영화 유럽 아이디어는 근본적으로 어려움을 안고 있었다고 본다. 그에 의하면, 제1차대전 후 패전국 독일에 부과한 전쟁배상금에 대한 연합국들의 의견 분열, 볼쉐비키 러시아의 고립화, 동유럽에서 소규모 민족국가들로의 분할, 해외 식민지에서 영국과 프랑스의 철수, 그리고 유럽에서의 경제 투자와 정치에 대한 미국의 모호한 입장 등이 유럽의 혼란을 가중시켰기 때문에 영화 협력이 용이하게 진행될 수 없었다고 한다.[VGb, 22-3] 그런데, 유럽의 대형 영화사들은 오히려 미국 영화사들과 협력하며 미국 시장에 진출하려는 시도를 하는 경우도 있었으므로, 이들은 단순히 미국 영화를 배척할 수 없었다. 이처럼 실제로 20년대 유럽 영화와 경제는 미국과 상당히 복잡한 관계에 놓여있던 측면이 있다.

이런 가운데서도 힉슨 · 몰트비는 20년대 영화 유럽 운동에서 긍정적인 부분을 찾고 있는데, 그것은 유럽 문화의 차원에서 영화 협력이 진행되면서 "국민영화(national cinema)와 유럽영화 모두의 본질을 이해하기 위한 이상적인 모델"이었음을 강조한다.[AH, 18] 즉, 이것은 유럽 국가들의 민족적 주권과 문화적 독립성을 인정하면서 범유럽적 협력이 가능했던 점에서 국가주의(nationalism)와 국제주의(internationalism)가 서로 배치되지 않고 추진될 수 있었음을 말한다. 그럼으로써 20년대 '영화 유럽' 운동에서는 국민영화와 지역주의적인 함의를 지닌 유럽영화가 서로 배치되지 않고 추진될 수 있었으며, 국제적인 관점에서도 문제시되지 않을 수 있었던 경우를 보게 되는데, 비록 실패한 모델이었지만 그후의 유럽영화를 위해 시사하는 바는 크다고 하겠다.

5. 사운드 도입과 미국의 시장 확대

1920년대 후반에는 소리(sound)가 없던 무성영화에 소리(대사 · 음향효과 · 음악)를 첨가하는 기술이 미국에서 먼저 이루어졌는데, 이런 기술적 혁신은 미국 영화를 더욱 강화시켰다. 미국에서 최초의 유성영화 〈재즈 싱어〉(Jazz Singer, 1927) 이후 영화사들은 곧바로 스튜디오와 극장에 소리를 도입하기 시작했다. 영화에서 '소리'는 기술적으로 원시적인 상태에서 포노그라프(phonographe)에 의해 재생되었는데, 초기(1927~29)에는 음성 합성(synchronization)이 어렵고, 소리 크기도 문제시되었다. 이런 초기의 결점에도 불구하고 미국의 대형 영화사들(Warner Brothers, MGM 등)은 과감한 투자를 하거나, 심지어 은행 자본의 대출을 받아서 스튜디오에 사운드 설비를 갖추고, 세계시장 공략에 나섰다. 반면에, 영화에서 '소리'의 문제점들을 염려하던 유럽 영화사들은 1931년까지 유성영화를 도입하는데 주저했다.

신속히 사운드 시스템을 도입한 할리우드의 메이저 영화사들은 30년대 중반 영화시장에서 독과점 체제를 굳혔고, 이때 8대 '메이저 영화사'들이 확립되었다. 대부분 오늘날까지 살아남은 대형 영화사들로는 워너 브라더스(Warner Brothers), 파라마운트(Paramount), 20세기 폭스(20 Century Fox), 로우스(Loews/곧 MGM: Metor-Goldwin-Mayor), RKO(Radio-Keith-Orpheum), 컬럼비아(Columbia), 유니버설(Universal), 유나이티드 아티스츠(United Artists)가 있다.[13] 결과적으로 사운드 시스템은 할리우드 영화가 유럽 시장을 재차 침투할 수 있는 계기를 주었다.

높은 오락성을 지닌 미국 영화가 전세계의 극장에서 미국적인 문화와 가치를 전파하고 미국을 선망하게 만드는 기능을 수행하고 있다는 것은 미국인들도 잘 알고 있었다. 미국의 영화제작자 월터 생어(Walte Sanger)는 1939년 "미국 영화가 세계에 대한 가장 직접적인 외교관이었다"라고 말했다.[조엣, 178]

하지만, 30년대에는 유럽 영화도 만개되어 영화제작이 활성화되었다. 특히 30년대 프랑스에 영화의 황금기가 도래하여 자국 영화가 성황을 이루어서 자연스럽게, 즉 어떤 제도적 조치의 도움 없이 할리우드 영화들을 압도할 수 있었다. 많은 능력있는 감독들이 등장하여 詩的 리얼리즘(poetic realism) 양식의 영화들과 더불어 30년대 중반이후 제2차대전 발발 전(1939)까지 프랑스 영화는 자국에서 50%를 넘어서 60~70%까지 차지했고, 미국 영화에게는 50%의 스크린 쿼터가 허락되었다. 영국의 영화산업도 기록영화로 회생하여, 30년대에는 오랜만에 자국 영화의 시장 점유율이 20%로 증가되었다.[KT, 64]

---

13 이들 중에서 제작 · 배급 · 상영 체인을 모두 소유하면서 수직 통합을 이룬 '빅 파이브'(Big 5)에는 앞의 다섯 회사가 들어가고, 제작과 배급망만을 소유한 '리틀 쓰리'(Little 3)는 마지막의 세 회사를 말한다. RKO는 1959년 다른 회사에 합병되어 없어졌다.

6. 파시즘 국가의 블록체제와 유럽 영화 1933~45

유럽에서 1920년대에 극우적 민족주의가 준동하면서 1922년 이탈리아와 1933년 독일에서 파시즘 정권이 등장했지만, 그렇다고 해서 '영화 유럽' 아이디어가 끝난 것은 아니었다. 다만, '영화 유럽'은 이후 다른 형태로 추진되었는데, 유럽 영화와 유럽 문화는 파시즘 국가들에 의해 배타적으로 결합되고 유럽 영화시장의 방어는 경제블록의 양상을 띠게 되었다. 나치즘이 들어선 독일은 '영화 유럽' 운동을 주도하는 역할에서 물러나게 되었지만, 유럽 시장에서 영화의 수출입을 통한 유럽 영화시장의 장악에는 여전히 큰 관심을 갖고 있었다. 그 이유는 파시즘 정권이 정치적 선전과 오락적 가치에 있어서 영화의 비중을 높이 인정하고 영화를 중심적인 문화 도구로 간주했을 뿐만 아니라, 나치 독일은 문화에 큰 관심을 기울이면서 자신을 '문화국가'(Kulturnation)로서 과시하려고 했기 때문이다. 그때문에 여기서 영화와 문화의 관계는 정치적인 힘에 의해 오히려 강화되는 현상을 보게 된다.

파시즘 정권이 들어선 독일과 이탈리아는 우선 국내 시장을 장악하고 미국 영화에 대항하기 위해 중앙통제적인 영화 조직을 만들었다. 독일에서는 히틀러가 집권한(1933) 이후 곧바로 재정 여건이 좋지 않은 중소 영화사들을 몇몇 개로 통폐합시키고 국유화를 시도했으며, 1942년에는 전부 우파 필름(UFA-Film), 후에는 우피(UFI)로 통합시켰다. 또한, 나치 독일은 독일 내에서 미국 메이저 영화사들의 배급을 금지시켰으며, 이탈리아도 1938년 이 방식을 뒤따라 실행했다.

그 외에도 독일은 여러 나라들을 선동하여 1935년 베니스 영화제에서 유럽 24개국과 인도·일본을 포함하는 국제적인 영화조직인 국제영화국(IFC: International Film Chamber)을 창설했다. 사실, 1934년에 시작된 베니스 영화제도 본래 파시즘 정권의 지원을 받으며 할리우드에 대항하는 유럽 영화산업의 부흥을 가져오려는 의도를 포함하고 있었다.[VG, 19] 이렇게 독일과 이탈리아의 영화 공동전선은 경제적 · 문화적 연대를 구축했으며, 30년대 중반부터 제2차대전 종전까지 10여년간 미국 영화의 유럽 침투를 저지하고 그들만의 유럽 영화시장을 보호하려고 했다. 그러나 실제로 미국 영화에 대항하는 獨-伊의 연합전선은 효력을 발휘하지는 못했다. 양국의 영화 제작과 상영 규모는 미국의 1/3에도 못 미쳤기 때문에 미국과 경쟁이 되지 않았다.[1939년 경우 미국 영화의 제작은 527편에 비해, 獨-伊의 영화제작은 160편에 불과했다. VG, 24]

하지만, 독일은 1939년 전쟁을 일으켜 동유럽과 서유럽을 점령한 후 넓은 지역에서 미국에 대항하는 구조를 만들어 놓았고, 그것은 종전 때까지 효력이 있었다. 나치 독일은 동맹국인 오스트리아 · 헝가리와 함께 1939년부터 프랑스 · 네덜란드 · 벨기에 등 서부 유럽과 중부 유럽, 덴마크 · 노르웨이 · 발틱해 연안국 등 유럽 대륙의 대부분을 점령하고 나서 '신질서의 유럽'(Europe of New Order)이란 기치 하에서 폐쇄적이고 배타적인 경제문화 블록을 구축했다. 독일이 주도하는 이 '대경제권'(Groß-Wirtschaftsraum) 지역에서는 미국 영화가 봉쇄되었는데, 따라서 제2차대전 기간 동안 전유럽에서는 나치에 점령되지 않은 영국만이 미국 영화를 수입할 수 있었다.

이와 더불어 독일은 점령지역에서 '국민영화'(national cinema)를 지원하면서 미국 영화를 몰아내는 정책을 추구했다. 독일은 유태인들이 참여하던 폴란드와 체코의 영화산업을 거의 붕괴시키고, 크로아티아와 슬로베니아 · 슬로바키아, 南東 유럽의 불가리아 · 루마니아 등지에서는 국민영화를 탄생시켰으며, 이탈리아와 헝가리 영화를 활성화시켰다.[GN, 3] 프랑스에서 나치는 유태인의 배급사들을 몰수하고 프랑스 영화산업을 재편성시켰으며, 친나치적인 비시(Vichy) 정권 하에서 영화산업조직위원회(COIC)를 중심으로 프랑스 영화를 지원하고 미국 영화를 몰아냈다.

　나치 독일이 추진한 이런 '영화 유럽'은 표면적으로 유럽 중소국가들의 국민영화를 부흥시키며 미국에 대항하는 유럽 영화를 강화시킨 듯이 보인다. 그러나 중부와 남부 유럽의 중소 국가들에서는 한편으로 국가주의를 부추기며 국민영화를 탄생시키고 지원하며, 또 다른 한편으로 미국에 대항하는 지역주의로서 유럽문화를 부각시키는 나치 독일의 영화정책에는 근본적인 문제성이 있었다. 독일이 주도한 것은 상호 인정과 평등에 근거한 범유럽주의(Pan-Europeanism)가 아니라 특정 국가에 의해 이끌리는 범국민적 영화(Pan-national cinema)였으며, 이러한 "파시즘적 국가주의와 경제적 보호주의의 전개"는 명백히 유럽 경제와 문화에서 왜곡된 형태였다.[VG, 23]

　더구나 나치 독일의 문화선전상 요셉 괴벨스에 의한 영화정책은 게르만 민족주의적인 영화를 선호함으로써 유럽주의에 근거하고 초국가적인 협력을 지향하는 본래의 '영화 유럽' 정신에 부합되지 않았다. 즉, 나치 독일과 이태리의 '영화 유럽'은 국가들간에서 국가주의(nationalism)와 국제주의(internationalism)가 서로 모순되는 것을 피할 수 없게 되었다. 그 때문에 그라치아가 정확하게 지적했듯이, 독일이 유럽주의의 종족적-정치적 특성에 근거하여 군사적 지배를 통해 유럽 문화의식을 강조하고 영화시장의 통합을 시도한 것은 인위적인 방법으로서 오히려 영화와 문화의 '정체성 위기'(identity crisis)를 불러일으켰다.[VG, 22] 이처럼 파시즘 시대에 영화와 문화가 긴밀하게 결합된 형태는 이상한 길로 가고 말았으며, '유럽 영화와 문화'에 대한 의문과 회의만을 증폭시켰다.

참고문헌

영화진흥위원회(편), 『한국영화연감』, 서울: 커뮤니케이션 북스, 2003, 2004.

앙마뉘엘 툴레, 『영화의 탄생』(김희균 역), 시공사, 1996. [원서, Emmanuelle Toulet: *Cinémato graphe, invention du siècle*, Paris: Gallimard, 1988] [약칭, 툴레]

야마다 카즈오(山田和夫), 『영화가 시대를 말한다』(박태옥 역), 한울출판사, 1998. [원서, 山田和夫, 『映畵 100年. 映畵が時代を語るとき』, 東京, 新日本出版社, 1995]

이상면, 「유럽영화와 할리우드의 관계」, 《서강 커뮤니케이션즈》(서강대학교 언론대학원), 제3호(2000), 189-209.

조엣 · 린톤, 『매스 커뮤니케이션으로서 영화』(김훈순 역), 서울: 나남출판사, 1994. [원서, Garth Jowett · James Linton: *Movies as Communication*, USA, 1989]

그래엄 터너, 『대중영화의 이해』(임재철 외 역), 한나래출판사, 1994. [원서, Graeme Turner: *Film as Social Practice*, London, 1993] [약칭, 터너]

Angus Finney: *The State of European Cinema. A New Dose of Reality*, London: Continuum, 1996. [약칭, AF]

Victoria de Grazia: European cinema and the idea of Europe 1925~95, in: Geoffrey Nowell-Smith · Steven Ricci (eds): *Hollywood and Europe. Economics, Culture, National Identity: 1945-95*, London: British Film Institute, 1998, pp. 19-33. [약칭, VG]

Andrew Higson · Richard Maltby: 'Film Europe' and 'Film America', in: A. Higson · R. Maltby (eds): *'Film Europe' and 'Film America'. Cinema, Commerce and Cultural Exchange 1920-1939*, Exeter: University of Exeter Press (UK), 1999, pp. 1-31. [약칭, AH]

Anton Kaes: Film in der Weimarer Republik. Motor der Moderne, in: Wolfgang Jacobsen · Anton Kaes · Helmut H. Prinzler (eds): *Geschichte des Deutschen Films*, Stuttgart/Weimar: J. B. Metzler, 1993, pp. 39-100. [약칭, AK]

Toby Miller: Hollywood and the world, in J. Hill · Pamela C. Gibson (eds): *The Oxford Guide to Film Studies*, Oxford/New York: Oxford University Press, 1998, pp. 371-381. [약칭, TM]

Geoffrey Nowell-Smith: Introduction, in: G. Nowell-Smith · S. Ricci (eds): *Hollywood and Europe*, pp. 1-16. [약칭, GN]

Enno Patalas: *Alfred Hitchcock*, München: Deutscher Taschenbuch Verlag, 1999. [약칭, EP]

Kristin Thompson: The Rise and Fall of Film Europe, in: A. Higson · R. Maltby (eds): *'Film Europe' and 'Film America'*, pp. 56-81. [약칭, KT]

Ginette Vincendeau: *Encyclopedia to European Cinema*, London: British Film Institute, 1995. [약칭, GVa]

_____: Issues in European cinema, in: J. Hill · P. C. Gibson (eds): *The Oxford Guide to Film Studies*, pp. 440-448. [약칭, GVb]

유럽 영화와 미국 영화 1945~2000
– 경쟁과 협력 혹은 지배의 역사

1. 제2차대전 후 유럽-미국의 영화협정

제2차대전 종료 후 미국은 유럽에 적극적으로 진출할 기회를 얻었다. 전쟁을 겪은 유럽 대륙에서는 영화 시설이 많이 파괴되고, 많은 우수한 인력이 미국으로 유출되어 유럽의 영화산업은 막대한 손실을 입었다. 과거 20년대 독일의 수준 높은 영화들, 30년대 프랑스 명감독들의 작품들, 40년대 영국의 기록영화들로 대변되는 유럽 영화는 파시즘과 전쟁으로 인해 수축되거나 붕괴되었고, 영화생산은 대폭 감소되었다.

전쟁 복구를 해야 하는 유럽은 할리우드 영화와 힘겨운 싸움을 해야 했던 반면에, 할리우드는 전쟁 중에도 영화 제작을 계속 하면서 유럽 시장에 풀어놓지 못한 영화들이 쌓여 있었다. 더구나 유럽 관객들도 오락적 가치가 높으며 전쟁 동안 볼 수 없었던 미국 영화를 선호했기 때문에, 종전 후 미국 영화의 유럽 침투는 그 가능성이 잠재되어 있었다. 결국, 또 한 번의 전쟁이 미국에게 유럽의 영화 경쟁자들을 물리치게 만들었다.

미국에서는 제2차대전 동안 유럽 시장이 봉쇄되어 필름이 쌓여가자 영화수출의 필요성을 절감했다. 그래서 전쟁 막바지 무렵부터 미국 정부는 서유럽으로 영화수출과 문화적 영향력 강화를 위해 정책을 수립하고 할리우드 영화인들, 특히 미국영화협회(MPAA: The Motion Picture Association of America)와 미국영화수출협회(MPEA: The Motion Picture Exports Association)[14]와 긴밀하게 협의했다.[IJ, 36-7] 특히 미국영화수출협회는 1945년 연방무역위원회의 산하 조직이 되었으며, 이로써 할리우드 영화의 해외 진출은 공공연히 정부의 도움을 받게 되었다.[15] 더구나 미국에서는 1948년 영화산업의 수직 통합(vertical integration)[16]이 연방 최고법원에서 금지 판결을 받자, 내수 시장이 축소되면서 해외 시장의 필요성이 증가되어 적극적으로 유럽 시장을 개척하려고 했다.[IJ, 37. GV, 132]

패전국 독일의 미영불 점령지역인 서독에서는 영화산업이 황폐화된 상황에서 승전국의 영화들이 밀려들어왔고, 특히 미국 영화들이 영화관의 프로그램을 채웠다. 서독의 영화산업은 40년대 후반 이후 점차 복구되며 영화제작을 재개했으나, 이미 많은 유능한 영화인력이 유출되었고, 과거(나치즘)를 극복하지 못한 감독들이 만드는 작품들의 수준에는 문제가 있었기 때문에, 미국 영화는 서독 영화시장을 지속적으로 지배할 수 있었다.

---

14   MPEA는 이전에 존재하던 미국의 영화제작배급협회(MPPDA: The Motion Picture Production Distribution Association)의 후신이다.

15   미국영화인협회와 영화수출협회 회장이었던 에릭 존스톤(Eric Johnston)은 1950년 대통령과 대화 후에 "나는 트루먼 대통령에게 여러 번 해외에서 미국 영화의 영향력에 대해 얘기했다. 대통령은 미국 영화를 '친선의 대사'(ambassadors of good will)라고 말씀하셨다"고 고백한다. 참조, 이용관/김지석, 『할리우드』, 77-78.

16   '수직 통합'이란 영화의 제작-배급-상영의 삼요소를 통합적으로 운영하는 것을 말함. 흔히 대형 영화제작사(메이저社)가 영화를 제작하고, 배급을 하며(유통과정 장악), 소유하고 있는 극장에서 상영까지 하는 것을 말한다.

여기서 잠시 유럽에서 종전 후 상황을 살펴볼 필요가 있다. 제2차 대전이 종료되자마자 미-소간에 냉전이 전개되고 동유럽에서는 소련의 적화赤化 전략이 시작되었으므로, 이에 대항하기 위해 미국은 서유럽에서 전쟁 복구와 좌경 세력의 확장을 저지하고, 또 영향력 확대를 위해 1947년 미국은 4년에 달하는 경제원조로서 '마샬 플랜'(the Marshall Plan)을 제시했다. 프랑스와 이탈리아는 이 원조를 받아들이기 위해 정부 내에서 좌파 세력(공산주의자)들을 몰아내고[17] 미국의 요구 조건들을 수용했는데, 그 중 하나가 미국 영화의 진출이었다. 이런 시대적 배경 속에서 종전 후 프랑스-미국, 영국-미국간에 영화협정이 맺어졌다.

(1) 1946/48년 佛-美 영화협정

프랑스와 미국은 전쟁 전에 존재하던 할당제(the contingent system)를 폐지하고 스크린쿼터제를 협의했다. 그래서 1946년 5월 워싱턴에서는 프랑스 대표인 외무부장관 레옹 블룸과 미국의 국무장관 제임스 번즈 사이에 '블룸-번즈 협정'(The Blum-Byrnes Agreement)이 맺어졌다. 이 협정에 따르면, 프랑스 영화관은 1년의 1/4인 13주 중에서 4주만 프랑스 영화를 위해 할당하고, 나머지 9주는 '자유경쟁'(free competition) 기간으로 미국 영화상영이 가능하게 되었다.[AM, 479. JJ, 49] 그러니까, 연간 16주(16/52주=112일=31%)의 상영시간만 프랑스 영화를 상영하고, 나머지 36주(36/52주=252일=69%)의 상영시간은 미국 영화에게 개방한다는 것이었다.

---

17 야마다 카즈오(山田和夫),『영화가 시대를 말한다』, 183. 필자 주) 제2차대전 중에는 프랑스와 이탈리아의 공산주의자들이 나치에 대항하는 레지스탕스 운동에 참여했기 때문에, 종전 후에는 이들이 정부 각료로 들어가는 경우가 있었음을 감안해야 한다.

이때 규정된 프랑스측의 16주(31%)는 제2차대전 전의 50%에 비하면 대폭 후퇴한 비율인데, 30년대 중후반 프랑스에서 자국 영화는 60~70% 가량으로 지배적인 위치를 차지하고 있었기 때문이다. 그래서 이 협약은 프랑스 영화인들의 분노와 강력한 반발을 불러일으켰다. 실제로, 이 협약이후 프랑스에서 미국 영화의 상영은 급증했다. 1946년 상반기에 38편에 불과했던 미국 영화는 하반기에 144편으로 늘어났고, 1947년 상반기에는 338편으로 치솟았다.[야마다, 183]

그러자 프랑스 영화계는 거세게 반발하며 영화인들이 1947년 12월 프랑스영화수호위원회를 결성하여 집단적으로 정부의 조치에 항의했다. 이들은 외무부장관 "블룸은 경제복구를 위해 영화산업을 팔았다"고 비난하고, "프랑스 영화는 죽을 것이다"는 구호를 외치며 유명 배우들이 포함된 영화인들이 파리 중심지에서 대규모 집단 시위를 벌였다.[JJ, 50]

이러한 집단소요로 인해 2년 후 1948년 미국과 프랑스는 '블룸-번즈 협정'을 수정하는 재협정을 맺게 되었다. 물론, 영화인들의 집단적 시위가 이 재협정에서 프랑스의 입장을 강화하는 데에 다소간 영향을 주었다고 볼 수 있지만, 당시 그들의 주장은 과장된 점이 있었다. 프랑스 국립영상센터(CNC: Centre de la Nationale Cinématographe)의 통계에 따르면, 이때 프랑스 영화산업이 심각하게 피해를 입은 것은 결코 아니었기 때문이다. 프랑스는 영화가 번창하던 30년대 중후반 연간 100~150여편을 제작했으므로, 1936년의 140편 제작에 비해 종전 직후 1946년의 80편은 대폭 축소된 양이었지만, 1947년에 92편, 1948년에 94편으로써 戰後상황이 점차 복구되면서 영화제작은 조금씩 증가되고 있었고, 1949년에는 총관객(3억 8700만 명) 중에서 프랑스 영화는 42.4%, 미국 영화는 44.5%의 관객점유율을 차지함으로써 프랑스 영화는 미국 영화와 거의 대등한 비율에 도달했다.[JJ, 53]

프랑스 영화학자 · 비평가 장-피에르 진콜라는 당시의 '영화 데모'
에는 경제적 · 예술적 이유 보다는 정치적인 이유가 있었다고 본다. 이
데모는 주로 공산주의자들에 의해 주도되었는데, 그 이유는 戰後 미국의
反共정책(매커시즘, McCarthyism)으로 인해 이들이 새롭게 구성되는 내각에
서 퇴출되고 있어서 反美的이고 집권당을 비판하는 시위에 앞장 섰다고
한다. 더구나 1947~57년 사이에 프랑스 영화는 죽거나 위기에 처한 것
이 아니라, 오히려 30년대 이후 다시 황금기를 구가하게 되었음을 지적
한다.[JJ, 52] 즉, 공산주의자들은 레지스탕스 운동을 했던 경력으로써 종
전 후 상당한 정치적 세력을 차지하고 있었으나, 미국의 경제지원 정책
때문에 밀려나게 되자 "反美" 구호를 외치며 민족적 감정에 호소하고,
미국 영화의 진입을 반대하면서 영화산업의 수호자로서 대중들에게 호
소했다.

　　아무튼 프랑스에서 격렬한 논란을 일으킨 블룸-번즈의 1946년 협
정은 검토-수정되었다. 그로부터 2년 후 1948년 9월 파리에서 국립영상
센터(CNC) 초대 위원장과 미국측 대표의 협상을 거쳐 프랑스 장관과 미
국 대사에 의해 조인되어 재조정되었다. 그래서 1948년 '파리 협정'(The
Paris Agreement)에서는 프랑스 영화가 강화되는 쪽으로 갱신되었으며, 13
주 중에서 4주가 5주로, 즉 연간 20주가 프랑스 영화를 위해 할당되어
31%에서 38%로 상영시간이 조금 늘어났고, 미국 영화가 상영 가능한
'자유경쟁' 기간은 69%에서 62%로 줄어들었고[AM, 479], 불어로 더빙된
미국 영화는 연간 120편까지 제한되었다. 그럼으로써 프랑스 영화는 분
기별로 연간 4주 쿼터제(112일)에서 5주 쿼터제(5주/13주=35일, 35x4=140일)
가 된 셈이다.

　　그렇다고 여기서 프랑스-미국간의 협상이 끝난 것은 아니었다. 그
로부터 4년이 지난 1952년 프랑스와 미국은 또다시 협상을 벌였으나 양

측은 어떤 합의를 이루지 못했고, 3개월에 '5주 쿼터제'는 유지되었다. 사실상, 이 '블름-번즈 협정'은 영화(영상물)를 둘러싸고 프랑스와 미국 사이에서 오늘날까지 지속되고 있는 갈등이 표출된 것으로서 '佛-美영화전쟁'(the Franco-American Cinema War)의 시초라고 불린다. 또한, 유럽에서 영화에 대한 보호주의가 거론되면서 정부 관료들에 의해 공공연히 '문화' 문제가 언급되기 시작된 것도 이때부터였다.[IJ, 37]

이런 과정에서 1946년 10월에 창설된 프랑스의 국립영상센터(CNC)가 매우 긴요하고 의미있는 역할을 담당했다. CNC는 극장들을 감시하며 미국 영화에 개방된 시간(69%)을 초과하는 극장들에게 경고를 주고, 1948년 미국과의 재협상에서 프랑스측에 유리한 결론을 끌어냈을 뿐만 아니라 미국 영화에 대항하기 위해 이탈리아와 시장을 확대하기 위한 협력체제를 구축했다. 또한, 1948년 프랑스 의회에서는 영화 산업을 육성하기 위해 CNC 위원장 미셸 푸르-코르므레(Michel Fourre-Cormeray)가 고안한 지원 법규가 승인되었다. 이런 지원 정책은 50년대에도 지속되어 CNC는 정부의 영화 지원정책에 대한 초석을 제시했다.

(2) 1948년 英-美 영화협정

영국의 영화산업도 제2차대전 후 기록영화로 회생하여 오랫만에 자국 영화의 시장 점유율이 증가되었다. 영국에서는 제2차대전 종료 후 모든 극장의 상영시간에서 연간 22.5%는 영국 영화를 상영하도록 규정했지만, 우연치 않게 종전 후 시기에는 영국에서는 뛰어난 감독과 배우들이 만든 수작들이 많이 나왔던 것에 힘입어 1947년 무렵 영국 영화의 상영시간은 45%까지 상승되었다. 이 시기의 우수한 영화들로는 데이비드 린 감독의 〈밀회〉(Brief Encounter, 1945), 로렌스 올리비에의 〈햄릿〉

(Hamlet, 1948), 캐롤 리드 감독의 〈제3의 남자〉(The Third Man, 1949) 등이 있었다.[18]

그러나 미국은 이렇게 처음 맞이한 영국 영화의 황금기를 경제원조 정책으로써 퇴색시켜 버리고, 다시 할리우드 영화를 증식시켰다. 1948년 '英美영화협정'(The Anglo-American Agreement)에서는 영국 영화의 상영시간 할당을 40%로 낮추는 대신, 미국 영화는 영국에서의 수익금 중에서 1,700만불까지만 송금하고, 그 나머지는 영국의 영화산업에 투자하여 합작영화 기금으로 사용할 것을 규정했다. 그로부터 2년 후 1950년 영국 영화의 시간 할당은 다시 30%로 내려갔다.

그 결과, 영국에서 영화제작이 제한받게 되자 여러 스튜디오들이 문을 닫고 많은 영화인들이 실업자가 되어 영화인들은 1948년 10월과 1949년 2월 거리에서 시위를 했다.[야마다, 185-6] 그후 1951년 런던에서는 영화산업을 구하고 민족문화를 지키며 실업을 해결하는 영화의 제작을 위해 유명한 배우 로렌스 올리비에가 앞장을 서며 '영화산업직원평의회'가 결성되었다.

이렇게 볼 때, 프랑스와 영국은 제2차대전 직후 유럽 시장에 적극 침투했던 미국 영화에 대항하는 보호장치로서 미국과 영화협정을 맺었지만, 그럼에도 미국 영화는 점차 유럽 영화시장을 더 많이 지배해가고 있었다. 게다가 프랑스/영국에서 1948년의 협정은 미국의 영화 수익금을 축적하게 만들어서 미국에게는 '해외 제작'(runaway production)을 가능하게 했다.[GV, 132]

---

18 戰後時代(1940년대 후반)의 성공적인 영화로는 그외에 데이비드 린의 〈위대한 유산〉(Great Expectations, 1946), 〈올리버 트위스트〉(Oliver Twist, 1948), 로렌스 올리비에의 〈헨리 5세〉(Henry V, 1945), 마이클 포웰/에머릭 프레스버거의 〈빨간 구두〉(The Red Shoes, 1948) 등이 있다.

2. 1950~60년대 유럽과 미국의 협력

(1) 서유럽 영화의 부흥

유럽에서는 40년대 후반 전쟁 후의 경제적·사회적 어려움들이 점차로 극복되면서 50년대 초반이후 서독과 영국을 제외하고 영화제작에서 다시 긍정적인 변화가 왔다. 주로 프랑스와 이탈리아에서 일어난 이런 변화에는 정부의 지원정책을 바탕으로 영화제작이 증가하고 새로운 세대의 재능있는 영화인들이 출현하여 영화 부흥을 이루었다.

프랑스에서는 40년대 후반부터 지속적으로 영화지원 정책이 수립되고 실효를 거두었다. 1948년 첫 번째 지원 프로그램은 '잠정적인' 것으로 예정되었으나, 그후 1953년에 강화되었고, 1959년에 또다시 갱신되었다.[JJ, 56. GV, 144] 또한, 프랑스와 이탈리아에서는 50년대 초반 정부가 지원하는 영화 수출조직(Unifrance, Unitalia)이 구성되었다. 게다가 유럽에서는 대규모 국제영화제들이 시작되며 성황을 이루었는데, 이미 전쟁전에 시작된 베니스 영화제(1932)에 이어서 칸느 영화제(1946), 카를로비바리(1946), 로카르노(1946), 에딘버러(1947), 그리고 냉전상황 속에서 발생된 베를린 봉쇄(Berlin blockade)를 겪고 창설된 베를린 영화제(1951) 등이 영화 부흥에 일조를 했다.

이와 더불어 전후의 새로운 영화운동으로 대변되는 이탈리아의 네오 리얼리즘(Neo realism)과 60년대 프랑스의 누벨 바그(Nouvelle Vague)와 영국의 프리 시네마(Free Cinema), 서독의 뉴저먼 시네마(New German Cinema)의 영화들은 젊은 지식인 관객층을 극장으로 끌어들이는데 성공했다. 여기에는 정부 차원의 영화진흥정책이 기여한 바가 컸다. 프랑스의 CNC를 필두로 영국의 영화연구원(BFI: British Film Institute), 서독의 영화

베니스 1932년[19]   칸느 1946년[20]   베를린 1951년[21]

진흥청(FFA: Film Förderungsanstalt)는 다각적으로 자국 영화를 지원하고, 영화문화를 활성화시켜려고 노력했다.

게다가, 50년대 말이후 서유럽에서는 유럽 국가들간에 자본과 기술·인력을 합하고 시장을 확대하자는 의미에서 합작이 빈번히 시도되었다. 특히 프랑스-이탈리아 사이에서 자주 공동제작이 시도되었는데, 이런 영화들로는 막스 오퓔스 감독의 〈마담…〉(1953), 비토리오 데 시카 감독의 〈롤라 몬테〉(1955) 등이 있고, 합작의 대표적인 경우로 꼽히는 〈돈 카밀로〉(Don Camillo) 시리즈는 1952~65년 사이에 5편이나 제작되었다.[22] 이탈리아에서는 루치노 비스콘티가 이런 프랑스-이탈리아 합작영화의 감독을 자주 맡았다. 서독도 합작에 적극적이었다. 서독에서는 60

---

19 이미지 출처, https://en.wikipedia.org/wiki/1st_Venice_International_Film_Festival

20 이미지 출처, https://en.wikipedia.org/wiki/1946_Cannes_Film_Festival

21 이미지 출처, https://en.wikipedia.org/wiki/1st_Berlin_International_Film_Festival

22 〈La cio ciara〉(1960), 〈Il giudizio univeralse〉(1961), 〈I sequestratidi Altona〉(1962).

년대에 제작된 영화들 가운데 40%가 유럽 국가들과 공동제작이 될 정도였는데, 주로 프랑스-이탈리아와 협력이 많았다.[GN, 8-9]

이렇게 50~60년대 유럽 영화의 부활에는 유럽에서의 여러 가지 좋은 조건들이 뒷받침되었지만, 또한 미국으로부터의 영향도 있었다. 그것은 할리우드 영화산업의 변동과 침체였다. 미국에서 60년대 이후 할리우드의 전통적인 스튜디오들이 몰락한 것이 유럽에 긍정적 영향을 끼쳤고, 세계 시장에서 다른 나라들의 영화생산에서 다시 경쟁을 촉진시켰다.

프랑스의 경우를 상세히 살펴보면, 영화산업은 50년대에 완전히 회생되었으며, 60년대 초반이후는 부흥기라고 할 정도로 호황을 누리며 미국 영화를 압도했다. 프랑스 영화는 이미 50년대 중엽부터는 지난 30년대처럼 미국 영화보다 더 많은 시장점유율을 유지했으며, 60년대에 들어서서 프랑스 영화는 압도적인 우위를 차지했으며, 70년대에도 지속적으로 절반 가량 점유했고 미국 영화는 20~30%에 불과했다.

〈표 6〉 1950~70년대 프랑스 영화와 미국 영화[CNC 자료. JJ, 53]

연도	프랑스 영화	미국 영화
1956	49%	33%
1967	55%	30%
1970	49%	26%
1973	58%	20%
1976	51%	28%
1979	50%	29%

(2) 유로-아메리칸 시네마

사실상, 50년대 중반 이후 60년대에는 미국이 어려운 상황에 처했는데, 50년대 할리우드에서는 대량 실업이 생겨났고, TV 수상기의 일반 가정 보급으로 인해 영화가 위협받으며 영화관객이 대폭 감소했다. 이때 '영화의 위기'를 극복하기 위해 시네마스코프(cinemascope), 파나비전(panavision) 등과 같은 대형 화면(wide screen) 영화의 제작이 생겨났고, 관객 확보를 위해 유럽과 미국이 협력하는 방식이 생겨났다. 이런 제작방식의 영화들을 '유로-아메리칸 시네마'(Euro-American Cinema) 혹은 작품에 따라 '유로-아메리칸 예술영화'(Euro-American Art Film)라고 한다. 이같은 양대륙간의 공동제작이 처음은 아니지만, 50~60년대에는 텔레비전을 압도하려는 의도에서 대규모 영화를 만들었다는 점에서 유럽-미국의 협력이 과거와 달랐다.[GV, 132-3]

이런 제작의 토대는 미국의 자본·기술·스타와 영화 기법에다가 유럽의 영화인력(감독과 스탭), 예술적 소재 및 양식이 결합된 것으로, 유럽의 비교적 저임금과 유연성있는 노동규정(이태리, 스페인)에 근거하여 유럽에서 제작비용이 미국 보다 저렴한 점이 작용했다. 그때문에 미국에서는 '도피 제작'(runaway production)이라고 불리는 이런 합작이 실제로 상당히 많이 진행되었다.[TM, 377] 당시 성공적인 유로-아메리칸 시네마들로는 〈알렉산더 大帝〉(Alexander the Great, 1955), 〈벤허〉(Ben Hur, 1959), 〈아라비아의 로렌스〉(Lawrence of Arabia, 1962), 〈北京에서 55일〉(55 Days of Peking, 1964), 〈닥터 지바고〉(Doctor Zhivago, 1965) 등과 같이 오늘날에도 명화로 기억되는 영화들이다. 그리고 60년대 중반에는 소위 '마카로니 웨스턴'(macaronni western)이라고 불리며, 세계 시장을 겨냥하며 이탈리아-미국 합작의 대형 서부 영화들도 만들어졌다.[예, 〈옛날 옛적에 서부에서〉(Once upon a Time in the West, 1968)] 이처럼 유럽과 미국의 밀월시대를 구가하던 합작은 70년대 초반 이후 유럽에서의 물가 상승으로 인해 중단되었다.[23]

[참조] 유로-아메리칸 시네마

〈벤허〉(1959)[24]

〈아라비아의 로맨스〉(1962)[25]

〈닥터지바고〉(1965)[26]

---

23 그후 1980~90년대에도 유럽-미국의 합작은 가끔 계속 시도되었다. 실례로 〈Blow Up〉 (1967), 〈파리에서의 마지막 탱고〉(1972), 〈파리, 텍사스〉(1984), 〈끝없는 이야기〉(Never Ending Story, 1984), 〈마지막 황제〉(1987), 〈영혼의 집〉(The House of the Spirit, 1993) 등 이 있다.

24 사진 출처, https://www.diomedia.com/stock-photo-ben-hur-1959-usa-image5474973.html

25 사진 출처, https://www.imdb.com/title/tt0056172/mediaviewer/rm4100983296

26 사진 출처, https://classiq.me/doctor-zhivago-1965/doctor-zhivago-1965

이즈음 60년대 유럽에서는 영화에 대한 보호주의가 다시 거론되면서 이때부터 정부 관료들에 의해 공공연히 '문화' 문제가 언급되기 시작했다.[IJ. 37] 이미 전쟁 전에도 영국에서는 1933년에 설립된 영국영화연구원(BFI)이 있었고, 프랑스에서는 국립영상센터(CNC) 같은 기관이 영화지원을 하고 있었지만, 60년대 시점에 유럽에서는 국가 차원에서 보다 체계적이고 지속적으로 영화와 영화문화를 다각적으로 지원하는 정책을 수립·실행하기 위한 제도가 적극적으로 추진되었다. 여기서 모범적인 사례는 스웨덴 영화원(Svenska filminstitutet, 설립 1963)이었는데, 다른 나라들도(네덜란드, 덴마크 등) 이를 모델로 자국 영화를 지원하는 기관을 잇달아 설립했다.

이런 국립 영화지원기관들은 대개 영화 입장권에서 일정 금액(3~10%)을 거두어들여 재원을 마련하여 자국 영화산업과 영화문화를 보존-육성하는 데에 사용했다. 이 국방부 직할부대 및 기관들은 대개 예술/작가영화의 제작과 배급·상영을 지원할 뿐만 아니라, 자국 영화의 적극적인 해외 홍보 및 영화제 개최, 영화 교육과 명작영화 상영(시네마테크 등)과 같은 활동을 했다. 또한, 이들은 텔레비전 방송국과도 협력하여 비상업적인 예술/작가영화 및 기록영화의 TV 방영을 추진하며, 다양하고 건전한 영화문화 발전을 위해 기여했고, 이런 활동은 오늘날까지 지속되고 있다.

3. 1980~90년대 미국 영화의 유럽 지배

미국 영화와 유럽의 관계는 80년대 들어서 또 달라졌다. 이제 할리우드는 대자본과 스타 배우들을 기용하고 첨단 기술을 이용한 블록버스터 영화들을(스필버그의 〈쥬라기 공원〉 등) 앞세워서 80년대 중반부터 서유럽 국가들의 영화시장을 대폭 잠식했다. 우월한 요소들을 극대화시키며, 흥미로운 소재를 대형 스펙타클 오락영화로 만들 수 있는 할리우드는 서유럽 국가들 뿐만 아니라 전세계의 영화시장을 지배하게 되었고, 이런 현상은 90년대에 이어 오늘날까지 이어지고 있다.

사실, 미국 블록버스터 영화들의 세계 시장점령은 이미 70년대 중반부터 시작되었는데, 그 중심에는 대형 흥행작의 대명사가 된 스티븐 스필버그 감독의 영화들이 있었다. 전세계의 많은 관객을 끌어들인 그의 작품들은 〈죠스〉(Jaws, 1975)를 필두로 〈인디아나 존스〉(Indiana Jones 1-2-3, 1981-84-89), 〈쥬라기 공원 I-II〉(Jurassic Park, 1993-97)이 이어졌고, 그 외에도 〈터미네이터 2〉(Terminator, 1997) 같은 대형 스펙터클 영화들이 80~90년대에 계속 나왔다.

유럽 상황을 평균적으로 볼 때, 80년대 초반 미국 영화의 시장점유율은 50% 이하였지만, 90년대에 들어서서는 70%를 넘어섰다.[여기서 '시장 점유'(market share)는 영화를 관람한 관객 숫자를 근거로 산정됨] 유럽에서 미국 영화의 시장점유율은 1990년 70%를 기록했고, 1992년 73%, 1993년 75%, 1994년 74%, 1995년 72%, 1996년 70%에 도달했다.[27] 미국 영화는 비교적 영화산업이 취약한 영국 · 독일에서 뿐만 아니라, 영화 강국인 프랑스와 이탈리아에서도 시장 점유율을 높인 것이 과거와 다른 점이며, 이런 현상은 오늘날까지 유사하게 지속되고 있다.

통계를 보면, 프랑스에서 자국 영화는 1980년 47%에서 1994년 32%로 하락한 반면에, 미국 영화는 35%에서 58%로 많이 상승했다.[GN, 3] 이런 수치는 1987년을 기점으로 역전되었고(佛 : 美 = 36 : 44%),

---

27   A. Finney: *The State of European Cinema*, 1996, p. 15. *CNC Info*, No. 269/mai 1998, p. 67.

[참조] 미국의 대형 블록버스터 영화

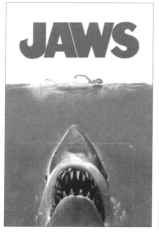

〈죠스〉(1975)[28]

〈인디아나 존스〉(1989)[29]

90년대 들어서 미국 영화의 점유율은 더 상승되어 미국 영화의 점유율은 50% 대이고 프랑스 영화는 35% 내외에 불과했다. 영화강국인 프랑스를 제외한 대부분 유럽 국가들에서 미국영화의 점유율은 더욱 높았다.

스페인에서 미국 영화의 점유율 대부분 70%대에 비해 자국 영화는 10% 내외에 불과하다. 영국에서는 미국 영화가 항상 70% 후반이고, 영국 영화는 10~15%에 그치고 있으며, 90년대 후반에만 잠시 20%까지 소폭 상승이 있었다.[GN. 3] 독일에서도 자국 영화의 점유율이 17% 이하에 불과하고, 미국 영화의 시장 점유는 70~80%대에 이르른다. 독일 영화의 자국 시장 점유율은 위의 유럽 국가들 중에서 가장 낮아서 90년대 후반 독일 영화는 10% 전반대의 점유율을 차지하고 있을 뿐이다.

---

28 이미지 출처, https://www.allmovie.com/movie/jaws-v25912

29 이미지 출처, https://en.wikipedia.org/wiki/Indiana_Jones_and_the_Last_Crusade

이렇게 볼 때, 미국 영화는 90년대에 유럽 국가들에서 프랑스를 제외하고 압도적으로 시장을 점유하고 있음이 드러난다. 특히 이탈리아와 스페인에서는 65~70% 이상, 영국과 독일에서는 대부분 75~85% 이상 점유율을 보이고 있어서 이런 국가들에서 영화산업은 심각하게 타격을 받고 제대로 기능을 하지 못하고 있음을 알 수 있다. 이젠 유럽에서 미국 영화가 압도적으로 지배하는 시대가 온 것이고, 유럽 영화산업에게는 심각한 경종을 울리게 했다.

이런 상황은 20년대 중후반 미국 영화의 유럽 진출로 인해 유럽 영화의 자의식이 일깨워진 때와 제2차대전 직후 혼란한 상황을 틈타 미국 영화가 밀려들어 오던 때와는 다른 성격으로, 90년대의 미국 영화는 수치상에서나 영향의 측면에서 훨씬 더 위협적인 것이었다. 게다가 미국에서는 내수 시장과 해외 시장이 비교되며 해외 시장의 중요성이 부각되고 있었는데, 1994년을 기점으로 내수 시장 보다 해외 시장의 수익이 더 크게 나타났다.[TM, 371]

결국, 유럽의 영화강국 프랑스와 미국은 영화 문제에서 다시 한번 충돌하게 되었다. 1993년 세계무역기구의 관세 및 무역 일반 협정(GATT)에 관한 우루구아이 라운드에서 미국의 자유 무역(free trade) 논리에 대해 프랑스와 유럽 몇몇 국가들은 영상물에 관한 '문화적 예외'(cultural exeption) 조항을 설정할 것을 주장하여 첨예하게 대립되었다. 당시 회의에서는 영화를 비롯한 영상물을 '문화적 예외' 조항으로 인정하여 협정에서 배제하기로 합의되었지만, 그것으로 영상물을 둘러싼 미국과 유럽간의 논란이 끝난 것은 아니었다.

그러면, 미국 영화의 위험성은 대체 무엇인가? 여기서 이 문제를 다시 한번 잠시 검토해보자. 영화 초창기, 1920년대부터 유럽의 영화 보호 정책들이 수립된 이유이기도 하지만, 미국 영화가 타국가들에게 가하는 위협은 영화시장을 지배하는 경제적이고, 영화산업적인 측면에만 있는 것이 아니고, 문화 전반적인 면에 있다는 데에 심각성이 있다. 미국 영화는 영화가 가진 무의식이고 무의도적이지만, 교육적 기능이 있고, 종종 이데올르기(정치적 이념성)를 수행하는 기능이 있다. 이와 관련해서 미국의 미디어 이론가 린턴은 1978년 자신의 저서에서 다음과 같이 말한다.

> 미국의 인기있는 영화는 '재확인의 드라마'로 작용한다. 할리우드 영화가 묘사하는 신념·태도와 가치는 미국 사회의 지배적인 신념·태도와 가치를 공명하는 경향이 있다. 즉, 사회의 지배적인 이데올르기는 영화에 표현된 이데올르기에 의해 강화되는 경향이 있다.[조엣, 178.]

할리우드 영화는 문화적 영향을 넘어서, 타문화권 관객의 사고와 행동에도 넓게 영향을 끼칠 수 있다는 것이 더 심각한 문제일 것이다. 관객이 모르는 사이에 '미국식 사고와 행동·문화', 흔히 총칭하여 '아메리칸 스타일'(American style)이란 것에 익숙해지고, 그것이 기준이 되어가는 것이다.[이런 현상은 한국에도 폭넓게 퍼져 있다.]

더욱이, 할리우드 영화는 '취향의 획일화'를 일으키는 문제가 있다. 관객들이 주로 할리우드 영화를 관람하게 되면 그와는 다른, 재미가 미미한 자국 영화를 외면하게 된다. 즉, 전세계의 대중 관객들은 할리우드 영화에 입맛(취향)이 너무 길들여져서 다른 방식으로 만들어진 자국 영화를 평가절하하고, 소위 대안적인(非할리우드적) 영화는 보려고 하지 조차 않는 현상이 일어난다.['非할리우드적 영화'란 할리우드식 스토리텔링을 따르지 않는 영화를 말함. 스타 캐스팅에 장르(멜로, 공포, 미스테리 등) 형식을 갖춘 쉬운 이야기의 '투명한' 진행 등 포함]

그러면, 할리우드의 서술방식을 따르지 않는 영화들로서 유럽 고유의 영화들이나 그외 다른 나라 영화들은 관객을 모으기 어려워서 소형 영화관 내지 시네마테크에서 상영되는 정도이다. 심지어 자국인들이 만들어서 자국의 문화와 사회현실 모습, 자국인의 공통적인 문제의식이나, 미학·문화적 코드가 담긴 영화들도 할리우드 영화와는 다른 성격을 지니기 때문에 외면당하기 십상이다. 이렇게 자국 영화가 자국 관객에게 외면당하면, 그 나라의 영화산업은 유지되기 어렵다. 결국, 전세계 나라들에서 영화산업의 붕괴 문제가 대두되었다. 그때문에 영화 취향과 선택이 획일화됨으로 인해, 미국 영화가 무의도적으로 수행하는 '문화적 제국주의'(cultural imperialism)가 문제시된 것이다.

더구나 90년대에 미국 영화는 독일 통일(1990)과 동유럽에서 사회주의 붕괴와 더불어 신천지를 개척하게 되었다. 1990년 이후 새롭게 열린 헝가리·폴란드·체코·발틱 3국의 중북부 유럽에서, 또 유고 연방에서 독립한 크로아티아·세르비아, 또 루마니아·불가리아 등 남동 유럽국가들에서 관객들이 소련의 압박을 벗어나서 영화의 자유로운 선택이 가능해지자, 먼저 이들 시장을 선점한 것은 미국 영화였다.

참고문헌

야마다 카즈오(山田和夫), 『영화가 시대를 말한다』(박태옥 역), 서울: 한울출판사, 1998. [원서, 山田和夫, 『映畵 100年. 映畵か時代を語るとき』, 東京: 新日本出版社, 1995] [약칭, 야마다]

이용관 · 김지석, 『할리우드. 할리우드 영화와 이데올르기』, 서울: 제3문학사, 1992. [약칭, 이/김]

조엣 · 린톤, 『매스 커뮤니케이션으로서 영화』(김훈순 역), 서울: 나남출판사, 1994. [원서, Garth Jowett · James Linton: *Movies as Communication*, USA, 1989] [약칭, 조엣]

Ian Jarvie: Free trade as cultural threat: American film and TV export in the post-war period, in: Geoffrey Nowell-Smith · Steven Ricci (eds): *Hollywood and Europe. Economics, Culture, National Identity*, London, 1998,, pp. 34-46. [약칭, IJ]

Jean-Pierre Jeancolas: From the Blum-Byrnes Agreement to the GATT affair, in: G. Nowell-Smith · S. Ricci (eds): *Hollywood and Europe*, pp. 47-60. [약칭, JJ]

Armand Mattelart: European Film Policy and the response to Hollywood, in: J. Hill · Pamela. C. Gibson (eds): *The Oxford Guide to Film Studies*, Oxford/New York, 1998, pp. 478-485. [약칭, AM]

Toby Miller: Hollywood and the world, in J. Hill · P. C. Gibson (eds): *The Oxford Guide to Film Studies*, pp. 371-381. [약칭, TM]

Geoffrey Nowell-Smith: Introduction, in: G. Nowell-Smith · S. Ricci (eds): *Hollywood and Europe*, pp. 1-16. [약칭, GN]

Ginette Vincendeau (ed): *Encyclopedia to European Cinema*, London: British Film Institute, 1995. [약칭, GV]

영화와 문화 논쟁
– 영화와 문화적 정체성

1. '영화와 문화'에 대한 재고

영화 역사 100년(1895~1995) 동안 영화는 종종 문화와 관련되어 논란이 있었다. 이것은 주로 유럽에서 미국 영화에 대항하고 자국 영화를 지키려는 영화보호정책을 둘러싸고 생겨난 경우에서 비롯되었다. 유럽의 관점에서 볼 때, '영화는 문화의 일부로서 국가정책적으로 보호-지원되어야 한다'는 명제를 바탕으로 영화와 문화의 밀접한 연관성은 압도적인 미국 영화에 대항하는 논리로써 자주 인용-제기되었다.

유럽 영화사를 돌아보면, 영화가 문화와 관련되어 사회문화적 쟁점이 된 것은 크게 세 번의 경우가 있었다. 첫 번째는 1920년대 중후반 '영화 유럽'(Film Europe) 운동이 전개되었던 시기로(참조, Ⅳ. 1.), 독일과 프랑스의 영화인들을 중심으로 진지하게 거론되었으나, 실제 협력은 오래 가지 못하고 30년대 초반 사운드 시스템의 도입이후 중단되었다.

그후 유럽적인 차원에서 '영화와 문화'에 관련된 논의는 제2차대전을 거치고 60년대 초까지 사라졌다. 그것은 주로 나치 독일이 내세웠던 문화적 이데올르기가 남긴 악영향 때문이었다. 서유럽에서 영화는 민주적이어야 하고, 결코 다시는 전체주의 국가의 이데올르기 수단이나 문화적 도구가 되어서는 안된다는 것이 공통된 견해였다.[GN. 5] 그 후 두 번째로 이런 테마가 다시 거론된 것은 60년대 초반 서유럽 경제가 회복되고난 후였다. 서유럽 국가들이 경제협력을 위해 구성한 유럽공동체(EC) 내에서 1963년 처음으로 '유럽 문화'가 다시 논의되기는 했지만,[30] 당시 유럽공동체는 영화와 관련하여 어떤 공통적인 문화정책을 추진하지는 않았다.

그러다가 '영화와 문화'는 세 번째로 90년대 초반 이후 다시 유럽적인 차원에서 거론되기 시작했다. 이때는 90년대 동유럽 사회주의 붕괴 후 세계무역 문제와 관련되어 일어났는데, 그 직접적인 계기는 유럽에서 미국 영화의 압도적인 지배 현상과 1993년 네덜란드 마스트리트에서 세계무역기구(WTO)의 '관세 및 무역에 관한 일반 협정'(GATT: General Agreement on Tariffs and Trade)에서 발생한 영상물 논의에서 비롯되었다. 이 글에서는 현재 상황과 가까우며, 세계 경제와 결부되어 일어난 세 번째 경우를 상세히 알아본다. 그러면, 우선 90년대 전반 무렵 유럽 영화가 처한 상황을 살펴보면서 '영화와 문화'의 연관성에 대해 검토해보자.

미국 영화의 유럽 시장지배는 80년대 중반부터 급증되기 시작하여, 블록버스터와 대형 오락영화를 앞세운 할리우드 영화들은 90년대에는 거의 모든 유럽 국가의 영화시장에서 70% 이상을 점유했다. 특히 영국과 독일·이태리에서는 미국 영화는 80% 이상의 점유율을 보였고, 이

30　V. de Grazia: European cinema and the idea of Europe 1925~95, in: *Hollywood and Europe*, p. 27. 이에 관해 Grazia 교수는 다음 문헌을 참조한다, Th. H. Gutback: Cultural Identity and Film in the European Economic Community, *Cinema Journal*, Vol. XIV, No. 1 (Fall 1974), pp. 2-17.

〈인디아나 존스〉(1989)   〈터미네이터 II〉(1991)   〈쥬라기 공원 I〉(1993)

에 비해 1993~94년 유럽 연합(EU) 국가들에서 자국 영화의 점유율은 평균 15%에 불과했다.[AF, 2] 또한, 영화와 텔레비전 · 비디오를 포함한 영상물에서 볼 때에는 유럽 연합에서 미국의 이익은 1984년 3억 3천만$에서 1992년 35억$에 이르러 10배 가량 증가했다.[AF, 6]

　더구나 할리우드는 1994년을 기점으로 해외 시장의 이익이 국내 시장의 이익을 넘어서게 되면서 해외에서 최대 시장인 유럽을 더욱 중시하게 된 반면에,[TMb, 371] 대부분의 유럽 국가들에서는 80년대부터 90년대 초반까지 영화산업에 문제를 겪게 되었다. 영화관객이 감소 추세에 있었고, 영화산업은 제대로 기능을 하지 못하게 되면서 유럽 국가들은 미국 영상물에 대해 심각한 위협을 느끼게 되었다.

　그뿐만 아니라 90년대 초반 이후에는 동유럽 사회주의 붕괴와 더불어 유럽의 정치경제적 상황의 변화도 고려해야 한다. 국제 자본주의의 재구조화, 소비에트 연방들의 분열과 독립, 동부 및 남동 유럽에서 중서부 유럽으로 이주민의 진입 등과 같은 사건들이 진행되었다. 그후 동서 유럽 및 중부 · 북부 유럽을 포함하려는 유럽 연합(EU)이 출범하면서 유럽의 정책결정자들은 경제통합과 더불어 문화적 차원을 포괄하는 통합의 필요성을 인식하기 시작했는데, 이것은 거대 유럽과 다양한 민족들 앞에서 '유럽 문화적 의식'이 필요하게 되었기 때문이다.[VG, 29] 이런 배경 하에서 유럽은 미디어와 대중문화 · 정보통신 산업과 더불어 영상물

(영화·텔레비전·비디오) 산업에 주목하게 되었고, 그 중에서 영화는 비록 산업적 규모는 작을지라도 '유럽 문화'의 차원에서 중심 요소로 떠올랐다.

영화와 문화의 연관 속에서 영화를 방어하려는 유럽의 문화 보호주의적인 노력은 흔히 '영화가 자국 문화의 "정신과 영혼의 표현"이며, 문화적 정체성(cultural identity)을 내포한다'는 주장으로써 압축적으로 표현되곤 한다. 즉, 이것은 영화는 다른 일반적인 상품과 달리 자국 문화의 정체성을 보존하고 있는 다른 문화예술적 산물과 유사하며, 그런 의미에서 영화시장은 일반 상품시장과는 다르게 자국 문화의 보존·육성의 차원에서 고려되어야 한다는 논점을 내포한다. 전통적으로 영화를 단순 오락으로만 취급하지 않고 문학·연극·음악과 같은 예술의 종류로 보며 영화예술의 발전에 기여해온 유럽 영화의 입장에서 볼 때에 이런 관점은 영화를 오락으로 보며 상업성을 근거로 전세계 시장을 지배하는 미국 영화와의 충돌을 피할 수 없는 것처럼 보인다.

그런데 영화가 왜 자주 시청각 영상물의 대표적인 매체로 거론되고 논쟁의 중심에 있을까? 사실, 오늘날의 영화산업은 정보통신(IT) 산업·시청각 매체 혹은 방송산업(media industry) 보다 경제적 규모가 훨씬 작음에도 불구하고, 영화는 여전히 중요성을 띠고 종종 문제시되고 있다. 그 이유는 오락상품으로서 영화는 시대에 따라 소비의 경제적 지표로 보이기도 하고, 대다수 시민이 즐기는 대중문화의 대표적인 매체로서 경제와 문화의 연관 속에서 상징적 의미를 포함하고 있기 때문이다. 그뿐만 아니라 할리우드 영화는 언론매체와 통신시장을 지배하려는 미국 노력의 선봉에 서있으므로, 폭넓은 차원에서 주요 요소로 남아있어서 1993년의 협상 테이블(혹은 전투)에서 가장 극적인 양상을 띠었다고 영국 영화학자 제프리 노웰-스미스는 말한다.[GN. 1]

2. '문화적 예외' 조항

이미 1989년 유럽의 문화부 장관들이 텔레비전 영상물에 관한 협의를 위해 열린 회의 '국경없는 텔레비전'(Television without Frontiers)에서 프랑스와 스페인 · 벨기에 · 룩셈부르크는 방송시간의 60%에 유럽 프로그램을 방영하자는 '방송 쿼터제'를 제안했으나 영국을 비롯한 나라들의 반대에 부딪쳤다. 그리고 1993년 WTO의 GATT 협상에서 프랑스를 비롯한 유럽 국가들은 미국측이 주장하는 영상물의 자유교역(free trade)에 대해 거세게 반대했다.

이때의 협상에서는 시청각 영상산업 분야에서도 개방주의를 주장하며 정부의 지원과 쿼터제를 반대하는 미국의 입장과 영상물의 문화적 토대에 근거하여 보호주의(protectionism)를 옹호하는 프랑스의 입장이 충돌하게 되었고, 프랑스는 영상물 분야에서 '문화적 예외'(cultural exception) 조항을 제기했다. 사실, 오늘날(90년대~2000년대) 전세계적으로 유명하게 된 '문화적 예외'를 프랑스가 주장하게 된 것은 문화생산물이 포함된 서비스 분야를 무역자유화의 대상으로 다루기 시작했던 1986년의 우루과이 라운드부터였고, 프랑스측의 '문화 논리'는 1993년 초부터 프랑스 내에서 뿐만 아니라 몇몇 유럽 국가들에서도 강력하게 표명되기 시작했다.[31]

프랑스의 이런 입장은 시청각 영상물(영화 · 텔레비전 · 비디오)을 문화의 일부로서 '정신과 영혼의 산물'이라고 보는 시각에서 비롯되었으며,

---

31 이에 관해 언론매체에 표명된 佛-美간의 논쟁은 다음을 참조하시오. J-P. Jeancolas (1998):
From the Blum-Bynes Agreement to the GATT affair, p. 55; A. Higson · R. Maltby (1999):
"Film Europe" and "Film America", pp. 23-24; T. Miller (1996): The Crime of Monsieur
Lang, pp. 81-82. 야마다 카즈오(山田和美) (1998), 『영화가 시대를 말한다』, 282-283면.

따라서 '문화적 정체성'(cultural identity)을 보존하기 위해 영상물에 대해서는 다른 상품들과는 달리 문화적 예외 조항을 설정하자는 것이 프랑스를 비롯한 몇몇 유럽 국가들의 주장이었다. 미국과 유럽 국가들간에 열띤 논란이 벌어졌던 1993년 그단스크에서의 GATT 회의(1993. 9. 21)에서 프랑스의 미테랑(Mitterand) 대통령은 다음과 같이 말하며 영화를 포함한 시청각 영상물과 문화적 정체성의 밀접한 연관성을 강조했다.

> 영혼의 창조물들은 단순한 상품이 아니고, 문화의 요소들은 순수한 사업(business)이 아니다. 예술작품의 多元主義와 공중이 선택하는 자유를 수호하는 것은 의무이다. 위험에 처한 것은 우리 모든 국가들의 문화적 정체성이다. 그것은 모든 민족이 자신들의 고유한 문화에 대한 권리이다. 그것은 우리의 고유한 이미지를 창조하고 선택하기 위한 자유이다. 다른 사람들에게 자신을 보이는 방법, 말하자면 자신에게 자신을 표현하는 방법을 포기한 사회는 노예화된 사회이다.[JJ, 58-9][고딕체는 필자의 표기]

국가 수뇌가 경제협상에 참여하고, 또 '문화'를 거론한 것은 그때까지 매우 이례적인 경우였다. 그후 프랑스 언론매체들에서도 "영화는 문화적 산물이며 영혼의 창조물이다"라고 자주 언급되었으며, 80년대 문화부장관 자크 랑(Jack Lang)은 "문화에 관한 한 자유 교류는 多元主義(pluralism)의 죽음과 동의어이다"라고 말했다.[JJ, 55. 『Le Monde』, 24. 3. 1993] 요컨대, 프랑스는 유럽의 영상물을 유럽 문화의 일부로 간주하고, 유럽의 문화적 정체성을 보존하려는 주장으로써 미국에 대해 영상물을 방어하려고 했다.

3. 영화와 '문화적 정체성'에 대한 논란
- 영화는 과연 문화적 정체성을 포함하는가?

위와 같이 서유럽에서는 1993년 GATT 논쟁 이후 미국에 대항하는 논리적 근거로써 문화의 일부인 영화의 위상, '영화와 문화적 정체성'의 밀접한 연관이 자주 제기되었는데, 이와 더불어 이 개념의 문제성도 제기되었다. 이 문제의 핵심은 90년대 시점에 유럽 영화는 유럽 문화 및 문화적 정체성과 어떤 관계에 있는지에 관해 구체적인 설명이 결여된 채 사용되고 있다는 것이다. 여기에는 이런 질문이 포함되어 있다. ― 과거 20~30년대와 다른 90년대에 유럽 영화와 유럽 문화는 어떤 관계에 있는가? 또 '유럽 문화'와 '유럽의 문화적 정체성'이란 과연 무엇이고, 오늘날 '유럽 영화'는 과연 무엇인가?

이것은 유럽 문화와 영화의 본질 및 성분에 대한 질문인데, 실로 유럽 문화는 南北으로는 오슬로부터 아테네까지, 東西로는 리스본부터 바르샤바까지 다양하고 이질적인 요소들로 구성되어 있으며, 또한 유럽 문화는 자유와 민주주의 토대 위에서 주권과 다양성을 인정하는 것으로서 하나의 범주 속에 포괄되지 않는다. 게다가 유럽주의(europeanism)에 근거한 문화는 나치즘에 의해 인위적으로 왜곡되어 오용誤用된 전례가 있어서 사용이 조심스러운 개념이다. 그런데, 사실상 프랑스가 1993년 이후 유럽 영화의 보호를 위해 내세우는 '영화와 문화적 정체성'은 명확하게 정의되지 않았고, 구체적으로 설명된 적이 없는 모호한 개념이다.

그때문에 벨기에 사회학자 아르망 마텔라르(Armand Mattelart)는 '유럽 문화의 정체성'이 과연 무엇인가 하는 논의가 결핍된 채 용어가 사용되고 있으며, "'유럽영화와 시청각물의 정체성'이 무엇이고 무엇이어야 하는지를 면밀히 조사하는 어떤 시도가 실제로 없음을 유의해야 한다"

고 말한다.[AM, 483] 또한, 영국 영화학자 지네트 빈센듀(Ginette Vincendeau)는 '유럽의 문화적 정체성'(European cultural identity)이 각 나라 국민 문화(national culture)의 특수성과 어떤 관계에 있는지 아직 논의되지 않았다고 말한다.[GV, 447]

이와 같은 개념적 모호성 내지 불분명함 때문에 유럽에서 문화와 문화적 정체성의 이름으로 영화를 방어하는 데에는 문제 요소가 내포되어 있다. 우연치 않게 1993년 시청각 영상물과 관련하여 문화가 거론된 이후 5년 동안 유럽 국가들의 견해는 통합되기 보다는 오히려 분열을 초래했다고 한다.[AM, 481] 이것은 거대한 유럽 연합(EU)이 출범하고 교통과 정보통신 기술, 영상매체(TV cable 등)가 고도로 발달하면서 국가간의 경계와 유럽적인 문화의식이 전보다 매우 엷어진 이 시대에 유럽의 국민문화와 문화적 정체성 개념은 새롭게 정의되어야 할 필요성이 있음을 암시한다.

또한, 90년대 시대에 '유럽 영화'(European cinema)는 과연 무엇인가? 실상, 오늘날 '유럽 영화'라는 용어 속에서는 다양한 형태의 영화들이 있으므로, 그렇게 한 마디로 모든 유럽 영화들을 포괄할 수는 없다. 즉, 오늘날의 유럽 영화는 과거 20년대나 60년대의 영화운동들처럼 나라별로 분명한 양식(style)이나 형식을 갖추고 그 사회의 고유한 주제와 사건·이야기를 중심으로 만들어지지 않고, 몇몇 나라들의 자본과 인력이 합해지는 합작이 빈번하며, 더구나 국제시장을 겨냥하는 대중적인 영화들도 있다.

그뿐만 아니라 90년대에는 유럽-미국간에도 영화의 공동제작이 많아져서 영화에서 특정 국가의 국민 문화(national culture)를 결부시키기 어려워졌다. 이제 '유럽 영화'는 종종 국적불명의 국제적인 합작물로 나타나거나 스스로 미국화된 영화도 있으므로, 유럽 영화는 더 이상 '유럽적'이지 않고, 미국 영화 보다 더 국제화되어 있는 측면도 있어서 유럽 영화는 할리우드 영화보다 더 규정하기 어렵다고도 말해진다.[VG, 20. AH, 15] 이처럼 유럽 영화와 문화에서 국가적 색채가 상당히 희석된 90년대에 유럽 영화와 유럽의 문화적 정체성을 밀접하게 결부시키는 것에는 무리가 있으며, 여기에 '영화와 문화적 정체성' 용어의 딜레마가 있다.

그외에도 근본적으로 유럽 국가들 내에서는 각국의 '문화' 개념과 영화산업적 상황이 다르기 때문에 영상물의 문화적 연관성에 대한 견해는 상당히 차이가 있다는 점이 고려되지 않고 있다. 즉, 유럽 국가들의 사회에서 '문화'는 서로 다르게 — 특히 프랑스와는 다르게 — 이해되고 있어서 프랑스인들이 말하는 문화 '뀔뛰르'(culture)와 영국인들의 문화 '컬쳐'(culture), 또 독일인들의 문화 '쿨투르'(Kultur)나 이태리인들의 문화 '쿨투라'(cultura)도 서로 다른 요소들을 내포하고 있다. 이에 관해 영국의 저술가 토비 밀러는 영국인과 프랑스인들은 '문화'라는 말을 매우 다르게 이해하고 있는데, 영국인의 개념이 보다 대중문화적인 것을 포함한다고 본다.[TMa, 81] 또한, 영국 철학자 이안 자비(Ian Jarvie)는 '문화'란 언어 같은 것으로서 국가간의 경계선처럼 명확히 구분되지 않는다고 본다.[IJ, 43] 또한, 유럽 각국에서 영화산업적 상황이 다르다는 것은 영화산업의 규모가 작은 나라들(벨기에, 네덜란드, 덴마크 등)에서는 외국 영화에 대한 강력한 방어의 필요성을 못 느끼고 있음을 말한다. 자국 생산의 영상물이 소량인 나라들은 외국 내지 미국의 영상물에 대해 무조건 배타적일 수 없기 때문이다.

이런 여러 이유들로 인해 유럽연합 내에서는 영상물에 관해 '문화'를 외치는 프랑스의 입장에 대해 의견이 일치된 것은 아니고, 프랑스의 주장이 유럽 전체의 입장을 대변하는 것으로 볼 수도 없다. 실제로, 벨기에와 몇몇 남유럽 국가들을 제외하고는 프랑스의 '문화적 예외'를 전적으로 지지하고 있지 않으며, 특히 영국과 중부 및 북유럽 국가들이 프랑스의 입장에 동조하지 않고 있다. 그것은 1995년 유럽 문화장관들의 '국경없는 텔레비전'(Television without Frontier) 회담이 1989년의 결정 사항들을 보완하고자 다시 열렸을 때에도 드러났다.

이 회담에서 프랑스는 유럽 프로그램 60%로 규정된 방송쿼터제가 강화되기를 원했으나 대부분 나라들이 반대했고, 프랑스 입장을 지지하던 나라들도 목소리를 낮추는 바람에 프랑스의 입장은 오히려 고립되고 말았다.[AM. 484] 유럽 영화와 문화에 대한 프랑스의 주장에는 유럽 문화에 대한 국수주의적(chauvinistic) 자세와 명확하게 정의되지 않고 논란의 소지가 있는 '문화적 정체성' 개념에 대한 지나친 확신이 들어있음을 배제할 수 없다.

그런데, 프랑스가 유럽 영화의 보호를 강력하게 주장하는 배경에는 유럽 영화시장에서 프랑스 영상물의 시장 점유율을 염려하기 때문이라는 견해가 있다. 마텔라르는(1998년) 실상 프랑스는 미국 영상물의 점유율 증가와 더불어 유럽 및 다른 지역에서 프랑스 영상물의 수출과 영향력 감소를 우려하고 있다고 언급한다.[AM. 482] 미국 학자 빅토리아 드그라치아는(1998년) 프랑스의 문화 관료들과 영화인들이 영상물과 관련해 거센 주장을 하는 것과 관련해서, 그것은 프랑스 엘리트들이 유럽주의적으로 사고하는 전통이 있는데다가 프랑스가 비교적 강력한 영화산업과 지원제도를 유지하고 있기 때문이며, 또한 미디어산업이 유럽 연합에 편입되려는 동유럽 국가들로 진출하는 데에 있어 미국의 대형 영상미디어회사들(Time-Warner, Diesney, Newscorp 등)이나 독일 미디어회사(Bertelsmann 등) 보다 취약하기 때문이라고 본다.[VG. 29] 이런 견해는 국가 간의 영상물 거래도 결국 일반 상품의 경제교역과 동일한 정도로 국제경쟁의 차원에서 작동되고 있음을 확인시켜준다.

4. 영화와 문화, 그 복합적인 관계의 예측하기 어려운 미래

영화역사 100년 동안 일어난 위의 세 가지 계기를 중심으로 유럽과 미국 사이에 전개된 영화와 문화 논란을 살펴볼 때에 우선 그것은 한편으로 매우 복합적인 측면을 지니고 있으며, 또 다른 한편으로 영화에 있어서 경제와 문화 문제는 서로 엄격하게 분리된 것이 아니라 실상은 서로 가깝게 연결되어 있음을 알 수 있다. 이런 점에서 프랑스나 미국이 각각 문화와 경제 중에서 한쪽에서만 영화에 접근하려는 것은 편중된 시각이다.

또한, '영화와 문화'의 관계에 있어서는 유럽과 미국이 서로 다른 개념을 갖고 있다는 점도 고려되어야 할 것이다. 미국에서는 영화가 단순 오락으로서 대중문화의 일부로 존재하는 반면에, 유럽에서는 영화가 교향악이나 오페라 및 연극 공연과 유사한 예술로서 진지한 문화의 일부로서 여겨지는 전통이 있다. 영화와 문화에 대한 유럽인들의 인식은 미국인들이나 아시아인들의 인식과는 명백히 다른 점이 있다. 그것은 110년 가량 되는 영화 역사에 기여해온 유럽 영화인들의 예술관과 유럽 관객들의 관람문화에 기인하고 있으며, 특히 프랑스 영화의 전통과 프랑스인들이 영화에 대해 갖는 인식과 애정이 각별하다는 점도 있다. 하지만, 프랑스 외의 나라들에서는 문화와 영화에 대한 인식과 관념이 프랑스와 또 다르므로, 프랑스를 기준으로 영화와 문화의 관계가 설정될 수는 없다.

이제 90년대 후반이후 영상물과 문화의 연관성은 새로운 차원에 접어들었다. 지난 1993년 GATT 회의에서 영상물 부분은 논란을 거친 후 1994년의 단계에서 어떤 해결책 없이 끝났고, 이것은 10여년이 지난 오늘날까지 미해결로 남아있다. 그때의 GATT 협상에서 발생한 미국-

프랑스간의 영화(영상물) 논쟁과 갈등은 지난 20년대의 '영화 유럽' 운동과 유사성이 있고 영화를 통해 유럽의 문화적 연대가 20년대처럼 재연되는 것처럼 보이기도 하지만, 이제는 90년대 중반 이후 유럽 사회의 변화를 고려해야 할 것이다. 중서부 유럽을 중심으로 동부와 북부 유럽을 포함하는 유럽연합(EU)이 탄생되고 화폐통합이 이루어졌지만, 민족적이고 유럽적인 문화의식은 과거보다 훨씬 엷어졌다. 그래서 힉슨·몰트비는 90년대에 일어난 '유럽 영화'에 대한 각성은 20년대 '영화 유럽'의 정신과 무관하지 않으며 계승하려는 요인도 보이지만, 이젠 변화된 환경 속에서 과거의 '영화 유럽'과 '영화 미국'에 관한 관계로부터 교훈을 얻어야 할 것이라고 언급한다.[AH, 23]

　　이와 더불어 또 중시해야 할 요인은 영상물을 둘러싼 매체 환경의 변화이다. 이미 90년대 후반부터 영화제작사와 오락·레저 및 정보통신 산업체들의 결합으로 복합적이고 국제적인 거대 기업(미디어 그룹)들이 생겨나면서 영화의 제작과 유통은 종전과는 다르게 영상미디어 사업의 일부로서 통합되고 있으며, 영화와 영상물의 국제교역 문제는 더욱더 복잡한 차원으로 진입하고 있다.

　　또한, 90년대 후반이후 여러 디지털 영상매체들이 등장하고 전지구적으로 새로운 미디어 환경이 조성되고 있다는 것도 간과될 수 없는 변화이다. 이러한 변화들로 인해 이제 '영화와 문화' 내지 '영화와 문화적 정체성'에 대한 시각은 종전과 달라져야 할 필요성이 있다. 20세기 영상매체들 뿐만 아니라 디지털 기술을 이용한 정보통신 시장도 지배하려는 미국의 자유무역 주장은 모든 나라들에게 경계심을 불러일으키고 있으며, 여기에 쉽게 동조할 수는 없다.

　　그렇기 때문에 유럽이나 아시아 국가들도 이제는 종전처럼 '문화' 카드로써 자국 영상물을 방어하는 것은 용이하지 않고 문제가 많다. 그라치아가 지금부터 "유럽의 정체성과 유럽 문화로써 의도되는 것에 대한 정의는 다행히도 열려있고 창의적인 것으로 남아있다"고 말한 것이 설득력을 얻는다.[VG, 31] 그것은 종래의 국가주의나 지역주의를 넘어서 국제주의와 부합될 수 있는 것이어야 함은 자명하다.

필자도 이런 견해에 동의하며, 이것은 90년대 중후반의 유럽 영화뿐만 아니라 한국 영화에게도 해당된다고 본다. 즉, 한국 영화도 종래의 스크린쿼터제를 고수할 것만이 아니라, 세계적인 추세인 자유무역의 범주 내에서 영화 수출입 문제를 생각해야 하고, 90년대 후반 가시화되고 있는 새로운 미디어 환경과 디지털 기술로 인한 영상산업의 변화를 주시하며 대응해야 할 것이다.

참고문헌

Angus Finney: *The State of European Cinema. A New Dose of Reality*, London: Continuum, 1996. [약칭, AF]

Victoria de Grazia: European cinema and the idea of Europe 1925-95, in: Geoffrey Nowell-Smith · Steven Ricci (eds): *Hollywood and Europe. Economics, Culture, National Identity: 1945-95*, London: British Film Institute, 1998, pp. 19-33. [약칭, VG]

Andrew Higson · Richard Maltby: 'Film Europe' and 'Film America', in: A.V Higson · R. Maltby (eds): *'Film Europe' and 'Film America'. Cinema, Commerce and Cultural Exchange 1920-1939*, Exeter: University of Exeter Press (UK), 1999, pp. 1-31. [약칭, AH]

Ian Jarvie: Free trade as cultural threat: American film and TV export in the post-war period, in: G. Nowell-Smith · S. Ricci (eds): *Hollywood and Europe*, pp. 34-46. [약칭, IJ]

Jean-Pierre Jeancolas: From the Blum-Bynes Agreement to the GATT affair, in: G. Nowell-Smith · S. Ricci (eds): *Hollywood and Europe*, pp. 47-60. [약칭, JJ]

Armand Mattelart: European Film Policy and the response to Hollywood, in: John Hill · Pamela Church Gibson (eds): *The Oxford Guide to Film Studies*, Oxford/New York: Oxford University Press, 1998, pp. 478-485. [약칭, AM]

Toby Miller: The Crime of Monsieur Lang. GATT, the screen and the new international division of cultural labour, in: Albert Moran (ed): *Film Policy. International, National and Regional Pespectives,* London/New York: Routledge 1996, pp. 72-84. [약칭, TMa]

_____: Hollywood and the World, in: J. Hill · P. C. Gibson (eds): *The Oxford Guide to Film Studies*, pp. 371-381. [약칭, TMb]

Geoffrey Nowell-Smith: Introduction, in: G. Nowell-Smith · S. Ricci (eds): *Hollywood and Europe*, pp. 1-16. [약칭, GN]

Ginette Vincendeau (ed): *Encyclopedia to European Cinema*, London: British Film Institute, 1995. [약칭, GVa]

_____: Issues in European cinema, in: J. Hill · P. C. Gibson (eds): *The Oxford Guide to Film Studies*, pp. 440-448. [약칭, GVb]

전체 참고문헌

1. 영화미학 이론

국내 문헌(저자-역자-편자의 가나다 순)

김현옥, 「심상과 영상. 문학의 한 장르로서의 영화」, 『외국문학』 36 (1993년 봄호): 15-24.

마샬 맥루한 (1964), 「영화: 필름의 세계」, 『외국문학』 36 (1993년 봄호): 109-121.

앙드레 바쟁, 『영화란 무엇인가?』, 박상규 역, 서울: 사문난적, 2013. [원전, AndréBazin: *Qu'e-este-ce que le Cinéma?*, LES EDITIONS DU CERF, 1975]

반성완 (編譯), 『발터 벤야민의 문예이론』, 서울: 민음사, 1983.

벨라 발라즈, 「영화의 예술철학에 대하여」, 카르스텐 비테 (편), 《매체로서 영화》, 서울: 이론과 실천, 1996, 146-166면. [원전, Karsten Witte (ed): *Theorie des Kinos*, Frankfurt am Main: Surhkamp, 1972, pp. 149-170]

발터 벤야민, 「技術複製時代의 예술작품」, 반성완 (편역), 《발터 벤야민의 문예이론》, 서울: 민음사, 1983, 219-220면.

데이비드 보드웰 · 크리스틴 톰슨, 영화예술(이용관 · 주진숙 역), 서울: 이론과 실천사, 1997. [원서, David Bordwell · Kristin Thompson: *Film Art: An Introduction*, USA: McGraw-Hill, 1993]

루돌프 아른하임, 《예술로서의 영화》(김방옥 역), 서울: 기린원, 1990.

앙리 아젤, 영상미학(黃王秀 譯), 서울: 다보문화, 1990 (1974). [Henri Agel: *Esthétique du cinéma*, Paris, 1951].

잭 C. 엘리스, 세계영화사(변재란 역), 서울: 이론과 실천사, 1993. [원서, Jack C. Ellis: *A History of Film*, New Jersey (USA): Prentice Hall, 1985]

이와모토 켄지(岩本憲兒), 「영상의 비평에 대하여」(제7장), 우에조 노리오(植條側夫) (편저), 『영상학원론』(구종상 · 최은옥 공역), 서울: 이진출판사, 2001, 149-162면. [원서, 植條側夫 編著, 『映像學原論』, 日本, 1990]

요아힘 패히, 『영화와 문학에 대하여』(임정택 역), 서울: 민음사, 1997.

朴順萬 (譯編), 『日本人의 詩情 - 俳句遍』, 서울(成文閣), 1985.

외국 문헌(저자-편자의 알파벳 순서)

Franz-Josef Albersmeier (ed): *Texte zur Theorie des Films*, Stuttgart: Reclam, 1984 (1979).

J. Dudley Andrew: *The Major Film Theories*, London/Oxford/New York: Oxford University Press, 1976.

Roy Armes: *Film and Reality. An Historical Survey*, Middlesex (UK)/Baltimore (USA)/ Ringwood (Australia)/Ontario (Canada): Penguin Books, 1974.

Rudolf Arnheim: *Film als Kunst* (1932), Frankfurt am Main: Suhrkamp, 2002.

_____: *Film as Art* (1957), Berkeley/Los Angeles/London: University of California Press, 1957.

_____: *Kritiken und Aufsätze zum Film*, ed. by Helmut H. Diederichs, München/Wien: Carl Hanser Verlag, 1977.

Béla Balázs: *Schriften zum Film, Bd. I: Der sichtbare Mensch/Kritiken und Aufsätze 1922-1926*, ed. by Helmut H. Diederichs · Wolfgang Gersch · M. Nagy, Budapest · München · Berlin (Ost), 1982.

_____: *Der sichtbare Mensch oder die Kultur des Films* (1924), Frankfurt am Main: Suhrkamp, 2001.

_____: *Der Geist des Films* (1930), Frankfurt am Main: Suhrkamp, 2001.

AndréBazin: *What is cinema?*, Vol. 1, Essays selected and translated by Hugh Gray, Berkeley · Los Angeles · London: University of California Press, 2005 (1967). [원서, A. Bazin: *Qué-este-ce que le Cinéma?*, Paris, 1958-62]

Walter Benjamin: *Gesammelte Schriften I.3.* (Anmerkungen), ed. by Rolf Tiedemann · H. Schweppenhäuser, Frankfurt am Main: Suhrkamp, 1974.

_____: *Gesammelte Schriften, Band II.1: Aufsätze · Essays · Vorträge*, Frankfurt am Main: Suhrkamp, 1977.

_____: *Illuminationen. Ausgewählte Schriften* (ausgewählt von Siegfried Unseld), Frankfurt am Main: Surhkamp, 1977.

Henri Bergson: *Creative Evolution*, translated by Arthur Mitchell, New York: Random House, 1911. [원서, H. Bergson: *L'Evolution créatrice*, Paris, 1907]

Steve Blanford · Barry Keith Grant · Jim Hiller: *The Film Studies Dictionary*, London/New York: Arnold, 2001.

Rudolf Denk (ed): *Texte zur Poetik des Films*, Stuttgart: Reclam, 1978.

Sergei Eisenstein: *The Film Sense*, edited and translated by Jay Leyda, New York etc.: Harcourt, 1975 (1942).

_____: *Film Form. Essays in Film Theory*, edited and translated by Jay Leyda, New York etc.: Harcourt Brace, 1977 (1949).

Jürgen Habermas: *Strukturwandel der Öffentlichkeit*, Frankfurt am Main: Surhkamp, 1990 (1962).

Miriam Hansen: Benjamin, Cinema and Experience: The Blue Flower in the Land of Technology, in: *New German Critique*, No. 40 (Winter 1987), pp. 179-224.

Susan Hayward: *Cinema Studies. The Key Concepts*, London/New York: Routledge, 2000.

Brian Henderson: Two Types of Film Theory, in: Bill Nichols (ed): *Movies and Methods. An Anthology*, Vol. I, Berkeley/Los Angeles: University of California Press, 1976, pp. 388-400.

Hilfmar Hoffmann: *100 Jahre Film. Von Lumière bis Spielberg*, Düsseldorf: ECON Verlag, 1995.

Anton Kaes (ed): *Kino-Debatte. Texte zum Verhältnis von Literatur und Film 1909-1929*, Tübingen, 1978.

_____: The Debate about Cinema: Charting a Controversy 1909-1929, translated by David J. Levin, in: *New German Critique*, Vol. 40 (Winter 1987), pp. 7-33.

Volker Klotz: *Der erzählte Stadt. Ein Sujet als Herausforderung des Romans von Lesage bis Döblin*, München, 1969.

Siegfried Kracauer: *Theory of Film. The Redemption of Physical Reality*, Princeton (USA): Princeton University Press, 1997.

_____: *Theorie des Films. Die Errettung der äußeren Wirklichkeit*, Frankfurt am Main: Suhrkamp, 1985. [Friedrich Walter · Ruth Zellschan 번역 및 저자 감수]

_____: *Das Ornament der Masse*, ed. by Karsten Witte, Frankfurt am Main: Surhkamp, 1977 (1963).

Massimo Locatelli: *Béla Balázs: Die Physiognomik des Films*, Berlin: Vistas, 1999.

Gerald Mast · Bruce F. Kawin: *A Short History of the Movies*, Boston etc.: Allyn and Bacon, 1996 (6th edition).

Gerald Mast · Marshall Cohen · Leo Braudy (eds): *Film Theory and Criticism*, New York/Oxford: Oxford University Press, 1992.

Marshall McLuhan: *The Gutenberg Galaxy: The Making of Typographic Man*, London: Routledge & Kegan Paul, 1962.

James Monaco: *How to Read a Film. The World of Movies, Media, and Multimedia. Language-History-Theory*, Oxford/New York etc.: Oxford University Press, 2000 (3rd edition).

Jill Nelmes (ed): *An Introduction to Film Studies*, London/New York: Routledge, 1999 (2nd edition).

Joachim Paech: *Literatur und Film*, Stuttgart: Metzler (Band 235), 1988.

Vsevolod I. Pudovkin: *Film Technique and Film Acting*, London: Vision Press, 1958.

Jörg Schweinitz (ed): *Prolog vor dem Film. Nachdenken über ein neues Medium 1909-1914*, Leipzig: Reclam-Verlag, 1992.

Georg Simmel: *Gesammelte Ausgabe 7* (Aufsätze und Abhandlungen 1901~1908, Bd. 1, ed. by Rüdiger Kramme etc., Frankfurt am Main: Surhkamp, 1995.

Robert Stam: *Film Theory*, Malden (USA)/Oxford (UK): Blackwell publisher, 2000.

Jerzy Toeplitz *Geschichte des Films*, Bd. 2, Berlin (Ost): Henschel Verlag, 1976.

Dziga Vertov: *Kino-Eye. The Writings of Dziga Vertov*, edited by Annette Michelson and translated by Kevin O'Brien, Berkeley/Los Angeles/London: University of Califonia Press, 1984.

Peter Wuss: *Kunstwert des Films und Massencharakter des Mediums. Konspekte zur Geschichte der Theorie des Spielfilms*, Berlin (Ost): Henschel Verlag, 1990.

Ulf Zimmermann: Benjamin and Berlin Alexanderplatz. Some Notes Towards a View of Literature and the City, in: *Colloquium Germanica*, 12 (1979), pp. 258-274.

2. 영화비평

버나드 딕, 『영화의 해부』, 김시무 역, 서울: 시각과 언어, 1996 [원서, Bernard F. Dick: Anatomy of Film, New York: St. Martins Press, 1978]

우에죠 노리오(植條則夫) 편, 『영상학 원론』, 구종상 · 최은옥 역, 이진출판사, 2001. [원서, 植條則夫 編, 『映像學原論』, 日本, 1990.]

조안 홀로우즈 · 마크 얀코비치 (편), 『왜 대중영화인가』, 문재철 역, 서울: 한울출판사, 1999 [원서, Joane Hollows · Mark Jancovich (eds): *Approaches to Popular Film*, Manchester: Manchester University Press, 1995]

Rudolf Arnheim: *Kritiken und Aufsätze zum Film*, ed. by Helmut H. Diederichs, München: Hanser/Frankfurt am Main: Fischer Verlag, 1977.

Roland Barthes: Was ist Kritik, in: R. Barthes: *Literatur oder Geschichte*, Frankfurt/M: Suhrkamp Verlag, 1969.

Nobert Grob · Karl Prümm (ed): *Die Macht der Filmkritik*. Positionen und Kontroversen, München: edition text + kritik, 1990.

Wolfgang Jacobsen · Anton Kaes · Hans Helmut Prinzler (eds): *Geschichte der Deutschen Films*, Stuttgart/Weimar: Metzler, 1993.

Gertrud Koch: *Kracauer zur Einführung*, Hamburg: Junius, 1996.

Siegfried Kracauer: *From Caligari to Hitler. A Psychological Study of German Films 1919-32*, Princeton (USA), 1947. [독역본, *Von Caligari zu Hitler. Eine psychologische Geschichte des deutschen Films*, Frankfurt am Main: Suhrkamp, 1979]

_____: *Kino. Essays, Studien, Glossen zum Film*, Frankfurt am Main: Suhrkamp, 1974.

_____: *Das Ornament der Masse*, Frankfurt am Main: Suhrkamp, 1977 (1963).

Enno Patalas: *Alfred Hitchcock*, München: Deutscher Taschenbuch Verlag, 1999.

Heide Schlüpmann: Phenomenology of Film: On Siegfried Kracauers Writings of the 1920s, in: *New German Critique* (Ithaca, USA), No. 40 (Winter 1987), pp. 97-114.

Michael Schroeter: Weltzerfall und Rekonstruktion. Zur Physiognomik Siegfried Kracauers, in: *Text + Kritik* (Muenchen), H 68 (Okt/1980), pp. 18-40.

Andreas Volk (ed): *Siegfried Kracauer. Zum Werk des Romanciers, Feuilletonisten, Architekten, Filmwissenschaftlers und Soziologen*, Zürich: Seismo, 1996.

3. 영화산업 · 정책

조엣 · 린톤, 『매스 커뮤니케이션으로서 영화』(김훈순 역), 서울: 나남출판사, 1994. [원서, Garth Jowett · James Linton: *Movies as Communication*, USA, 1989]

야마다 카즈오(山田和夫), 『영화가 시대를 말한다』(박태옥 역), 서울: 한울출판사, 1998. [원서, 山田和夫,『映畵 100年. 映畵か時代を語るとき』, 東京: 新日本出版社, 1995]

영화진흥위원회(편), 『한국영화연감』, 서울: 커뮤니케이션 북스, 2003, 2004.

이상면, 「유럽영화와 할리우드의 관계」, 《서강 커뮤니케이션즈》(서강대학교 언론대학원), 제3호(2000), 189-209.

이용관 · 김지석, 『할리우드. 할리우드 영화와 이데올르기』, 서울: 제3문학사, 1992.

그래엄 터너, 『대중영화의 이해』(임재철 외 역), 한나래출판사, 1994. [원서, Graeme Turner: *Film as Social Practice*, London, 1993]

앙마뉘엘 툴레, 『영화의 탄생』(김희균 역), 시공사, 1996. [원서, Emmanuelle Toulet: *Cinématographe, invention du siècle*, Paris: Gallimard, 1988]

Angus Finney: *The State of European Cinema. A New Dose of Reality*, London: Continuum, 1996.

John Hill · Pamela C. Gibson (eds): *The Oxford Guide to Film Studies*, Oxford/New York: Oxford University Press, 1998.

Wolfgang Jacobsen · Anton Kaes · Helmut H. Prinzler (eds): *Geschichte des Deutschen Films*, Stuttgart/Weimar: J. B. Metzler, 1993.

Albert Moran (ed): *Film Policy. International, National and Regional Pespectives*, London/New York: Routledge, 1996.

Geoffrey Nowell-Smith · Steven Ricci (eds): *Hollywood and Europe. Economics, Culture, National Identity: 1945-95*, London: British Film Institute, 1998.

Ginette Vincendeau: *Encyclopedia to European Cinema*, London: British Film Institute, 1995.